海德格尔文集

孙周兴　王庆节　主编

荷尔德林的颂歌
《日耳曼尼亚》与《莱茵河》

张振华　译

Martin Heidegger
Hölderlins Hymnen „Germanien" und „Der Rhein"
3. unveränderte Auflage 1999
©Vittorio Klostermann GmbH, Frankfurt am Main, 1980
Gesamtausgabe Band 39,
Herausgegeben von Susanne Ziegler

本书根据德国维多里奥·克劳斯特曼出版社1999年全集版第39卷译出

国家社会科学基金重大项目成果

中文版前言

德文版《海德格尔全集》于1975年启动,迄今已出版了80余卷(按计划将编成102卷)。已出版者包含了海德格尔著作(含讲座、手稿等)的基本部分(即全集第1—3部分),余下未出版者多为书信、札记等(全集第4部分,第82卷始)。随着德文版《海德格尔全集》出版工作的顺利推进,世界范围内的海德格尔翻译和研究已呈蓬勃之势,目前至少已有英、法、意、日四种文字的全集版翻译,据说西班牙文和阿拉伯文的全集版翻译也已经启动。相比之下,汉语的海德格尔翻译仍然处于起步阶段,甚至不能与亚洲邻居的日、韩两国比较,严肃的译著至今只有十几种而已。这种状况是令人羞愧的。

为让中文世界更完整、更深入地理解海德格尔思想,经反复酝酿,我们计划根据《海德格尔全集》版,编辑出版中文版《海德格尔文集》,收录海德格尔的代表性著作30卷,其中前16卷为海德格尔生前出版的全部著作(我们依然认为这一部分是《海德格尔全集》中最值得关注的,包含了作者已经稳定下来的思想),而其余14卷为海德格尔的重要讲座稿和手稿。我们假定,这30卷属于海德格尔的"基本著作",基本上已能呈现海德格尔思想的总体面貌。当然,我们也并不因此否认其他卷本(讲座稿和手稿)的意义,而且我们也愿意认为,中文世界对海德格尔思想的深入研究和完整理解,仍然要基于对《海德格尔全集》的系统译介。但我们选译的30卷至少已经走出了第一步,也或可为将来可能的中文版《海德格尔全集》的工作奠定一个基础。

所选30种著作中,约半数已有成熟的或比较成熟的中文译本,少数几种已经译出了初稿,其余约十余种则有待新译。已出版的译著在编入《海德格尔文集》时,将根据德文全集版重新校订,因为其中有几种原先只是根据单行本译出的,也有几种在译文品质上是稍有欠缺的。

由于是多人参与的多卷本(30卷)译事,又由于众所周知的海德格尔语文表达方面的奇异性,中文版《海德格尔文集》在译文风格上是难求统一的,甚至在基本词语的译名方面也不可能强行规范划一。这是令人遗憾的,不过也可能为进一步的义理辨析和讨论留下空间。我们唯希望能够尽量做到体例方面的统一,以便至少让人有一套书的整体感。

按照我们的计划,中文版《海德格尔文集》每年出版5种左右,约五六年内完成全部30卷的翻译和出版工作。我们希望藉此为中国的海德格尔研究事业提供一个基础性的讨论平台,也愿学术界有识之士为我们的工作提供批评、建议,帮助我们做好这项大型的学术翻译事业。

孙周兴　王庆节

2011年12月8日

目　　录

先行说明 ·· 1

导言 ·· 2

第1节　对讲授课的开始、处理方式及进程的说明 ············ 2
 a)有关开始方式。开端与开始 ·························· 2
 b)有关一般方式。作诗与运思 ·························· 4
 c)有关具体方式。诗人的诗性此在 ······················ 6

第一部分　《日耳曼尼亚》

第一章　预备性的沉思：诗歌与语言 ······················· 17

第2节　接近作为现成读物的诗歌的临时道路 ················ 17
 a)道说之摆荡结构作为语词甄选和词序安排的本源 ········ 17
 b)诗歌的"内容与形式"，"形象化的呈现" ··············· 19
 c)荷尔德林的"世界观" ······························· 20

第3节　移入到作诗的力量之域 ···························· 23
 a)诗歌在各民族的此在中的支配性运作 ·················· 24
 b)以劳作的方式对诗歌进行通盘巡检，以此作为反对着我们自身的斗争 ·· 28
 c)两处文本问题 ····································· 29

第 4 节　论诗歌的本质 ································· 31
　a）通行的诗歌观念：诗歌作为体验的表达现象 ··········· 31
　b）"dichten"一词的起源 ···························· 35
　c）作诗作为指引着的令敞开的道说样式 ··············· 36
　d）作诗作为对诸神之暗示的接纳，并将其进一步暗示到民族之中
　　 ·· 38
　e）日常假象与诗歌之存在 ·························· 40
　f）诗歌，不是业绩，而是绽出性地直临存有 ············ 42
　g）诗性的道说与思想性的道说 ······················ 49

第 5 节　在对话的漩涡中对"我们"的追问 ················ 51
　a）在对古老诸神的拒绝中的"我" ···················· 51
　b）"我们"，男人与雄鹰。对语言的言说 ··············· 52
　c）诗节的各个开头 ······························· 56
　d）当今人类与希腊人及其诸神的关联 ················ 57
　e）"我们是谁？"的问题 ···························· 59

第 6 节　从时间问题的视域而来对"我们"的规定 ·········· 59
　a）个体的可计算的时间与诸民族的源初时间 ··········· 59
　b）诸民族的历史性时间作为创造者的时间 ············· 62
　c）文本问题：《帕特莫斯》的不同版本 ················ 64
　d）两种永恒概念 ································· 65
　e）本质上的长的时间 ····························· 66
　f）创造者的认识，何时不是真实者发生的时间 ·········· 67
　g）我们是什么与我们是谁这两个问题之间的区别 ······· 68
　h）参与到诗歌之中 ······························· 69

第7节　诗歌的语言特征 …………………………………… 70
a) 语言作为所有财物中最危险的东西 ……………………… 71
b) 语言的沦落。语言的本质与非本质 ……………………… 74
c) 语言与人类对于存在者之整体的基础立场 ……………… 77
d) 语言作为人对抗着神的保护 ……………………………… 78
e) 作为历史性此在之基础构造的诗歌与语言 ……………… 79
f) 作为对话的人类之存在。能听与言说 …………………… 80
g) 人于存在者之中的绽出性直临，个体与共同体 ………… 84
h) 总结 ………………………………………………………… 86
i) 动物和"自然"的无语言 …………………………………… 87
j) 处于对人类历史的源初归属中的诗歌与语言 …………… 89

第二章　诗歌的基础情调与此在的历史性 ………………… 91

第8节　基础情调的展开 ……………………………………… 91
a) 诗性道说从基础情调中的起源 …………………………… 91
b) 对呼唤古老诸神的放弃作为对矛盾的承受。哀恸的基础情调及其三个面向 ……………………………………………… 95
c) 基础情调与神圣者。三重纯然的不自利 ………………… 98
d) 与家乡"一道"的神圣哀恸，家乡作为大地之力量 ……… 103
e) 人与存在者一道被移置入情调之中 ……………………… 105
f) 基础情调作为与家乡大地的河流一道的共同哀恸 ……… 106
g) 基础情调的开启性强力：在对古老诸神哀恸的放弃中对古老诸神之神性的保存 ………………………………………… 110
h) 处于诸神阙失之急迫中的历史性此在，其依照本质法则而发生的沦落的次序 ……………………………………………… 115

i）经由怀疑者而对离弃的忍受 …………………………………… 118

　　j）运作着的基础情调成全其完全之本质：神圣哀恸着的窘迫作为
　　　预备 ………………………………………………………………… 122

第9节　历史性时间与基础情调 ……………………………………… 124

　a）为了一个民族的历史使命在一种追问着的认知之光亮中对家
　　 乡大地的经验 ……………………………………………………… 124

　b）诸民族从深渊中调转出来的时间的起源 ……………………… 125

　c）基础情调的最本己的运动性。曾在与过去 …………………… 127

　d）源初时间的时间化作为基础情调的基础发生 ………………… 129

　e）为了诗歌之本真时间所做的决断，为了移入到基础情调中所做
　　 的决断 ……………………………………………………………… 131

第10节　从赫拉克利特思想的视域出发去看待在《日耳
　　　　 曼尼亚》中得到创建的此在之位置 ……………………… 135

　a）处于对本质性矛盾的内立与承受中的基础情调之诗性道说 … 135

　　α）诸形象之发生事态的总体关联以及基础情调的调谐力量
　　　 ………………………………………………………………… 135

　　β）基础情调与"亲密性"。通过整体关联着的诗歌形象而对基
　　　 础情调的保存性裹藏 ………………………………………… 138

　b）在《日耳曼尼亚》中得到创建的此在之位置 ………………… 142

　　α）"祖国"作为一个民族的历史性存有 …………………… 142

　　β）祖国的沉落作为自然与人的崭新统一的上升 ……………… 144

　c）论荷尔德林的存在理解。赫拉克利特思想的力量 …………… 146

　　α）荷尔德林与赫拉克利特 …………………………………… 146

　　β）荷尔德林与黑格尔 ………………………………………… 153

d) 在西方的形而上学层面的急迫中对我们的历史性此在之刚刚开始发生的急迫的创建 ·················· 159

第11节 总结性的插语：回退入迄今为止得到开启的领域，以此作为对讲授课规划的尖锐化规定 ·········· 164

a) 基础情调的四个本质部分 ················ 166

b) 基础情调作为在敞开的存在者整体中的绽出性直临 ····· 168

c) 作为一个民族的真理的基础情调。历史性此在的三种创造性强力 ······························ 171

d) 历史性的东西与史学真理 ················ 172

e) 对基础情调的唤醒作为对将来性的、历史性的存有的创建 ···································· 173

f) 基础情调中哀恸与欢乐间的矛盾 ·············· 175

g) 进入河流诗的范围内。从《日耳曼尼亚》过渡到《莱茵河》 ····· 177

第二部分 《莱茵河》

过渡性的先行说明 对一首诗歌的"最内在之物"的追问作为对在诗歌的基础情调的每每崭新的支配性运作中开启和创建存有的追问

第一章 半神作为诸神和人类之间起中介作用的中心。诗歌的基础情调。半神之存有与诗人的使命 ·········· 196

第12节 在诗人起着创建作用的筹划中对半神的本质思考 ····································· 196

a) 在对半神的本质的追问中得到开启的人类和诸神的区分，这一追问作为对存有之一般的领域的创建 ·········· 198

b) 在家乡的边界上诗人被强迫着去思考半神，这种强迫作为向后进入到历史性此在中去的接合 ……………………… 201

　　　c) 命运作为诗歌的基础词语。对作为半神之存有的命运的先行探究 …………………………………………………… 207

　　　d) 从与半神之受苦一道的共同-受苦之基础情调而来，对存有的创建与建基 ………………………………………… 219

　第13节　第一节诗。道说的开始与经验的立场。对一种命运的觉知 ……………………………………………………… 226

　　　a) 狄奥尼索斯作为神性的和人性的存有的见证者 …… 227

　　　b) 阿尔卑斯山脉之切近作为本源之切近 ……………… 232

　第14节　第二节诗和第三节诗。莱茵河作为命运。对其本源的倾听和对其使命的接纳 ………………………… 236

　　　a) 论诗性的自然理解与科学性的自然表象的区别 …… 237

　　　b) 第二节诗。对本源的倾听 …………………………… 239

　　　　α) 听的通行样式。诸神之带着怜悯的听与有朽者们的不愿去听 ……………………………………………… 240

　　　　β) 诗人的坚忍之听（受苦）作为对处于其起源中的源初本源的接纳 …………………………………………… 242

　　　c) 第三节诗。本源，本己意志，命运。对使命的接纳 … 247

　　　　α) 在河流流向的翻转中对真正的存有的居有 ……… 248

　　　　β) 诸神的盲目作为使命的丰盈 ……………………… 250

　　　　γ) 源出于丰盈的半神之缺 …………………………… 254

第二章　进一步深化的重述。诗歌与历史性此在 ………… 258

　第15节　讲授课的任务：移入到诗歌的力量之域中并开启

　　　　其现实性 ………………………………………… 258
　　a) 对诗歌之本质的创建并将此在建基于诗歌之上。诗歌作为一
　　　　个民族的元语言 ………………………………… 259
　　b) 荷尔德林作为将来的、德国的存有之诗人 ………… 266
第 16 节　从《日耳曼尼亚》出发的解释活动的基础特征 … 270
　　a) 基础情调的本质。《日耳曼尼亚》中男人的思想与沉思在诗歌
　　　《莱茵河》中得到塑造 …………………………… 270
　　b) 半神之思 ………………………………………… 274
第 17 节　具体的解释。莱茵河作为半神 ………………… 277
　　a) 第一节诗：与狄奥尼索斯的关联。阿尔卑斯山脉
　　　　第二节诗：处于其本源中的莱茵河 ……………… 277
　　b) 第三节诗。半神作为最盲目者。半神之缺 ……… 278
　　c) 经由一个对抗意志的突入而对存有的引发性-受苦 … 284
第 18 节　对作诗活动之形而上学的插入性考察 ………… 286

第三章　纯然起源者作为存有之中心中的争执
　　　　………………………………………………… 290
第 19 节　第四节诗。纯然起源者之谜与诗歌的本源
　　　　………………………………………………… 290
　　a) 本源与已然源起而出的施行规定的诸力量及其在纯然起源者
　　　　之本质中的敌对性 ………………………………… 292
　　　　α) 纯粹本源之诸力量间的对抗：诞生与光线 …… 294
　　　　β) 在已然源起而出中的急迫与培育的相反而动性。纯然起源
　　　　　　者的本质构造的图式 …………………………… 297
　　b) "亲密性"作为纯然起源者之诸力量间的源初一体性，作为这种

存有的秘密 …………………………………… 302

c) 诗歌作为在对亲密性的建基性开启中，对存有的创建
………………………………………………… 304

d) 处于其对存有之本质的源初归属中的河流与诗人。作诗作为
秘密之几乎－无法－揭示 …………………… 314

第20节　第五至第九节诗。处于源起而出与已然源起而
出的矛盾中的纯然起源者，其本质的展开 …… 316

a) 第五节诗。纯然起源者的已然源起而出。源初的地方风土从
河流精神中的生成 …………………………… 316

b) 第六节诗。经由神而对半神与创造者的约束。河流作为人类
之居住的建基者 ……………………………… 318

c) 第七节诗。处于本源中的存有的内立性作为有所创造的自我
制约的条件。半神之存有中的敌对性 ……… 321

d) 第八节诗。诸神的至福作为处于半神之存有中的敌对性的隐
蔽基础 ………………………………………… 325

e) 第九节诗。限制作为在本源之无约束性中的持留 …… 331

第21节　第十至第十三节诗。从诸神与人类而来思考半
神之存有 ……………………………………… 334

a) 第十节诗。对持留于神性本源中的陌异者的追问 …… 335

b) 第十一节诗。处于与人类的无所－操心的关联中的半神之存有
………………………………………………… 338

c) 第十二与十三节诗。人类与诸神的婚礼，黑夜的不可避免 …… 342

第22节　第十四节诗。对秘密的守持。建基于思想家之
作诗中的诗人的思想 ………………………… 346

第23节　第十五节诗。诗人作为他者 …………………… 348
第24节　荷尔德林诗歌的形而上学位置 ………………… 350
　　a) 日耳曼尼亚的历史性使命 ………………………… 350
　　b) 希腊此在与德国此在的本质对立。天赋之物和交与的任务间
　　　 对抗着的亲密性 ………………………………… 353

编者后记 ……………………………………………………… 359
荷尔德林作品列表 …………………………………………… 361
《日耳曼尼亚》、《莱茵河》原文 …………………………… 363
译后记 ………………………………………………………… 381

先行说明

荷尔德林

  他必定仍然长时间地保持为隐蔽不彰,尤其是在如今,在对他的"兴趣"得到激发,而"文学史"正寻觅新的"主题"的时候。人们如今写作有关"荷尔德林及其诸神"的东西。① 这乃是最为极端的误解,经由这种误解人们终至于将这位在德国人面前仍然矗立着的诗人逼迫入了无所效用之中,并且是在这样的假象里,以为现在到底是"公正地"对待了他。就仿佛他的作品急需这种东西似的,尤其是急需来自那些如今出没着的、糟糕的法官那里的"公正"对待。人们"以史学研究的方式"看待荷尔德林,错认了那个独一无二的本质之物,即,他的无时间-无空间(zeit-raum-los)的作品早已克服了我们历史学的活计,并且已经为另一种历史的开端奠定了基础。那另一种历史发端于斗争,亦即为有关神之到达抑或逃遁的决断所做的斗争。

---

  ① 应当是指保罗·伯克曼(Paul Böckmann)于1935年出版的著作《荷尔德林及其诸神》(Hölderlin und seine Götter)。——译注

导　言

> 而持留之物,诗人创建。
>
> (《追忆》,全集第四卷,第 63 页,第 59 行)

我们所尝试的工作要求由荷尔德林本人去启动与规定。我们首先来倾听那首诗,它的标题是:《日耳曼尼亚》。

第 1 节　对讲授课的开始、处理方式及进程的说明

首先简单说明一下这样三件事:a)有关讲授课的开始方式,b)有关我们的一般处理方式,c)有关我们的具体进程。

a) 有关开始方式。开端与开始

从诗歌《日耳曼尼亚》开始,这个开始意味着什么,又不意味着什么?"开始"(Beginn)——这是某种不同于"开端"(Anfang)的东西。比如,一种新的天气状况开始于一场风暴。它的开端却是先前起着作用的,大气状态的完全转变。开始是那种某物随之起始的东西,开端则是某物从中源起而出者。世界大战开端于数世

纪前精神的-政治的西方历史。世界大战开始于前哨战。开始随即就会被抛诸身后,在事情发生的进程中它消失不见。相反,开端、本源(Ursprung),在事情发生过程中渐渐显露而出,并在其终结处才完全在此。开始得很多的人,往往从未达到开端。既然我们人类无法从开端开端——这只有一位神才能办到——我们必定只能去开始。也就是从某种东西起始,这种东西才首先引导我们进入本源,或者将本源显示出来。此种方式便是这门讲授课的开始。

我们将诗歌《日耳曼尼亚》置于开始,为的是往前指向开端。随之一并道出的是:这首诗歌一直指向本源,指向在荷尔德林这个名字之下最终与我们相遭遇的,最为遥远、最为艰难的东西。流传给我们的荷尔德林的一段话,对我们说出了诗歌《日耳曼尼亚》归依于何处。这段话出自一首晚期诗歌的片段,我们以之作为指引来开始我们的讲授课:

> 对于至高者我欲沉默不言。
> 禁果,如同桂冠,却
> 最是祖国。但每一个人
> 终会将其品尝。
>
> (《片断十七》,全集第四卷,第249页,第4行以下)

祖国,我们的祖国日耳曼尼亚——是最被禁止的,它在匆忙白日和喧嚣杂务面前保持隐匿。最高的、因而最为艰难的东西;它同时是最终之物,因为它根本上乃是最初之物——隐蔽不彰的本源。

随之业已一并道出的是，我们从《日耳曼尼亚》开始，这件事不意味着什么。它不应该作为日常需要中某种便利和通行的东西而被提供出来，甚至由此令讲授课得到广泛推荐，从而产生这样一种败坏人的意见，认为我们想要把荷尔德林搞成廉价的、合乎时宜的东西（Zeitgemäßheit）。我们并不准备把荷尔德林弄得合乎我们的时代（unserer Zeit gemäß），恰恰相反：我们想要将我们自己和将来的人们置于诗人的尺度（Maß）之下。

b）有关一般方式。作诗与运思

当我们在一门讲授课中将注意力投向荷尔德林，不可避免的事情是，对这位诗人及其诗歌作品进行言说（sprechen）。然而——进行"有关"诗歌的"言谈"（reden）总是有害的，因为倘若真的有什么亟须去说的话，一首诗它自己已然说出了它想要去说的东西。"艺术享受"只会被喋喋不休所摧毁。人们这样说的意思是，与艺术作品的基本关系应该是"享受"，是对"灵魂中的激动"的啜饮，是愉悦情感里的嬉戏。然而，如若"艺术享受"是对艺术的误解，而我们对诗歌的旨趣并不是享受，那么，被这种言谈所真正破坏和威胁的东西也就荡然无存了。最终，一种有关诗歌的言谈是可能存在的，这种言谈不仅与诗歌相适恰，甚至于为诗歌本身所要求。撇开这一点不论，也许诗歌甚至能够以诗性的方式（dichterisch）得到谈论。这当然不是指用诗句和韵文的形式来谈论诗歌。就此而言，服务于诗歌的言谈并不必定是一种"围绕着"诗歌打转，并且"有关"诗歌的闲谈。

然而更加困难、更加令人怀疑的是另外一件事：哲学现在开始对诗歌动手了。哲学的武装和兵器是——或者应该至少是——概念的冷静之果敢。破坏性思想(Zerdenken)的危险现在代替了喋喋不休(Zerreden)的危险的位置。尤其是,思想看起来仿佛随之要被根本地废黜了。危险在于,我们在概念中瓦解了诗性的作品,我们只是在诗歌中搜寻诗人的哲学意见,搜寻我们用以建造荷尔德林的哲学体系并由此出发去对诗歌进行"说明"——人们将此称为说明——的各种命题。我们并不打算采用这样一种方式,倒不是因为我们认为哲学必须同荷尔德林的诗歌保持距离,而是因为那种在很大程度上通行的方式同哲学毫不相干。

然而,如果到底有一位诗人能够为他的诗歌要求思想方面的领地,那他就是荷尔德林。这绝非因为他作为诗人附带地"也还是哲学家",甚至是一个我们可以将之平心静气地放到谢林和黑格尔身边的哲学家;而是:荷尔德林是我们一位最伟大的,亦即我们最具将来性的思想者,原因在于,他是我们最伟大的诗人。以诗的方式将注意力投向他的诗歌,这只有作为以思想的方式进行的分争(*denkerische* Auseinandersetzung)才有可能,也就是同在这种诗歌中所赢获的对存有之敞开(Offenbarung des Seyns)①的分争。

尽管如此,对诗歌的破坏性言谈和破坏性思想的表象连同其危险,将会始终伴随我们的工作。我们越少对作诗、运思和道说(Dichten, Denken und Sagen)有所知晓,我们越少经验到这三种力量如何以及为何内在归属于我们源初的、历史性的此在,这种伴随着我们的危险就越发巨大。我们的一般方式因此完全隶属于荷

---

① 关于 Seyn 和 Sein 的说明,请参见译后记。——译注

尔德林作品的独一法则。

c) 有关具体方式。诗人的诗性此在

我们即刻从一首诗歌开始，忽略对如下信息的讲述：荷尔德林1770年3月20日，作为某某之子出生在内卡河畔的劳芬（Lauffen）……诸如此类。他出版了一些东西，比如一部小说。他还写了这些和那些。从19世纪直到当代对他的诗歌作品的评论都是以类似这种方式进行的。我们并不打算轻视荷尔德林的"生活与作品"——就像人们所称的那样——以及它们的编撰史。我们的意图完全相反。没有任何一位诗人像荷尔德林那样，其历史性此在，创造的急迫与作品的命运，如此紧密一体。正因为这样，我们不能仅仅以报告的方式事先将他的生活、作品以及评价史了结掉，然后独独去处理"纯粹的诗歌"。诗人的此在在他的时间和他各个位置上与我们相遭遇，这些遭遇直接来源于他书信中的奇珍异宝。这个此在没有职位，没有住所和家室，没有功名，那些在一个名字周围挤来挤去的误解的总和；三十五年的"精神疾患"，就像高明的医学所确定的那样，人们称之为 dementia praecox catatonica［紧张型早发性痴呆］①。此外，我们还得思考，诗人从未亲自出版他真正的、最伟大的诗作。我们必须注意到这样的事实，德国人需要足足百年的时间，直到荷尔德林的作品在那样一种型态中来到我们面前，这种型态迫使我们不得不承认，我们今天还无从胜任它的伟大及其将来性的力量。

---

① 即日后医学上所说的精神分裂症。——译注

生活、作品及其评价史——那些必须去了解、去学习、去掌握的纯然资料性的东西,到处都易得。然而如果诗歌本身,以及在诗歌中并且为了诗歌的诗人的诗性此在,未曾先行从根本上得到领会,那些对导致诗歌产生的环境、影响、榜样和规则的最最勤勉的搜集与清算,对我们就是毫无助益的。而前者正是我们为之努力的东西。

荷尔德林有关诗歌之本质的一段话,可以作为我们这一引言的结尾。这段话出自他写给弟弟的一封信。这封信写于1799年新年,行将结束的18世纪的最后一年(全集第三卷,第368、369页):

> 关于美的艺术对人之教化的影响,人们已经谈论得够多了,但情况总仿佛没有人认真对待过这个问题。这是自然而然的,因为他们从未思考过,艺术,尤其诗歌,就其本性而言是什么。人们仅仅关注艺术中平庸无奇的外在部分,这些外在部分当然同艺术的本质难以分割,构成了艺术的整体特征;人们把艺术当做游戏,因为艺术在朴素的游戏型态中显现出来。理性的方式也因此无法从中得出有别于游戏,也就是有别于破坏的其他效用。这几乎恰恰是当艺术在其真实本性中存在时,所能产生出来的效用的反面。因为那时人可以在艺术中聚精会神起来。而艺术给人以安宁,并非空乏而是活泼的安宁。在这种安宁中所有的力量都是活跃的。人们只因其内在的和谐而没有发现活动的迹象。它使人相互靠近,将他们聚合起来,而非像游戏那样,人们在其中只以如此的方式拢集在

一起，每个人遗忘了自身，个人活生生的独特性无法表现出来。

诗歌——不是游戏。同诗歌的关系并非游戏性的、令人遗忘自我的放松，而是对个体的最本己的本质的唤醒与振作。个体由此返回到他的此在的根基当中。如果每一个个体都从彼处而来，那么在一种源初共同体中的个体之间的真实聚合，就已然先行发生了。将众人粗糙地联合在一个所谓的组织当中，这只是权宜之计，并非本质。

当我们现在试图接近荷尔德林诗歌的力量之域，并且完全直面这一力量之域，那我们应该知道：对于这一意图而言，迫不及待的机敏，盲目堆砌的博学，自负情绪的人为沸腾，浮夸的空话，都无济于事。只有那种清明的严肃才是有效的，才能长久地担负起任务之伟大。

第一部分

《日耳曼尼亚》

现在我们开始阅读和倾听诗歌《日耳曼尼亚》。我所据以引征的标准版本是由诺伯特·封·海林格拉特①及其朋友们编辑的六卷全集本。②在海林格拉特的版本中，荷尔德林的全部作品按诗作产生的时间顺序被分配在各卷。书信每每被编入不同的时间段，从而分散放置于各卷。对于荷尔德林书信的特征而言——这些书信完全内属于荷尔德林的作品——这完全恰当。兴许有朝一日，德国青年将会记住他们荷尔德林全集的编撰者，诺伯特·封·海林格拉特——1916年28岁的他阵亡于凡尔登——兴许不会。

在实际工作中必定一同得到使用的另一个考订版，由弗朗茨·青克纳格尔(Franz Zinkernagel)编辑③。这个版本将所有荷尔德林的书信都收在第四卷。遗憾的是，这一卷没有做出有关异文校勘的说明。

---

① 诺伯特·封·海林格拉特(Norbert v. Hellingrath，1888—1916)：德语语文学家。——译注
② 《荷尔德林历史考订版作品全集》(Hölderlin, Sämtliche Werke. Historisch-kritische Ausgabe)，最初由诺伯特·海林格拉特开始编辑，进而由弗里德里希·泽巴斯(Friedrich Seebass)与路德维希·皮格诺特(Ludwig v. Pigenot)继续编辑。第二版，柏林，1923年。
③ 《荷尔德林书信及作品全集》(五卷本)(Hölderlin, Sämtliche Werke und Briefe in 5 Bdn.)，考订-历史版，弗朗茨·青克纳格尔，莱比锡，1914年。

日耳曼尼亚①

一

不是他们,显现过的,至福者,

古老之国中的诸神形象,

他们我确已不再可以呼唤,但是

你们家乡的河水啊!此刻随你们一道

当心中的爱发出哀怨,它还想要别的什么

神圣哀恸者?因为满怀期待

国土横亘于斯,就像炎热日子里

一片天空往下沉降,如今用阴影

你们渴念者啊!充满预感地将我们整个覆盖

天空充满预兆也仿佛

同样威胁到我,但我仍想留在它近旁,

而我的灵魂不应往后飞向

你们,过去之物!你们于我而言是太过热爱的。

因为看到你们美丽的面庞,

---

① 全集第四卷,第181页以下。

第一部分 《日耳曼尼亚》

就像过去,一如往常,我感到害怕,这是致命的
也几乎不允许去唤醒逝者。

二

远遁的诸神! 即使你们,你们这些当前者,彼时一度
更为真实,你们也有过你们的时代!
此处我什么也不想拒绝什么也不想祈请。
因为既然一切已经结束,而白昼已然消隐,   20
首先击中的是祭司,而神庙和形象以及祭司的礼俗
也怀着爱意紧随祭司
进入黑暗之国,无物再可显现。
只还像从坟墓火焰中,飘出
一缕金色轻烟,传说向上飘过,
如今在我们这些犹疑不定者的头颅边开始苏醒,
无人知晓,在他身上发生了什么。他感觉到
曾经存在者的,阴影,
古老者,它们重访大地。
因为那些应到此处者,逼迫我们,   30
而神人
不再更久地耽留于蓝色天空。

三

已然绿意盎然,在更为荒凉的时代之序幕中
一片田野为他们得到培育,礼物已经备好

为了牺牲餐,而山谷与河流

环绕着先知式的山脉,广阔开放,

于是男人要放眼望向东方

那里的万千变化激动着他。

然而从天穹降下

忠诚的形象,而诸神之箴言雨落   40

不计其数地,在最深邃的树林中发出响声。

而雄鹰,从印度而来,

飞越落满积雪的

帕纳索斯之巅,高越意大利的

牺牲之山丘,为天父去寻找欢乐的猎物

不似往常,飞得更驾轻就熟

年老的雄鹰,在欢呼声中他扶摇直上

最终越过了阿尔卑斯山,看见形态万千的国土。

四

祭司,神最宁静的女儿,

她,太乐于在深邃的单纯中沉默,   50

他寻找她,她睁大眼张望,

仿佛并不知晓,先前那里有一场风暴

致命地在她头顶轰鸣;

这孩子预感到更好的事物,

一份惊奇最终在天空深远传布

因为她有大信仰,仿佛他们自己,

第一部分 《日耳曼尼亚》

那赐福者,高处的力;
因此他们派遣使者,他,迅速将她认出,
笑着想:你,不可摧毁者,必须
接受另一种语词的检验,并将其高声呼唤,　　　　60
年轻者,望向日耳曼尼亚:
"你就是那个,被拣选的
"热爱着万物,你已然足够强大
"去承受一种沉重的幸福。

五

自从那时,藏匿于森林,与充满甜梦的
盛开的罂粟中,你,醉了,
不曾注意到我,长久地,直到卑微者也还感到了
少女的骄傲,并惊奇,你属于谁,来自何处,
而你自己也不知晓。我没有错认你,
悄悄地,因你在梦中,正午时分我　　　　70
在离别中为你留下一个朋友的标记,
嘴之花,而你孤独言说。
然而黄金般的话语之丰盈你同样送出
至福者!随河流一道,它们不可穷竭地
涌入四面八方。因为几乎,如同神圣者,
万物之母,承载着深渊
人们通常称其为遮蔽者,
同是爱与苦难之母

而你充满预感

胸中满是和平。   80

六

噢,啜饮清晨的空气吧,

直到你敞开,

去命名吧,那在你眼前的事物,

未被说出的东西不可再更久地

保持为秘密,

在它被长时间掩盖起来以后;

因为羞愧适恰于有朽者,

而大部分时间里如此去言说诸神

同样是智慧的。

但当黄金比纯净的泉源   90

更为丰盈,天空的愤怒已然严肃,

在白昼与黑夜之间

一个真实者必定一度显现。

你改写三遍,

却还是无法说出,如它在此的情形,

无辜者啊,它必须保持为这般。

七

噢,你神圣大地的女儿!

叫一声母亲吧。岩石间的水流

与森林中的暴雨声声作响,在呼唤神圣大地的名字时

从古老时代而来,远逝的神性者再度鸣响。 100

它是多么不同!将来者

也正欢乐地从远方而来发出光辉并言说。

而于时间之中心

天穹与祝圣的、少女般的大地一道

安宁生活

而愉快的,带着回忆,他们

无所需求者

在无所需求者近旁是友善好客的

在你的节日里

日耳曼尼亚,你是那儿的祭司 110

不带武装地将建议给予

各国国王与各民族。

第一章 预备性的沉思：
诗歌与语言

第 2 节 接近作为现成读物的
诗歌的临时道路

a) 道说之摆荡结构作为语词甄选和词序安排的本源

印就的诗歌呈现在我们眼前，一个直接可读、可谈、可听的语词结体。作为如此这般的语言构造物它具有一种"意义"。这一意义首先通过直接可把握的语词的涵义内容（"神庙"——"坟墓火焰"——"山谷与河流"——"阿尔卑斯山"）得到表达，进而通过形象（代表语言的"嘴之花"，第72行），通过特定的词序。比如第六节，第87行以下：

> 因为羞愧适恰于有朽者，
> 而大部分时间里如此去言说诸神
> 同样是智慧的。

这并不是指：如果诸神想要变得智慧，那么他们在大部分时间里以这样的方式去进行言说，同样也是合适的。而是说：以这样的方式进行言说——亦即对诸神进行言说——同样是真正智慧的。此处，通过这种对原本归属一体的语词的拆分，对有关诸神进行的言说的提及就获得了一种特殊而巨大的张力。这种拆分的方式是，"同样对诸神"这一部分被硬生生推到诗句的尾端，产生一种鲜明撕扯出来的、无所接续的分离；①因为随后开始的是另外一句诗："但当……更为丰盈……"。除开语词甄选、词序安排和语句顺序之外，首先是诗性道说的整个摆荡结构②"表达出了"所谓的意义。然而，这种道说之摆荡结构并不首先是诗行的词序安排和语句切分的结果，恰恰相反：道说之摆荡结构才是第一位的。这种摆荡首先对语言有所预感，并且具有创造性。不仅对于语词划分和词序安排而言，而且对于语词甄选，它都是一个本源。这个本源始终已经先于具体的语词配置而摆荡起来了。不过，道说之摆荡结构从一开始就受到了诗歌的基础情调（Grundstimmung）的规定。这种基础情调在诗歌整体的内在构造中取得它自己的型态。而基础情调又是从各首诗歌各自的形而上学的位置那里生长出来的。

不过，这一切必须在日后以其一体性和纯粹性，通过单首诗歌直接对我们显明出来。而我们首先要做的是，寻找一条临时的道

---

① 海德格尔这里指的是，在日常的德语表达中，so zu reden auch von Götttern（同样如此去言说诸神）应该是合在一起的表达。而在荷尔德林的诗歌中，日常语序被打破了。动词（zu reden）和相应的宾语短语（von Götttern）被拆开，宾语短语被放在了这句话的最后一个部分。——译注

② 原文为 das ganze Schwingungsgefüge des dichterischen Sagens。——译注

路来接近这首特定诗歌的作用领域,即便这条道路是不确定的。

b) 诗歌的"内容与形式","形象化的呈现"

对于一首诗,就像对于一般的艺术作品或者其他事物,人们长久以来习惯于划分出"内容"与"形式"。这种划分是老套的,可用于万事万物。它看起来像是一个绝对的、超时间的规定,然而它却完全是希腊的,并且只属于希腊式的此在。因此,它是成问题的;即便人们会认为说,它作为某种得到引进的、通行的东西而无法撤消了,它也依然是成问题的。在内容-形式这一划分的引导下,人们在解析诗歌时变得高枕无忧。对内容的报道相对简单和容易:古老的诸神已死,新的正逼涌而出。对于这些崭新诸神的到达,日耳曼尼亚具有一种特殊的使命。

诗歌的形式也没有什么特别困难。诗歌由 7 节 16 行的诗节组成。诗歌格律并没有以某种传统的诗歌种类作为范本。诗歌也不押韵。而一首不合格律也不押韵的诗,实际上并不是"诗"(Gedicht)。它并非诗歌(Poesie),更偏散文。看上去也的确是如此,尤其当我们注意到诗歌中异常冷静的连词的时候。比如,"因为满怀期待……"(第 6 行),"因为既然一切已经结束……"(第 20 行)。"因为"——诗人在诗歌中会说"因为"吗?甚至说"已经结束"!然而——这个普通的、老套的、散文化的"因为",它发出鸣响,如同头一回被说出来一样。看上去像散文的这首诗,比起歌德的某首诗歌或者其他什么曲子那最为顺畅的诗句起伏和韵律音调来,要更加具有诗性。

此外,诗歌《日耳曼尼亚》显然通过以下方式赢得了它在诗性方面的表达力,即,它的主要内容——对崭新诸神之到达的预告——在形象中得到呈现:神之信使的形象是雄鹰,日耳曼尼亚的形象是耽于梦想的孩子。这当然是诗人的有效手段,通过非现实的东西的尽可能感性化的形象,将真正现实的东西具象化。这种呈现方式因而需要得到特别的注意和"调查"。

此处,人们可以比较预告着诸神的形象和玛利亚通过天使进行的宣示,进而从呈现方式的角度追踪这一动机的使用,比如在绘画中。而这一切又出现在各个不同的时代。还可以进一步调查,在从荷马到斯特凡·格奥尔格的其他诗人那里,雄鹰在何处出现过,还出现过其他哪些鸟类。如此这般的以调查——比如说调查(不是发明出来的)阿拉伯文献中的骆驼——为模范的"研究",现在是学者们偏爱的活动。对诗歌作品的说明,其范围总是变得更加广阔无边;绝大部分却一无所得。

c) 荷尔德林的"世界观"

更为重要的兴许是,对诗歌及其样式做出判断与评价的态度。此处这指的是对于使用上面所说的形象的态度。我们这里的诗歌的情况是怎样的?比如,代表日耳曼尼亚的形象——一个耽于梦想的姑娘"藏匿于森林和盛开的罂粟中"(第65行)。相较于下瓦尔德雕像上的日耳曼尼亚[①]——一位长发飘扬、手持巨剑的高大妇女——这非常"浪漫化"。用如今通行的说法,荷尔德林的这位

[①] 指坐落于莱茵河畔的吕德斯海姆(Rudesheim)的下瓦尔德(Niederwald)的日耳曼尼亚雕像。为纪念1870、1871年的德法战争和德意志帝国的建立而建造。纪念碑的最上方是象征着德意志帝国的女神日耳曼尼亚。日耳曼尼亚左手执剑,右手高举帝国王冠,头戴象征着胜利和光荣的橡叶花冠。——译注

日耳曼尼亚是"没有英雄感的"。但是我们无需为此感到惊讶,因为对这一"女性"形象的使用显然与诗人的"世界观"融洽无碍。而荷尔德林的"世界观"——倘若这一糟糕的用语可以临时拿来同荷尔德林这个名字放在一起使用的话——在我们诗歌的最后一句诗行中,准确无误地得到了"内在"表达。在那里我们读到,日耳曼尼亚"不带武装地建议"(第 111 行)着各民族。荷尔德林因而显然是"和平主义者",支持日耳曼尼亚解除武装,甚至支持单方面裁军。这近乎叛国。但也的确十分切合诗人的人格:他无法应付生活,哪里都不能"取得成功",不断更换家庭教师的工作,从未获得他在耶拿尝试谋取的哲学私人讲师的职位。

如果上面的解释真实无误,如果我们仅仅根据钻营的能力来评价他,从而认为我们真的发现了诗人的"性格",那么,《日耳曼尼亚》这首诗及其诗人,对我们这个艰难时代就显得不合时宜。我们预先引用他书信中的两处地方,以表明这一判断是完全不真的。一,前已提及的写给他弟弟的新年书信的结尾(全集第三卷,第 371、372 页):

> 我千百遍地感谢你对拙诗的那些令人备感鼓舞的看法,包括你的来信中其他许多友好而有力的语言。我们必须在我们的一切急迫和精神中紧紧团结在一起。我们想要怀着所有的爱和严肃,首先去接受那句伟大的话,homo sum, nihil humani a me alienum puto[我是人,人的事我不可撇开在外]①;这句话不应让我们变得草率轻浮,而只应让我们真实

---

① 古罗马喜剧作家特任提乌斯(Publius Terentius Afer,195 或 185—约 159)的戏剧中的一句话。——译注

地面对我们自己，并敏锐而耐心地面对世界。但我们也不愿被关乎造作、浮夸、虚荣、古怪等等的闲谈所阻碍。我们要全力以赴地进行搏斗，要锐利又温和地观看，将我们和其他人身上的一切人性之物带向一再变得更加自由和热忱的统一联系中，无论是在形象化的呈现还是在现实世界里。如果黑暗王国以暴力侵袭，我们会投笔起身，以上帝之名奔赴危机最大、最急需我们之地。再见！你的弗里茨(Friz)。

二，半年后，1799年7月3日给他的朋友诺伊弗(Neuffer)的信：

你越来越献身于诗歌，对此我诚感高兴。时代向我们抛来如此巨大的印象之重负。我一天比一天更加感到，我们只有通过一种一直持续到老年的活动，以及严肃而一再崭新的尝试，才兴许最终能够创造出那样一种东西，自然首先将这种东西作为使命赋予我们。这种东西也许在另外的环境下能够更早地，却很难如此完美地成熟起来。当对我们而言真正神圣的职责召唤着我们，我们即便拒斥自己对缪斯的爱——至少是在一段时间内——，我们也会为必然性(Nothwendigkeit)献上一份美妙的祭品。

对此可参看片段十七(全集第四卷，第249页，第18行以下)：

而火焰和烟雾袅袅上升于，

> 枯萎的草场
> 然而在它下方纯净不杂
> 来自良善的胸膛，战斗的
> 清新，公侯的声响涌流而出。

因此，对我们这首诗歌中"不带武装地"一词的解释，并非像字面上看起来那样简单。归根结底，根据单个语词和句子来确定"世界观"的这种做法，根本上也是有害的。

第3节 移入到作诗的力量之域

我们就主要方面报告了诗歌内容，粗略描述了这些内容是如何得到谈论的。我们已然对诗歌有了一种知晓，即便只是初次的阅读和粗略的估计。然而——知晓一首诗歌，即便知晓其最深入的细节，也并不意味着：立身于作诗的力量之域。因此我们必须不把诗歌仅仅作为现成在手的读物来看待。诗歌（Gedicht）必须发生转变，作为作诗（Dichtung）显明而出①。

我们在乏味而空疏的几个小时里，将诗歌拿出来当做一种临

---

① 在本讲课中，海德格尔区分出"诗歌"（Gedicht）与"作诗"（Dichtung）两种涵义。前者指具体的诗歌，后者指蕴含在具体诗歌中、使具体的诗歌得以可能的具有本质意义的诗性创作活动及其运作空间。从海德格尔的存在论角度看，这种具有本质意义的诗歌创作活动乃是对"存在"的先行创建与促成（stiften）。因此简单来说可以认为，Gedicht 指每一首具体可见的诗歌；Dichtung 指抽象而基础的诗性创建。但这只是大体的区分，海德格尔在讲课过程中并不严格遵循，两种涵义常常混合在一起。因此我们的翻译也并不始终进行区分，而依语境灵活选择，请读者自察。——译注

时的精神急救品,过后复又将其撂在一旁;或者,我们将诗歌作为某种现成在手的东西来阅读、分析和说明,就像一些人研究中世纪的教皇手谕,一些人研究市民法典,另一些人研究豚鼠和蚯蚓那样。诚然,这都符合一种日常习惯了的对待诗歌的态度。无论如何,都是我们在支配着诗歌。但情况应当反过来,让作诗去支配我们,从而使我们的此在成为作诗之力量的生命承载者。

20　　但这如何发生?在如今完全是另外一些"实在性"规定着此在的地方,如何可能还有一首诗歌——我指的仅仅是荷尔德林的诗歌——成为一种力量。一首诗歌,贫乏,形不成阻力,飘浮,古怪,不具实体存在。这样的东西不属于任何地方。采用日式纸张印刷,皮面烫金装帧,这自然炫目而令人愉悦,但并非诗歌之空间。而我们在诗歌中不再能经验到任何力量,这或许并不是诗歌的问题,问题倒很可能出在我们自己身上。我们业已丧失了去经验的力量,我们的此在纠缠在把我们驱逐出任何一种艺术的力量之域的日常性中。

a) 诗歌在各民族的此在中的支配性运作

这终究是一种要求进行冷酷无情的检验的状况。尤其是,如果各民族的此在真该当从诗歌之中各自涌现而出的话。甚至,即使各民族处在没落当中,倘若这种没落是一种伟大的没落,而非单纯的过程,诗歌就仍然在以支配性的方式运作着。对此可参看箴言九(全集第三卷,第246、247行):

> 通常在一个世界周期的开端或终结之际,诗人已然自我

塑造成形了。伴随着吟唱，各民族从他们的孩童的天空走出，走入行动的生命，走入文化的国度。伴随着吟唱，他们从那里返回到源初生命。艺术乃是从自然通往教化的过渡，同时又是从教化通往自然的过渡。

同样可以参看的还有《许佩里翁》第一卷结尾，全集第二卷，第186页：

> 人性的、神性的美的第一个孩子是艺术。在艺术中，神性的人类返老还童，自我重演。他想要感觉自身，因此他将自己的美与自己相对地设立起来。人类因此赋予自己以他的诸神。因为在一开始，人类和他的诸神是一体的。在那时，永恒的美存在着，它自己却并不知晓。——我说的话很神秘，但它们确实如此。——
>
> 神性的美的第一个孩子是艺术。在雅典人那里情况就是如此。
>
> 美的第二个女儿是宗教。宗教乃是对美的热爱。智者热爱美本身，那无限者，那无所不包者；民众热爱美的孩子，热爱在千姿百态的形象中向他们显现而出的诸神。在雅典人那里情况同样如此。没有这样一种对美的热爱，没有这样一种宗教，任何城邦都将是枯萎的髑髅，缺乏生命与精神；一切思想和行动也都将是失去树梢的树木，是王冠由之被打落下来的

石柱。

第 187、188 页：

很好！有人打断了我，我明白了。但是，这样一个诗性的、虔敬的民族[雅典人]如何同时也是一个哲学的民族，我并不理解。

倘若离开诗歌，我说，他们甚至绝不可能成为一个哲学的民族！

哲学，他反驳道，科学的这种冰冷的崇高，同诗歌有何相干？

诗歌，我确信地说，是这一科学的开端与终结。就像密涅瓦从朱庇特的头颅中诞生，哲学起源自一种无限的、神性的存在之诗歌。而且，在哲学中无法统一的东西，最终复又汇拢到诗歌的神秘莫测的泉源之中。

以及第 191 页：

从单纯的知性当中产生不了哲学，因为比起仅仅对现成在手的东西的有限认识，哲学要来得更多。

从单纯的理性当中产生不了哲学，因为比起在对一种可能的材料的统一和区分方面的、永无终结的进步的盲目要求，哲学要来得更多。

然而，如若神性者 εν διαφερον εαυτω［一在自身中进行区分］①发出亮光，追求着的理性的美的理想发出亮光，那么，理性就不再盲目要求，而是懂得，它的要求为何之故，朝向什么。

美的太阳照亮了知性的活动，就像手艺人作坊里五月的日子。知性因而不再东游西荡，它让它的必须之作品（Nothwerk）保持站立。然而它喜爱在节日里进行思考，在那时，它将在令人返老还童的春天之光中漫步。

如果诗歌乃是这样一种力量，那么一个民族如何对待诗歌这个问题就径直意味着：这个民族自身的状况如何？

我们要来检验一下，我们是否还处在作诗的力量之域中。不是通过对艺术和文化的一般探讨，而是通过直面一篇诗作及其力量。这诗作不是任意一篇诗作，而仅仅只是荷尔德林的诗作。兴许有朝一日，我们必须出离于我们的日常性而置身于作诗的力量当中，以至于我们再度回到日常性中时，不会再像我们离开它时一样。

---

① 这句话来自柏拉图《会饮》中所提到的赫拉克利特箴言。荷尔德林在《许佩里翁》中将这句箴言译为 das Eine in sich selber unterschiedene（一在自身中是有所区分的）。——译注

b) 以劳作的方式对诗歌进行通盘巡检，以此作为反对着我们自身的斗争

但是，只有像诗人本人那样，通过斗争来成为作诗的主人与仆从，我们才能超出现成在手的诗歌而赢获作诗的空间。为了诗歌中的作诗而进行的斗争，乃是反对着我们自己的斗争。因为我们在此在的日常性中被驱逐出了作诗的领域，盲目、瘫软、耳聋地被搁置在海滩上，对波涛起伏的海浪视而不见、充耳不闻、无所察觉。然而反对着我们自身的斗争绝不是指一种猎奇的、灵魂分析式的自我凝视，也不是一种悔恨交加的"道德"谴责。这种反对着我们的斗争乃是以劳作的方式对诗歌的通盘巡检。因为诗歌不应当在这样一种意义上就此消隐不见，即，我们构想出诗歌中所谓的精神内容和意义，并将这种精神内容和意义总结为一种"抽象的"真理，此间不去顾及语词的音调结构和摆荡结构（das Klang- und Schwingungsgefüge）。恰恰相反：诗歌越是强有力地发挥力量，语词之道说就越是具有逼迫性地而又令人入迷地起着支配作用。只有那样，诗歌才不再是现成可读、可听的物体，就像语言首先被我们视为一个我们仿佛拥有的（像汽车拥有它的喇叭）表达与理解的手段那样。——在一定意义上，不是我们拥有语言，而是语言拥有我们。

日常物体经由使用而磨损，变得暗淡、破旧与空洞。荷尔德林的诗歌年复一年变得更为不可穷尽，更为伟大，更为陌生——在最终意义上无处编排归类。荷尔德林的诗歌尚缺乏现实的、历史性-精神性的空间。这种空间并非从外部来到诗歌中，而是，荷尔德林

诗歌自身必须去将这一空间创造出来。如若我们并不准备在将来的日子里坚守在这一作诗的雷霆之下,那么此种尝试实际上始终只不过是一场猎奇游戏。

我们无法掌控荷尔德林的诗歌,这件事无需得到广泛认同。我们之间的所有人,在我们的整个此在中都几乎没有为此做好准备。此外,我们还缺少适合于这种斗争的所有思想上的武器。我们所给出的甚至几乎都算不上是不确定的指引,亦即那种不显眼的指示,这种指引所要指向的东西在目光与心灵中一旦得到确定把捉,就会在倏忽之间消失无踪。我们对荷尔德林诗歌所做的,充其量就如同教堂的脚手架,它的存在只是为了再次被拆除。我们现在尝试的是重新接近诗歌中蕴含着的作诗。对此,我们首先还有两处文本问题需要梳理,这是绕不开的。

c) 两处文本问题

谁如果在初次阅读这首诗的时候使用的不是海林格拉特的本子,就必定会注意到两处文本偏差。一处是在第五节第76行,海林格拉特释读为:

万物之母,承载着深渊

(Die Mutter ist von allem, und den Abgrund trägt)

在青克纳格尔的本子和雷克拉姆(Reclam)版中,"承载着深渊"(und den Abgrund trägt)是没有的。另一处是在第七节第101行以下,海林格拉特释读为:

它是多么不同！将来者
也正欢乐地从远方而来发出光辉并言说。
(Wie anders ists! und rechthin glänzt und spricht
Zukünftiges auch erfreulich aus den Fernen.)

泛泛地说：这首诗以两份手写清稿的方式被保留给我们；它们不像同时期的其他许多诗歌一样是草稿。海林格拉特把清稿分别标为 a 和 b。清稿 b 在第 97 行中断；因此最后一节（第七节）完全缺少。印刷版的文本取自清稿 a。

关于第一处：正是这个清稿 a，在第 76 行包含"承载着深渊"。青克纳格尔和费斯佩尔（Vesper）印出了最后一节，因此跟从的也是清稿 a。为何根据清稿 a 而采纳了第七节，却不同时采纳这份清稿的整个第 76 行，这并不好理解。为何清稿 b 缺少"承载着深渊"，这件事很难得到说明。就像很难说明为何缺少第七节一样。我们在这样考虑的时候暂时完全撇开了如下一点，亦即，这句有关大地的道说"承载着深渊"从作诗角度讲是非常正确的。而且，其道说方式是荷尔德林式的，它不可或缺。

关于第二处：不同于"言说"（spricht），其他版本释读为"游戏"（spielt）。这是一个释读的问题，但也同时是从诗歌整体而来进行理解的问题。我没有见过诗歌的手稿，但同意海林格拉特的释读方式。由于"欢乐地"（erfreulich）一词的关系，"游戏"（spielt）似乎显得合适。但如果"欢乐地"一词是在愉快，值得赞美，值得注意等轻松的意义上得到使用，而"游戏"对这种意义来说显得合适，那就没有荷尔德林式地理解这个词。我们说，时速 240 公里的新款赛车，在试驾时得到了完全"令人欣喜的"(erfreulich)结果。荷尔德林不是在这个意义上使用"erfreulich"这个词的。这里的 erfreulich 的意思是：表现出欢乐，但不是和闷闷不乐不同的、消遣意义上的欢乐，而是希腊词 χάρις 的伟大意义上的欢乐——典雅，魅力，以及此中包含的不易亲近的尊严。但是"erfreulich"的这个意义只表明了为何不能释读为"游戏"，却还没有说明，为何必须释读为"言说"。这只能首先通过进一步的解释来加以表明。

第 4 节 论诗歌的本质

a) 通行的诗歌观念：诗歌作为体验的表达现象

我们在诗歌(Gedicht)中努力探讨作诗活动(Dichtung)。从外部来看，这是从一种有着内容与形式的——两者按其可能性包含着美——现成文本离开，转向另一种东西，转向作诗。这里的作诗指的是什么？如果我们不是盲目地从诗歌被推入到作诗之中，我们就必须以某种方式对此有所认识。因为显然我们应当对作诗有所理解和领会，也就是以认识的方式处身于作诗之中。因此我们必须对作诗有所认识，从而将它从对诗歌的归属中分离出来。如果此间有某种有关"诗歌"的观念从根本上引导着我们，那么我们必须将其作为如此这般的观念来加以认识，尤其当它是一种暂时地、自然而然地支配着我们所有人的观念的时候。从这个角度看，我们可以采用一种有意粗糙化的表述：哪里有诗歌创作，哪里就有作诗活动。而诗歌创作——它首先借助想象力得到完成。诗人想象出某物，这种想象物并非随意的东西，而是他在外部世界或者自身内部所"体验"到的事物，也就是一种所谓的体验。这种体验进一步得到思想加工，并且首先以形象化的方式得到描写与提升，亦即被创作为诗歌。体验如此这般地在诗歌中凝结，以外部可触的方式凝固在比如说作为诗歌的抒情诗之中。如今，人们可以借助于现代的"深层心理学"①，来对"诗人灵魂"中的这些过程和体验进行更加深入的描述。人们会首先对进行不同诗歌种类创作的诗人，按类型进行比较，如史诗诗人、抒情诗人、戏剧诗人。深层心理学进而会成为类型研究。人们会依照它们不同的模式，依照它们对某个特定时代中的某种特定文化的归属，来追踪这些类型。

体验在其中得以凝结的诗歌，这指的是什么？它被表象为体验之表达。对于这种体验表达来说，诗歌便是凝固物。人们可以把这些体验理解为某个单一个体的体验——"个体的"——或者某个大众灵魂的表达——"集体的"——或者像斯宾格勒那样理解为某个文化灵魂的表达，或者像罗森伯格②那样理解为某个种族灵魂的表达，某个民族灵魂的表达。所有这些某些部分甚至相互混合在一起的、对诗歌的理解，都活动在同一种思维方式中。用大众替代个体也好，用文化替代大众也好，或者用种族与世界替代文

---

① 深层心理学（Tiefenpsychologie）：深层心理学的概念涵盖一切从意识表面深入到无意识层的心理学和心理治疗。弗洛伊德首次提出了系统性的深层心理学理论，虽然此前已经有不少哲学家（如尼采）关注到这一层面。——译注

② 罗森伯格（Alfred Ernst Rosenberg, 1893—1946）：纳粹官方意识形态的主要理论家之一，种族学说的提出者。——译注

化,都丝毫不影响起主导作用的基础观念。决定性的东西始终未变,亦即,诗歌被理解为灵魂、体验的表达现象。值得注意的是,所有这些理解在任何时代都被主张为是正确的,甚至能够得到证明。但正确的东西还不就是真的东西。以各种形式呈现出来的这整个思维方式,深深地不真,且与本质无关。我们举出一个从这种思维方式中产生,甚至带有一种科学与哲学之外表的当今诗歌理解,情况就一目了然了。著述家科尔本海尔①说:"诗歌是一个民族在生物学上的必然功能。"②无需太多智力就可以注意到:这一说法同样适用于消化能力。消化能力也是一个民族在生物学上的必然功能,尤其对健康民族而言。当斯宾格勒把诗歌理解为各个文化灵魂的表达,这个说法同样适用于自行车和汽车制造。这个说法适用于一切。也就是说,这个说法一无适用。这一规定从一开始把诗歌的概念带入了那样一个领域,无从指望在这个领域中存在一种本质理解的哪怕是最低的可能性。这一切是彻底错误的,我们只能带着反感提到它们。但我们也必须提到它们。因为首先,这种思维方式不仅涉及诗歌,而且涉及一切人类此在的活动与存在方式,因而文化哲学和世界观的大厦极容易以此为线索得到建立。其次,这种思维方式并非源于单个人偶然的肤浅和思想的无能,相

---

① 科尔本海尔(Erwin Guido Kolbenheyer,1878—1962):亲纳粹的奥地利作家。——译注

② "诗歌艺术在民族中的生命价值与生命效果"(Lebenswert und Lebenswirkung der Dichtkunst in einem Volke),1932 年。"我们的解放斗争与德国诗歌艺术:1932 年春在德国高等学校的讲话"(Unser Befreiungskampf und die deutsche Dichtkunst. Rede gehalten an deutschen Hochschulen im Frühjahr 1932),收于科尔本海尔:《演讲、文章、讲话》(Vorträge, Aufsätze, Reden),达姆施塔特,1966 年。

反，它在19世纪和近代人类的存在方式中有其本质基础。这种思维方式是"自由主义的"，倘若这个经常被滥用的标签能够并且必定说明了什么的话。因为这种思维方式根本上事先从它所意指和思考的东西出发，而将自身突出了出来，将诗歌弄成了它所意指的单纯对象。诗歌因而成为众多事物中直接可触的现象之一种，这种现象与其他现象一样，经由同样无关紧要的规定而被理解为在诗歌背后沸腾着的灵魂的"表达现象"。现象对我们而言就是表达。狗的吠叫同样是表达。这样一种思维方式，其本身乃是"自由"的人类的一种完全特定的存在方式之实行。直到今日，这种思维方式以不计其数的变化和各色形态占据着统治地位，尤其是因为它容易得到理解，不冒犯任何人，可以随处得到舒适的使用。比如，在艺术史家和精神史的史学研究中，这种表象方式引发了一场狂欢。尼采的作品今天也还完全落入被误解的境地，这件事的本质理由部分地就归因于这种思维方式的统治地位。甚至，尼采本人对文化现象的批判性剖析的力量和技艺，也在助长乃至仿佛确证了这样一种思维。因此，这就几乎已经像是一种自然的趋势，我们总是一再随着这种趋势而跌回到这种思维方式中。这也是为什么，我们的努力必须尽可能事先就避免这样一回事，亦即，在上述思维方式的意义上被误解。

　　但目前为止，我们一直只是在以否定的、拒绝的方式进行谈论：1.诗歌并非仅仅现成在手的、附着着意义和美的语言构造物。2.诗歌创作活动不是制造诗歌的灵魂过程。3.诗歌创作活动不是灵魂体验在语言层面上的"表达"。诚然，诗歌和诗歌创作活动是上述提及的所有这一切，但这种理解在根本上错失了本质。那么诗歌之本质到底存在于何处？我们何时才能最终说出积极的东西？诗歌之本质不能通过定义得到道说。它必须首先得到经验。然而，这种经验也是需要指引的。

b)"dichten"一词的起源

"Dichten"——这个词到底指的是什么？这个词来自古高地德语 tihtôn，与拉丁词 dictare 有关联。dictare 是 dicere 的强化形式，后者的意思是言说（sagen）。Dictare：重复地说一个东西，领读，"口授"，用语言形式拟就、草拟一个东西，比如一篇文章、一个报告、一部著作、一个诉状、请求函、一个曲子或者诸如此类。所有用语言形式拟就的东西都叫"dichten"。首先从 17 世纪开始，"dichten"一词才限制在对我们称之为"poetische"（诗歌的）的语言构造物的拟就行为上。从此以后它就成为了"Dichtungen"（诗歌）。Dichten 起先与"Poetischen"（诗歌性的东西）没有特别关联。从这一语词使用中我们所能获得的东西并不多。如果我们继续追问，"poetisch"的意思是什么，与散文式的 Dichten（拟就）相对比来区分出诗歌式的 Dichten，我们同样也没有进一步所得。"Poetisch"一词从希腊语 ποιεῖν、ποίησις 而来，其意思是将某物弄出来，制作出来。这和 tihtôn 一词处在同样的涵义方向上，只不过 poetisch 的语词涵义更加宽广。在这条道路上，我们无法了解"Dichterischen"和"Poetischen"的本质是什么。

尽管如此，我们可以在 tihtôn-dictere 的源初语词涵义中找到一个暗示。这个词与希腊语 δείκνυμι 是同根词。δείκνυμι 的意思是显示，令某物变得可见，令某物变得敞开。这种显示方式不是随便哪种,而是处在一种特别的指引的道路上。

c) 作诗作为指引着的令敞开的道说样式

Dichten:一种指引着的令敞开的道说样式。这不是一个"定义",它只是一种辅助,以便去理解荷尔德林就 Dichten(作诗)和 Dichter(诗人)所说的东西。在其真正创造的最伟大时期,也就是我们这里的诗歌所隶属的1799年及随后几年,荷尔德林经常以各种方式,持续地说到这一点。人们几乎可以说:荷尔德林作诗活动的唯一关怀所在就是诗歌与诗人。荷尔德林因此是诗人之诗人。这就如同,与诗人处于最内在亲缘性之中的思想家,在其最高的创造活动中要去思考和认识,甚至必须去认识的是,思想是什么,思想家是谁。这样一种对诗人的作诗,以及有关思想的思想,诚然可能变得空洞、无效,变成对其自己本身的没有创造力的剖解,但也同样可能成为与此最为相反的东西。荷尔德林那里的情况便是后一种。荷尔德林对诗人说了什么,我们目前只能首先从外围进行了解。我们只是辅助性地、有所保留地指出几处文本,对这几处文本的选择完全受到对我们这里的诗歌《日耳曼尼亚》的解释的规定。第一处文本来自诗歌《如当节日的时候……》(全集第四卷,第153页,第56行以下):

> 我们应当站立于神的雷霆之下
> 你们诗人啊!凭赤裸的头颅,
> 用自己的手去抓住
> 天父的光,他本身,并且将天空的礼物

裹藏在歌之中传递给民众。

诗人将神之闪电逼迫到、保存到语词中,并将这种负荷着闪电的语词设立到他的民族的语言中。诗人并不对自己的灵魂体验进行加工,而是站立于"神的雷霆之下"——"凭赤裸的头颅",一无保护地贡献与交出自身。此在无非就是这种入于存有的威力之中的绽出性直临(Ausgesetztheit in die Übermacht des Seyns)。当荷尔德林谈及"诗人的灵魂"①,它指的不是在自己的灵魂体验中兜兜转转,不是处于内部什么地方的体验的关联整体,而是赤裸裸地绽出而直临雷霆的极端在外。此外,我们再来听一听在1801年12月4日——在去波尔多之前不久,一年半以后他作为"被击中者"又从波尔多返回家乡——给他的朋友波林多夫②所写的信中的一段(全集第五卷,第321页):

噢朋友啊!世界比往常更加明亮地铺展在我面前,也更加严肃!发生的事情令我欢喜。我是欢喜的,就像在夏日"古老神圣的父用镇静的手从赤云之中震动着赐福的闪电"。因为在所有我能从神那里观看到的事物中间,这一标志对我而言已然成了被拣选者。通常我可能会为了一种新的真理而欢呼,一种有关于在我们高处和围绕着我们的东西的更好的视点。如今我却害怕,它在我身上永无休止,就像古老的坦塔罗

---

① 《如当节日的时候……》,全集第四卷,第152页,第44行。
② 波林多夫(Casimir Ulrich Böhlendorff,1775—1825):德国诗人,作家,历史学家。——译注

斯,从诸神那里得到比他所能够消受的更多的东西。但我做我所能做的事,并且在我看见时进行思考,如果我在我的道路上同样必须像其他人一样去往那里的话。要找到一条免于一切疾病发作的道路,这是无神的、疯狂的。对于死亡而言没有什么草药能够治愈。

d) 作诗作为对诸神之暗示的接纳,并将其进一步暗示到民族之中

雷霆与闪电是诸神的语言,而诗人乃是这样的人,他不得不毫不退避地承当这种语言,一把接住这种语言,并将其设立入民族的此在当中。我们曾借助词根的基础义,将作诗规定为一种指引着的令敞开的道说样式。这一规定应合着荷尔德林在对一种远古智慧的认识中(参本书第 127 页)所理解的诸神之语言的特征。于是,他在诗歌《卢梭》(全集第四卷,第 135 页,第 39、40 行)中说:

……而暗示乃是
古来的诸神之语言。

诗歌乃是将这种暗示进一步暗示入民族之中;或者从民族那方面来看,诗歌乃是:将民族之此在设立入这种暗示的领域内,也就是一种指示,一种指引。诸神在这种指引中——不是作为某种被意指的东西、可进行观察的东西,而是在诸神之暗示中——变得敞开。

在日常使用里，暗示就已经是某种不同于标志的东西。暗示不同于朝向某物的指示，不同于单纯令某物得到注意。暗示者也不是单纯令"自己"变得被人注意，比如说，使别人注意到他站在某某位置上而可以在那里碰到他。相反，暗示乃是，比如说在离别的情况下，在不断扩大着的距离中坚守在切近之中；以及相反的，在到达的情况下，在令人喜悦的切近中对仍在运作的距离的敞开。而诸神于存在之际，进行简单的暗示。源出于同这种暗示之本质及其本质性变易的应合，我们必须将这种暗示理解为诸神的语言，并由此将诗歌理解为被裹藏入语词当中的暗示。因此事情不再涉及"灵魂体验的表达"，也不再涉及对诗歌的其他误解，根据这些误解，诗歌的对象恰恰是以某种方式被杜撰出来的东西，无论这种方式是现实之物在想象力中的高旋，还是现实之物在诗歌加工活动中的复现。在这些误解中，诗歌总被视为非-现实之物。而荷尔德林在诗歌《追忆》的最末一行（全集第四卷，第63页，第59行）说：

　　　　而持留之物，诗人创建。

　　诗歌乃是创建，是对持留者（Bleibenden）的有所作用的建基。诗人乃是存有（Seyn）的建基者。我们日常所称的现实之物，最终乃是非现实的东西。一当诸神的暗示，在民族尚未首先觉察之前，经由诗人仿佛被筑造入一个民族的语言的墙基中时，存有就在民族的历史性此在中得到了创建。一种指引和被指引就被置入了这种存有当中，并在这种存有中得到储存。诗歌——灵魂体验的表达？这一切离诗歌是多么地远！诗歌——对诸神的暗示的承当——存有之创建(Stiftung des Seyns)。

e) 日常假象与诗歌之存在

然而——当我们用日常的便捷尺度进行衡量,用日常的要求和渲染方式,用争吵和冲突,用粗粝和急躁,用一知半解和盘算,用所有这些缺了它们日常生活就永远无法成为它必然之所是的东西来进行衡量,诗人的此种作诗和此种此在会成为何等模样。作诗是怎样一种完全与之相反的东西啊!荷尔德林懂得这一点。在给母亲的一封信中,他称其为"这一切事务中最清白无辜的"。这封信不是写于中学时期,而是出自他伟大创造期开始的那几天。在这封 1799 年 1 月——几乎与此前引用过的给弟弟的信同一时期——的信中有这样一段(全集第三卷,第 376、377 页):

> 最亲爱的母亲,对此我完全与您意见一致!我将来尝试谋求一个能够提供给我的最低要求的政府职位,对我来说会是有益的。尤其是因为,我从青年时期开始就一再凭借巨大努力、通过所谓更加基础的活动,来与之对抗的那种对诗歌的也许是不幸的倾向,如今依旧存在在我心间。而且,根据我亲身取得的经验来看,只要我活着,这种倾向就会盘踞在我心中。我并不想断定,它是臆想抑或真实的自然冲动。但我目前所能知道的是,当我出于善意的意图,也就是我惧怕徒有其表的诗人的头衔,因而投入大量的注意力和努力,去从事对我的天性[①]而言不那么合适的事情——比如哲学——时,我使

---

① 注意此处中文表达中的"天性"(Natur)和此前的"自然冲动"(Naturtrieb)在德文原文中是同一个词根。——译注

自己陷入了深深的心神不宁和糟糕情绪中。我有很长一段时间都不知道,为什么我越是完全地投入到对哲学的学习之中,却只是越发不安起来,把自己搞得情绪不定。虽然哲学的学习也以平静来报酬它所要求于我的固执的勤奋;而我到现在才搞清楚,我对自己那特有的倾向的远离超过了必要的程度,而我的心在不自然的工作中哀叹,在渴望着它所热爱的事务,就像瑞士牧羊人在士兵生活中渴望着他们的山谷和他们的牧群。请您不要把这叫做头脑发热!否则,当我不受打扰地在甜美的闲暇中从事这一切事务中最清白无辜的一件时,为何我像一个孩子那样平和与完好。当然,对于写诗这件事,只有当它是卓越不凡时,人们才会抱以敬重,这是合理的。而我的诗很长时间以来或许根本而言还算不上卓越不凡,因为我从小男孩的年纪开始,就从来没有像许多其他事情那样同等程度地冒险去从事写诗。由于我的状况和旁人的意见,我从事那些事情时可能太过好脾气、太过认真了。然而,任何一门艺术都要求人们投入整个的生命,学徒必须在与这门艺术的关系中去学习他所学习的一切,如果他想要发展艺术天赋而不是最终将其完全扼杀的话。

相比别的一些信,荷尔德林给母亲的信更加内属于他的作品。尽管——也恰恰因为——他在信中对此确乎缄默不言,并在一种满怀爱意的忌惮中关爱着他的母亲。即便在他特意写到自己及其行为的时候,他也总是以他母亲能够明了和理解的方式来谈论。的确,荷尔德林正是在那里展开了最高程度的亲密性,亦即,在他源出于同其可怕使命的遥远距离而对他母亲进行言说的地方。在他每一次在限度内真正同意他母亲之处，他也都同时带着一种柔和的强硬最终有所拒绝。我们摘引的书信片段的开头和结尾，便是明证。这封给母亲的信正是在其清晰的亲密性中呈报出他的使命的巨大急迫，他此在的真正的英勇无畏，因为这封信在一种独一无二的柔和中将这种急迫和英勇掩藏了起来。

诗歌——从日常角度出发来看——"这一切事务中最清白无辜的"。诗歌——源出于对诗人之此在的源初把握而加以经验——一种创建着存有的、"神的雷霆之下"的站立。诗歌——它同时是这两者：那种假象与此一存在。那种日常假象归属于诗歌，就像幽谷归属于山脉。荷尔德林的此在，以相互分离的方式（而这同时又意味着最大的亲密性），共同经受了处于其最宽广深远的张力中的、假象和存在之间的极端对立。明白这一点，是从他的——像我们所称的那样——外在"生平"中终究能够把握到点什么的先决条件，更不消说有关他的所谓的精神疾病了。由于这种假象和这种存在携手同行，表面来看存在许多诗人，但实际上却非常之稀少。两种情况并存：许多和稀少；至关重要的仅仅是，我们能够进行区分，并且确认分界是在何处，以便识得对这种真正的区别而言的恰当尺度。

f）诗歌，不是业绩，而是绽出性地直临存有

如果诗歌不能被理解为对文化灵魂或者其他什么灵魂的表达现象，那它同样不能被理解为人类的文化业绩。诚然，人们的确可以将诗歌理解为像体育和工业一样的表达现象和业绩，并且将其

作为这种东西来描述。如果人们首先以这种方式来把握诗歌,且仅仅以这种方式来把握诗歌,那么人们就是把诗歌当作人类的产品之一种。人类为诗歌的制作做出了相应贡献。但是对荷尔德林而言,诗歌并不属于业绩或文化进步,因为他说:

充满业绩,然而人诗性地居住
在这片大地上。
(《在明媚的蓝色中……》,全集第六卷,第25页,第32、33行)

人类所做出一切作品,产生的一切效用,都有其必然性,是"充满业绩"的。然而——在鲜明的转折中——这完全没有切中人类在这片大地上的居住,人类本真的此－在。因为,这种存有乃是"诗性地",无关乎"业绩"、文化成就或者灵魂的表达现象。"诗性地"(dichterisch),诗歌式的(dichtungshaft)——这在此处指的是那种东西,它从根本上承载了作为一种处于存在者整体之中的历史性此在的人类的存在构造(Seinsgefüge)。"诗性地"——这并非又一种对生活进行外在装饰的"Façon"[样式],而是绽出性地直临存有,并且作为这种绽出性直临,它乃是人类的历史性此在的基础发生。整个人类与一个民族诚然可能被排除在这种诗性居住之外,但即便如此人类也仍然存在着,一个民族也仍然存在着。这指明了,人类的历史性存在被双重涵义所贯通,而且是就本质而言。人类既存在又不存在。它看上去像是存有,却又不是。诗歌同样如此。

44　第一部分　《日耳曼尼亚》

"充满业绩",这里还必须得到显露和承认的是:从中取出这行诗句的这首诗,可能不是产生自诗人的晚期创作阶段,而是诗人已经去过图宾根精神病院,因为无法治愈而住在图宾根木匠齐默尔①的小房间里的时期,产生自"精神错乱"②时期。于是,一般大众得出结论说,这首诗是不作数的。这是一个错误的结论。相反,我们必须说的是:诗人的精神疾病具有一种特有状况。麻疹就是麻疹,胃癌就是胃癌,即便这些疾病在个别人那里的情况的确也多种多样;但是,诸如此类的疾病在一个本质性的限度内与个别人无关。这一点同样适用于所谓精神疾病的一些种类,却并非所有。在精神疾病的问题上事情可能完全取决于是谁得了这种病。这就是荷尔德林的"情况"。让我们现在听一听来自"精神错乱"时期的诗歌《在明媚的蓝色中……》(全集第六卷,第24页以下):

> 在明媚的蓝色中绽放着
> 教堂尖塔的金属屋顶。它
> 四周盘旋着燕子的呢喃,
> 动人的蓝色环围着它。太阳
> 高高升起,给铁皮染上颜色,
> 而高空的风标在风中寂然
> 作响。若有人
> 此时从钟楼走下,那些阶梯,

---

① 齐默尔,全名为 Ernst Friedrich Zimmer(1772—1838)。——译注
② 德语的精神错乱一词 Umnachtung,有变成黑夜的字面意思。——译注

这便是一种寂然的生活,因为,
若形象如此隔绝, 10
人的可塑性则随之产生。
传出钟声的窗户,
与大门一样美。因为
大门仍旧依循着自然,它们
宛如林中树丛。而纯粹
亦是美。
从多样者内部产生出一个严肃的精神。
但是形象如此单纯,如此
神圣,人们真的
常常害怕将它们描摹。而天神, 20
始终良善,无一例外,像富足者,
拥有此种美德与喜乐。人类
可加模仿。
倘若生活充满辛劳,可有人
抬头仰望,并且说:我
也愿如此存在? 的确。只要友善和纯粹,
依旧长存心间,
人类就不会不幸地
与神性一较高下。神无从认识?
他像天空一样敞开? 我 30
宁愿相信后者。神是人类的尺度。
充满业绩,然而人诗性地居住

在这片大地上。然而
缀满星辰的夜的暗影,
若我能这样说,并不比
人类,这神性之肖像更为纯粹。

大地上可有尺度?
并无。因为创造者的世界从未阻挡
雷霆的道路。即便一朵花也是美的,因为
它绽放在阳光下。常常　　　　　　　　　　40
眼睛在生活中发现
比花朵远为美丽的有待命名的
事物。噢!我深知这一点!因为
形象和心灵流血不止,完全
不再存在,这是否为神所欢喜?
但灵魂,我相信,必须
保持纯粹,而雄鹰展翅
直抵强力者,伴着赞美之歌
与群鸟的啁啾。这是
本质,是形象。　　　　　　　　　　　　50
你美丽小溪,当你清澈流淌,
你显得动人,如同
神性的眼睛,穿越银河。
我熟稔于你,但泪水
夺眶而出。我看见一个更为欢快的生命

在创造的形象中在我四周绽放,因为
我并未不当地将其比作教堂墓地里
孤独的鸽子。然而人类的笑声
仿佛令我忧伤,
因为我有一颗心。 60
我想成为一颗彗星?我相信如此。因为它们拥有
鸟的迅捷;它们在火中绽放
纯粹如孩童。人类的天性不能妄图,
去希求更伟大的东西。
美德的喜悦同样值得
受到严肃精神的赞美,这精神在
花园的三根柱子间吹拂。
一位美丽的少女必定
头戴桃金娘花冠,因为
她的天性和情感是单纯的。 70
而桃金娘花产自希腊。

当一个人,一个男人,揽镜自照,
在其中看见自己的形象,如同临摹一般;它肖似
这男人,人的形象拥有眼睛,而
月亮拥有光线。俄狄浦斯王拥有一只
眼睛或许已经太多。这个男人的这种
痛苦,它们看上去无法描述,
无法言说,无法表达。如果戏剧

呈现为如此这般,这便是缘由。而
我的情形又如何,当我现在想起你?　　　　　　　　80
某物之终结像溪流将我拽往它方,
它像亚洲向外延展。俄狄浦斯
所遭受的当然是这种痛苦。这当然便是原因。
赫拉克勒斯也曾遭受痛苦吗?
诚然。友爱中的狄俄斯库里①不也曾
承受痛苦? 因为
像赫拉克勒斯一样与神争斗,这便是痛苦。而
处于对这种生命的嫉妒中的不朽,
分享这种不朽,同样是一种痛苦。
而当一个人被夏日的斑点遮盖,　　　　　　　　　90
被大量的斑点完全覆盖,
这仍然是一种痛苦! 这是
美丽太阳的所为:因为
太阳长养万物。太阳引领少年的途程
以其光芒的魅力,如同以玫瑰。
俄狄浦斯所承受的痛苦,就像
一个贫困的男人抱怨他的匮乏。
拉伊俄斯②之子,身在希腊的贫困的异乡人!
生即死,而死亦一种生。

---

① 狄俄斯库里(die Dioskuren):希腊神话中同母异父的双生子卡斯托(Kastor)和波吕德乌斯(Polydeuces)的合称。——译注
② 拉伊俄斯(Laios):忒拜国王,俄狄浦斯的父亲。——译注

对此可以参看荷尔德林的《关乎俄狄浦斯的评注》(全集第五卷,第 180 页):

> 因为这样一种人立身于充满暴力的关系中,他们的语言也几乎以复仇女神的方式在更加暴力性的关联中进行言说。

如果说这句话关涉到真正的解释,那么它就能替代迄今为止所有写下的对索福克勒斯悲剧的解说。我们稍后再深入到这句话之中(参第 65、66 页)。

g) 诗性的道说与思想性的道说

但是如果诗歌与诗性之物,与人类的历史性此在的基础发生是同一的——既无害又可怕——而如果诗歌是一种道说—语言,那么它和语言是什么关系?我们在此还不能提出这一问题。但有一点是确定的:如果诗歌同时是最无害的东西和最可怕的东西,是双义的乃至多义的,那么诗性的道说就必定同样如此。人们可以将这种无害独独视为严肃的东西。但人们也可能将可怕之物滥用为仅仅灵魂上过剩的游戏。诗性的道说看上去像一种我们可以跟说的念诵。就像我们正和邻居交谈那样,我们直接以同样的方式、从同样的层次出发来同诗歌一道说和听。然而这种道说最终在根本上完全是另一种道说。

哲学的思想性道说的情况相应于——不是等同于——诗性道说。比如,在一堂实际的哲学课上,事关宏旨的并非直接说了什么,而是在这种道说中什么被保持在沉默中。因此人们诚然可以径直去听去记哲学课,却可能此间始终是在误听——这不是在偶然的意义上不正确地理解了单个的语词和概念,而是在一种根本的、本质性误听的意义上,即,某人从未注意到,言说真正关乎什么,面向谁。

与此相反,在科学中重要的是对所说内容的直接把握。当然,为了在道说中同时使得本质之物保持在沉默中,人们不能随便什么乱说一气。相反,这种道说向哲学要求着一种思想和概念的严格,这种严格是科学永不能达到也并不需要的。因而比如说在某时某处,貌似哲学性的言论被鼓捣出来:哲学和科学中——科学仅仅是应用性的哲学——决定性的东西在于追问,在于立身于问题中。"人们"反驳说:追问?不!决定性的东西是答案。任何庸人都理解这一点。因为他理解,所以这是正确无误的。而所有这一切就叫做"与民众紧密联系的科学"。如果这样一种对一切真正的思想的废弃没有其他后果,一切就都还是井然有序的。因为只有不能理解本真之物的人,才会对那些误解连同它的不可避免表示大惊小怪,乃至情绪激动。在这里表示出大惊小怪乃至惊诧莫名是错位的,就好像一个人在看到一个大规模农场的同时挑剔说,农场边上还有一个巨大的粪堆。农场要是没有那堆粪该有多好!

道说与道说并不相同。能够重复一首诗甚至背诵它,并不意味着以诗性的方式与诗歌共同道说。因此我们要好好地再一次,同时也更经常地去吟诵①诗歌《日耳曼尼亚》。

---

① 注意,sagen 一般译为"道说",此处依语境翻译为"吟诵"。而"共同道说"的原文是 mitsagen。——译注

第5节 在对话的漩涡中对"我们"的追问

a) 在对古老诸神的拒绝中的"我"

那就让我们再一次吟诵诗歌《日耳曼尼亚》：

不是他们，显现过的，至福者，

此处是谁在说话？这实在是一个最为多余的问题。要不是所谓的诗歌作者本人，还有谁在一首诗歌中说话？除这一句之外，紧接着还有：

他们我确已不再可以呼唤，（第3行）

……但我仍想留在它近旁，（第11行）

此处我什么也不想拒绝什么也不想祈请。（第19行）

这个"我"是谁？荷尔德林？作为诗歌的作者——是的，只要作者把整首诗歌作为语言构造物带向语言。作为整体的诗歌乃是语言，并且进行着言说。当然，——这一点适用于任何一首诗，而这里仍然存在着区别。1801年的长诗《面包与酒》是这样开篇的

(全集第四卷,第119页):

> 城市合围静栖;灯火照亮的街巷安静下来,

诗歌在这里同样进行着言说,荷尔德林也在一定程度上作为作者而说话。但实际上,此处没有任何人在说话,而是:城市合围静栖,而灯火照亮的街巷安静下来。此处一切都是安然且宁静的。而在我们这里的诗歌《日耳曼尼亚》中,诗歌的语言特别由一个人说出,并且是以第一人称。但这并不意味着整首诗都由这个"我"以第一人称说出,相反:第19行是我最后一次进行言说。这个我在他的道说之中拒绝了古老的诸神,只还有古老诸神的传说,"如今在我们这些犹疑不定者的头颅边开始苏醒"(第26行)。

b) "我们",男人与雄鹰。对语言的言说

> 无人知晓,在他身上发生了什么。他感觉到
> 曾经存在者的,阴影,
> (第27、28行)

我变成了我们。我们之中无人知晓,——每个人都感觉到了阴影。①

> 因为那些应到此处者,逼迫我们,

---

① 海德格尔把诗句中的"他"(Er)理解为"每个人"(Jeder)。因此英译本直接将原诗的 Er 译为 each。——译注

（第 30 行）

　　以第一人称开头的诗歌现在不再以第一人称言说，而是将我们带向语言，言说着我们如何期待新的、逼迫着我们的诸神之启明。但我们也同样立即不再出现在用词中，而是（第 33 行以下）：

　　已然绿意盎然，在更为荒凉的时代之序幕中
　　一片田野为他们得到培育，礼物已经备好
　　为了牺牲餐，而山谷与河流
　　环绕着先知式的山脉，广阔开放，
　　于是男人要放眼望向东方……

　　"男人"。这个男人是谁？他放眼望向东方，而万千变化从那里向着他而来，与他相遭遇：印度，帕纳索斯，意大利，阿尔卑斯山。在原本是我们的位置，"男人"在期待和眺望中登场了。男人眺望雄鹰，听到它嘹亮的呼唤（第 60 行）和言说（第 62 行以下）：

　　"你就是那个，被拣选的
　　"热爱着万物，你已然足够强大
　　"去承受一种沉重的幸福。

　　从此处一直到诗歌的结尾都是雄鹰在言说，男人倾听。雄鹰言说着什么？言说语言（第 69 行以下）：

> ……我没有错认你,
> 悄悄地,因你在梦中,正午时分我
> 在离别中为你留下一个朋友的标记,
> 嘴之花,而你孤独言说。
> 然而黄金般的话语之丰盈你同样送出
> 至福者! 随河流一道,它们不可穷竭地
> 涌入四面八方。

雄鹰言说着女孩的寂寞言说,言说着在这种寂寞言语中释放出来的"黄金般的话语之丰盈"。然而,他并非单单向着她言说她所馈赠的语言及其寂寞言语,而是唤起她去进行言语(第81行以下):

> 噢,啜饮清晨的空气吧,
> 直到你敞开,
> 去命名吧,那在你眼前的事物,
> 未被说出的东西不可再更久地
> 保持为秘密,

然而——(第95、96行)"……却还是无法说出……它[真实者]必须保持为这般"。因此她应该去命名,同时又令某物保持为未被说出。紧接着雄鹰还道出了女孩应该去命名谁(第97、98行):

> 噢,你神圣大地的女儿!

叫一声母亲吧。

以及如何去命名母亲。诗歌是语言。但诗歌中究竟是谁在说话？作者，我，我们，男人，雄鹰。他们言说着语言。语言应当进行命名（言说），并且在命名中令某物保持为未被说出。

我们只消约略跟随上面所给出的这些指示，无需去"把握"这些得到指示的东西之间的真正关联就能明白，我们现在离开对此处所说出的东西的内容进行报告这件事，业已有多远。因为这种道说是一种多重道说。它将有所道说的东西（das Sagende）转变入被说出来的东西（ein Gesagtes）中，并且反过来又将被说出来的东西转变入有所道说的东西中。一种道说之道说（ein Sagen vom Sagen）。一切都自行旋转着，以至于"无人知晓，在他身上发生了什么"（第27行）。诗歌现在已经不再是一个附着着直白"意义"的平面文本，相反，这一语言结体自身是一个将我们拽向某个地方而去的漩涡。这种拉拽不是缓慢的，而是在起始处强硬而突然地开始："不是他们……"；并在结尾达到一种神秘莫测的安宁：

不带武装地将建议给予
各国国王与各民族。

然而这一漩涡将我们拽往何处？拽往言说之中，而言说的语言结体就是诗歌。对言说而言诗歌是什么？谁对着谁，和谁一道，关于什么的言说？我们被拽入一种将语言带向语言的对话。这种对话不是作为某种任意的、临时的东西，而是作为向着女孩，向着日耳曼尼亚的使命，"噢，你，女儿，叫一声……"；真正说来：这里涉及的是命名与道说。这一将我们拽入对话的漩涡是某种不同于对话本身的东西，抑或两者相同？这一漩涡就是我们所寻觅的作诗活动吗？果真如此，那么诗歌就根本不是我们将其视为现成之物时所发现的东西。如果我们仅仅呆看这个漩涡，而不是投入到它的运动中，我们就没有把握到对话之漩涡。但是，怎么做？眼下首先一点是，我们根本上开始行走，我们从我们安逸的观察者的位置上走出来。这一位置必须受到动摇，从而令我们的阅读完全不再能够保有对文本进行均质化的照本宣科的静态位置。这种立场已经受到了动摇，当我们现在在业已给出的提示的意义上进行阅读，并对不同的诗节开头加以留意之际。

c）诗节的各个开头

每一节诗开头都不同，这并非单单内容上的不同，亦即每个开头用的是不同的语词，意味着不同的涵义；而是，道说和道说者的方式与层级不同。

第一节："不是他们……/他们我确已不再可以呼唤"，第一人称的拒绝。

第二节："远遁的诸神！"之前是拒绝，现在又是呼唤，与此同时"我"撤去而换为"我们"。

第三节："已然绿意盎然……"，前面道出的是我们所见之物，但在这一节中转变为"男人"，他眺望着，追随并倾听着雄鹰。

第四节："祭司，神最宁静的女儿"，他看见雄鹰在寻觅。在这一节中同时转变为雄鹰的召唤。

第五节:"自从那时,藏匿于森林……",雄鹰的道说,道说着语言以及女孩沉默的言语。

第六节:"噢,啜饮清晨的空气吧……/去命名吧……",现在是道说着的召唤,召唤去进行道说,然而那种道说是令保持为未被说出的道说。

第七节:"噢,你,女儿,叫一声……"对应当以未经道说的方式得到道说的东西的指引性先行道说。

对诗节各个开头的指示似乎只是首先给了我们一种外在的指引线索,把我们指向那种得到改变的阅读和倾听;一种指示,指示着每一诗节如何在诗歌的漩涡中,在漩涡的不同位置上旋转。更准确地说:因为漩涡此前并不是自在的,每一诗节都在这种变化、这种旋转中首先创造出了漩涡及其不同的位置——如果终究可以用漩涡中的"位置"这样的说法的话。

d) 当今人类与希腊人及其诸神的关联

当然,我们一开始把诗歌当作一种现成读物的交道方式现在也仍然——且在一定意义上持续地、不可消除地——顽固存在着。但是另一方面,我们现在也不再能够无条件地对诗歌的开头及其拉拽作用加以回避。"不是他们,至福者……"这一"不是"(Nicht)将我们拉拽到一个特定的地点,从这个地点出发我们应当去完成一个否定(Nein),一种调头不顾。但为何我们不能回避这个"不是他们……"？为何我们不能拒绝与这个"不是"共同进行道说？不是他们,古老的诸神……我们也还必须从根本上首先回避他们吗？这一话语在我们耳旁掠过,完全不再切中我们,不再适用于我们。然而，我们已然长久地告别了这些古老的诸神。希腊人那里还有什么东西与我们有关？15 和 16 世纪那种旧的、真正的人文主义本就已经死亡。第二次人文主义，温克尔曼和赫尔德，歌德和席勒的新人文主义只还剩下了教育事务，现在也不是那么回事了。而对于那个世纪的下半叶随后发生的事情，尼采已经在 1870 年前后，在他有关我们教育机构的未来的巴塞尔演讲中揭露了它的无根与空洞。目前作为第三次人文主义在这里那里忽闪忽现的东西，乃是个别人软弱无力的嗜好，是对当今事物的逃避。我们此间已经到了这样的地步，亦即以后都不再去学习在实践上反正显得无用的希腊人的语言，希腊人对我们而言又还能意味着什么呢！

因此，对我们而言，荷尔德林的这一拒绝来得太迟了。这一拒绝对于他的时代可能具有一种意义。人们会想到当时古典时代的复兴。这一拒绝对于荷尔德林可能尤其具有巨大影响和重要性。人们会想到"希腊狂热"，整部《许佩里翁》都受到这种希腊狂热的支撑与引导。人们最终还会想到《许佩里翁》临近结尾（全集第二卷，第 282 页以下）有关德国人的那些严酷的话。因此，荷尔德林现在——差不多是在一年半之后——可能会特别感到亟须去纠正那些针对德国人的训斥。返回德国人而远离希腊人！这却是他个人的事情。而对我们当今之人来说，这个"不是他们，至福者……"了无内涵。我们不再担负的东西，自然也不再需要首先去加以摆脱。这个"不是他们……"在我们这里已然不再发出声响。又如何从这句话那里产生出向着诗歌之作诗活动的漩涡而去的拉拽？的确，整首诗最终难道不是对我们变成没有"生命"的东西？而对于荷尔德林而言，也只是他的紧张不安和那种反复无常的标志？如所周知,这种反复无常正是神经紧张的人的特点。

当我们在此被要求去超出诗歌之外而突入到其作为本质之物的作诗活动中,这些问题对我们而言就显然并非无关紧要。

e)"我们是谁?"的问题

然而,当我们如此坚决地企图令人们了解,这一"不是他们……"不再适用于我们,那么必定会出现如下插问:凭什么我们把自己当成衡量诗歌想要去道说的东西的尺度?答曰:因为我们想要走入作诗活动的力量之域。然而我们知道,我们是谁吗?如果我们不知道,那么我们是否至少知道,我们能够从何处为自己获得我们是谁这个问题的有理有据的答案?如果连这一点也不知道,那么我们是否知道,我们该如何提出我们是谁的问题,以便这个问题能够将我们导向一个充分回答所处的区域之中?然而,如果我们甚至都没有提出这个问题的引线和标尺,我们又如何不假思索地作出裁定,认为那个"不是他们……"不再适用于我们?

第6节 从时间问题的视域而来对"我们"的规定

a) 个体的可计算的时间与诸民族的源初时间

然而此处更可取的是,首先去倾听诗人关于我们说了什么:"……[我们之中]无人知道,在他身上发生了什么"(第27行)。但诗人此处所谈论的这个"我们"却是当时1801年的德国人。抑或,

60　第一部分　《日耳曼尼亚》

1934年的德国人也同样包含其中？或者荷尔德林指的是1980年的德国人？甚或是不属于任何年代的德国人？这里是根据何种时间计算方式来进行计算的,诗歌中的时间是怎样的时间？在那另一首出现时间稍早于《日耳曼尼亚》的题为《致德国人》的诗歌中,诗人说道(全集第四卷,第133页,第41行以下)：

> 我们的生命时间十分狭窄有限,
> 　我们看到并计数着我们的年岁数字,
> 　　然而诸民族之年岁,
> 　　　可曾有一只有朽者的眼睛见过？

50　　　当你的灵魂也飘荡在自己的时间之上
　　　这渴望着的灵魂,你悲伤地
　　　　在冰冷的海岸
　　　　　独自逗留却认不出它。

比较《卢梭》一诗的开头(全集第四卷,第134页)：

> 我们的白昼时日太过狭窄有限
> 　我们存在,观看并且惊奇,已是黄昏,
> 　我们睡眠,一切民族的年岁
> 　　如星辰般经过。

个体的短暂此在的年份,这种时间是一目了然的。我们能够

计算出这种时间,并将其置于出生日期和死亡日期的数字之间。但诸民族之年岁的时间对我们而言却隐蔽着。而如果某人超出而摆离(hinausschwingen)于他自己的时间及其可计算的当前(像诗人一样必须超出而摆离),并进入到自由域中,那么,他就必须从另一方面出发再次与那种他在其生命时间①所归属其中的东西相疏离。他不再认识自己这一方面的东西,并且对它而言成为一个麻烦。为了本己的时间而对真实的时间发起追问,他使自己出离于各个当前事物的时间。

我们并不识得我们真正的历史性的时间。我们民族的世界时刻对我们而言是隐蔽的。当我们追问自己的存在,追问真正的时间性的存在之际,我们不知道我们是谁。那么,当我们马上作出说明:我们早已免除了对"古老的诸神"的拒绝时,这就显明为一种空洞无物的仓促。因为这一可确定的事实,即,我们当今之人对人文主义是赞同抑或不赞同,从真正的世界时间的角度来看,都无关紧要。即便我们以某种方式对古代的人文主义加以促进,也还丝毫不能保证我们同古代诸神产生了联结。古老诸神此间可能不受惊扰地保持为学术研究的对象。而即使我们并不通过学术和教化的方式保存对希腊人的记忆,却也有可能建立起一种与古老诸神的联结。而对此问题的决断并不取决于对古代在当前时代的存活状况的科学性确认,或者对我们如今的文科中学的情况的判断。同样,我们也没有权利仅仅根据我们自以为无所不知的认识和我们

---

① die Lebenszeit,日常义为"一生",这里依字面翻译为"生命时间",以显示同Zeit(时间)的关联。——译注

的小聪明,去拒绝与诗人的话语共同进行道说。只有这样,这一不连贯的、粗粝的"不是他们……"才将我们拉拽入一场对话的旋涡中;诸民族的世界时间和我们的世界时刻在这一旋涡中才达诸语言。我们的诗歌凭此开头的这一"不是他们……",是在诸民族的源初时间的意义上的一种时间决断。

b) 诸民族的历史性时间作为创造者的时间

因此,如果我们只是想要在猜度之中,与这一"不是他们……"以及接下来随之得到开启的一切共同进行道说,我们就必须对诗人有关这一时间的所说内容有些许预知。然而,在开始的此处只存在一些看上去显得零散的指示,这些指示我们也只是作为权宜之计来给出,且带着相当大的保留——根据先前所说(导言),这样的一种处理方式必定会带着这种保留。

我们已经听到说(第20页以下),民族的历史性此在,其升起、高度和沦落,起源自诗歌。而同样起源自诗歌的是哲学意义上的本真认知。从两者之中产生出作为由国家而成立的民族的此在之作用——政治。因此民族的这一源初的、历史性的时间乃是诗人、思想者和国家缔造者的时间,亦即那些人的时间,这些人真正创立并奠定了一个民族的历史性此在。他们是真正的创造者。关于这种时间,诗人在诗歌《大地母亲》(全集第四卷,第156页,第63行以下)中说:

> 而创造者的时间
> 如同山脉,它高耸而出

从大海到大海
跨越大地，

　　创造者的时间——高耸而出的山脉,群山之巅,孤独地直抵苍穹,直抵神性者的领域。这种创造者的时间耸立起来,超越于在日常的平面性中仓促时日的单纯相继。而这种时间并非僵化地、无时间地往前推进,而是从大地上高耸而出、有着本己的奔流和法则的时间。在另一首与《日耳曼尼亚》密切相关的长诗《帕特莫斯》(三稿,全集第四卷,第 190 页第一稿,第 199 页第二稿,第 227 页第三稿)中,诗人明确谈及"时间之巅"(第 9 行以下):

　　因此,那里常常[在明澈周围 3]①环绕着
　　时间之巅
　　而至爱者[憔悴地 2]比邻而居在
　　相隔最远的山上……

　　"因此,那里常常环绕着/时间之巅……"这些山巅相互间极度切近;而必须居住在山巅上的创造者——在那里每个创造者承荷其各自的使命,并从那里理解居住在其他山巅上的创造者——相互之间也同样是切近的。然而——他们在这种切近中恰恰又由于他们所立于其上的山脉之间的深渊而保持最大的分离。他们的切近乃是深渊。与此相对,在扁平的平面上一切都可能是相当分离

---

① 指第三稿,同样,下面指第二稿。——译注

而散乱的；每一个同每一个之间，许多个之间，它们无需变得相互切近，却发现自己轻易地、长时间地麇集在一起。创造者和诸民族的时间深渊般地裂开，它不是每个人都可同其他人一样在上面飞驰而过的公共车道。只有那样的人，他像牧者一样，所认识的无非是石径与泉源、草场与云朵、太阳与雷雨，才能预知那种山巅之时间，那种深不可测的高峰之间、相隔最远的切近之澎湃汹涌。

c）文本问题：《帕特莫斯》的不同版本

此处又是一个契机去指出文本问题，调查不同版本的改动。人们通常称之为"语文学的吹毛求疵"。这种吹毛求疵确实存在，但不存在于像荷尔德林那样的作品中，尤其当我们并不是停留在对改动的单纯标明上。此处对单个词语的较真乃是对理解诗歌的一种暗示。任何一个崭新塑造出来并得到编排设置的词语，常常将整部作品的内在致密度提升到一个新的水准，其作用也完全不同于雕塑家决定性的一凿。"美学上的精细性"？对这样的改动的指出无关乎这一问题。就像无关乎空洞无物的好奇，想要瞧一眼工作中的诗人，以便对诗歌如何制作出来有所经验。

让我们具体注意一下这些改动。第二稿出现了"憔悴地"。创造者立于山巅，肩负着使命及其创造之力——却"憔悴地"处在相隔最远的山上。他们退隐在至高的孤独中，不是在平庸天赋之单纯无能为力的意义上，而是在对独自承担的至高使命的完成中的失败的意义上。通过这一对立的引入——在山巅之上相互切近，同时却又孤立无援、憔悴疲惫——诗人提高了创造者及其时间的独一无二性；而这一业已得到提高的对立，在第三稿中通过对"在明澈周围"的引入而再一次得到了提高。尽管有着至高的明澈和至纯的目光,其居住依然憔悴,其存在仍旧失败。恰恰是这三稿的区别将诗性道说的方向凸显了出来,因而对于诗歌的完成具有不可估量的意义。我们将会在这一方面继续巡检荷尔德林的整个诗歌创作。亦可对参《帕特莫斯》的开头(全集第四卷,第190、199、227页):

> 神是切近
> 而难以把捉的。
> (第一、第二稿)

> 充满着善;却无人独独
> 将神把捉。
> (第三稿)

d) 两种永恒概念

但是,这种孤独而至为熟稔的诸民族和那些创造者们的时间之巅,对荷尔德林而言却不是直接渡越到一种无时间或者超时间中去,渡越到这种意义上的永恒中去。虽然创造者们在时间之至远至高的山巅上绽出而直临诸神的闪电,神自身却是"时间"。在《关于俄狄浦斯的评注》中,荷尔德林提到"无非就是时间"的神(全集第五卷,第181页)。

人们通常将诸神和神性者理解为是外在于时间的,并当作永恒者来加以谈论。荷尔德林也谈到"永恒"①。然而,对永恒的规定并非因其自身,相反,有关我们称之为永恒的东西的表象以及概念,每每根据有关时间的主导表象而规定自身。有两个永恒的概念普遍为人所知:1. 作为 sempiternitas——时间的向前延续,不停歇的继续,永无一个最后的现在;2. 作为 aeternitas——nunc stans[驻立着的现在],一再持续的当前。这两个概念起源自古代和基督教思想,并在黑格尔哲学中重现;黑格尔最丰富、最深刻地思考了永恒。接在黑格尔之后出现的东西只是劣质的模仿而已。

但这两个永恒概念同样起源自一种对时间的特定经验,亦即时间作为现在之纯然的接连流逝。在前者那里,时间是现在之相续的永不-停止。在后者那里,它是一个无所不包的现在的先行停驻。但是,这种时间概念没有把握住时间之本质,完全依赖于那种时间概念的永恒概念,同样也没有切中永恒之本质——倘若我们终究有能力去思考时间和永恒之本质的话。这些表象尤其不足以以思想的方式来领会荷尔德林对时间的诗性经验。

e) 本质上的长的时间

对荷尔德林而言,诸神"无非就是时间",而"天神是急速流逝的"②。作为诸民族之时间的时间之巅,高耸而起直抵这一诸神之时间。这些时间有它们本己的尺度。

---

① 《片段四:哦大地母亲!》,全集第四卷,第239页。
② 《和解者,你从未相信……》,全集第四卷,第163、164页,第49、50行。

> ……长的是
>
> 时间,而真实者
>
> 自行发生。
>
> (《记忆》,全集第四卷,第225页,第17行以下)

何种时间是长的?日常的"时间"和山巅上的时间是长的,却是各自以不同的方式。处于无聊中的日常时间是"长的",当时间把我们拖延住并让我们变得空虚,当我们急忙而不加选择地把一切能让长长的时间打发掉或是将其变短的事情拉拽过来。山巅之时间是长的,因为在山巅上起支配作用的是一种对发生事件(Ereignis)的持续等待和坚守,它不是无聊也并非消遣。时间在那里不是被打发乃至被消磨,相反,它的绵延和丰富被争得,并在坚守中得到保存。山巅之时间在本质上是长的,因为对有朝一日自行发生的真实者的预备,并非一夜之间发生,也不可预订,它需要许多人乃至于"几代人"。对所有受到无聊的侵袭,并对他们自己的无聊无所预感的人,这种"长的时间"是保持为锁闭的。这种长的时间却会让真实者"有朝一日"——存有之变得敞开——自行发生。(对参《日耳曼尼亚》,第92、93行:"一个真实者必定一度显现。")

f) 创造者的认识,何时不是真实者发生的时间

只消我们并不认识我们的时间,我们就不知道我们是谁。然而,我们的时间乃是处于各民族间的民族之时间。谁知晓这一时间?无人知晓,无人能够说明它,给它"确定日期"。即便那些居住

在时间之巅上的创造者们也不知道它。他们只知一件事,何时不是真实者发生的时间。荷尔德林在诗歌《泰坦》(全集第四卷,第208页)的开头道出了这一点:

> 但这还不是
> 时候。它们依然是
> 无所系缚的。神性者并不击中无所参与者。

还不是时候。于是,我们必须将那种在《日耳曼尼亚》开头所把握到的时间决断继续推迟,因为在那里旧神和新神首先需要在拒绝之中得到决断。先是作为时间决断的"不是他们……",然后又是"但这还不是/时候"。而后面这首诗在时间上更晚!因此诗人把那种时间决断复又推迟了。无论如何他是自相矛盾的。这之所以自相矛盾,是因为我们凭借我们过度明智的理智把各个话语和事情一一对立起来,并且在对立中随意发挥诗人的意思。

g) 我们是什么与我们是谁这两个问题之间的区别

然而《泰坦》的开头说的是什么?在我们所引的位置似乎只是说,何时不是那个时间。但还有更多的东西被说了出来:那个不是的时间要多久,我们无法经验到我们是谁的时间要多久。只要我们不是"参与者",只要我们是"无所系缚的",就不是那个时间。因此参与和有所系缚构成了时间对我们而言变得存在的必要条件。但是参与到什么之中?往何处系缚?诗歌当然没有说明这一点。于是这就保持为开放和任意,以至于事情仅仅取决于我们好歹——在此在中——有所参与,而不是对紧迫的任务袖手旁观。我们直接行动,抓住最近的事情,从事紧急的事务。情况似乎就是如此。因为某人所从事的事情,他实际上持续参与而并非偶一为之的事务,我们每个人的工作,正是我们据以规定一个人是什么,以及我们各自是什么的东西。这人做鞋,因而就是鞋匠。那人从事授课与教育工作,因此按照他所做的事情他是教师。这人摆弄武器,因此是士兵。那人从事书籍写作,这些书籍在书商的公共目录中出现在"哲学""栏目"之下,因此是哲学家。某人长期参与其中的事情,他所从事的什么,规定了他是什么。

但如果我们知道了我们是什么,我们就随之知道了我们是谁吗?没有。我们诚然不可避免地是这个和那个,并且从某种限度上来讲,这一点并不是随意和无所谓的。但这一点并没有对我们是谁这件事有所决断,原因在于我们所从事的事情无从对此加以决断。因此诗人所谈论的"参与"指的也不可能是从事一件工作,与现成的东西打交道意义上的。我们应当参与其中的东西没有得到说明,这件事必须以另外一种方式加以解说。

h) 参与到诗歌之中

参与涉及的不是这件事或者那件事,它并不作为行为之一种而同样包含在我们的此在中。因此,它是不确定的。诗人所指的参与使得我们的此在成为如此这般的此在,在那种此在方式中,事关宏旨的根本上乃是存有与不存在(das Seyn und Nichtsein)。在这种参与中,我们以何种方式成为我们所从事的事情,这件事在事先得到了决断,并且持续始终。如果说我们在此应当参与其中的是什么,以及我们往何处系缚并没有被说出,如果说仅仅只是单纯的参与或者"操心"得到了谈论,那么与此一道"被说出来"的是,这种参与是这样一回事的必要条件,亦即,"神性者击中"我们,闪电闪击的那一时间(*die* Zeit)出现。

但如果现在诗歌的任务是将这一闪电带入话语,从而裹藏进民族的此在之中,那么,只有当我们参与到诗歌亦即对话中时,这种话语才会对我们言说。诚然,情况似乎是,我们能够在沾沾自喜的自我确信中免除与那种"不是他们,至福者……"的共同道说,因为它不再适用于我们。现在的情况则表明:我们不仅不知道我们是谁,我们最终甚至必须首先参与到诗歌中,以便创造出令那个时间出现的必要条件,在这种时间中我们才得以经验我们是谁。如果我们想要用我们偶然的、自以为无所不知的尺度去衡量诗歌,凭此去掌控诗歌,那么我们就无法理解诗歌。如果我们没有通过诗歌令我们是谁这个问题成为在我们的此在中实际去加以追问(这意味着用整个短暂的一生来坚守)的一个问题,那么我们就把自己排除在了作为历史性此在的基础构造的诗性之物之外。

第7节 诗歌的语言特征

因此我们必须一再摆脱一开始的立场,那种对诗歌随意的、碰巧身在此处而一无准备的阅读。诗歌的要求与力量越发以令人感到陌生的方式开启自身。然而——我们的怀疑、我们的反对也在加剧。因为:即便诗歌的本质真正而言就在于它令人类的历史性此在绽出性地直临存在者整体这件事,一种语言构造物,一种单纯的对话,能够在何种程度上以如此源初的方式达成这一点,这始终是存疑的。与一首诗歌的这种单纯道说相比,直接的现实能够将我们完全改变,现实的事件将我们以完全不同的方式拽入此在,直接的行动带来与存在者全然不同的撞击。人们诚然可以高看诗歌的使命,但它单纯的言谈和道说特征却令它变得软弱无力。恰恰因为诗歌只不过是语言,并且就本质而言必定只不过是语言,它无能于令创建存有(Stiftung des Seyns)这件事得以产生。

如何看待诗歌的语言特征?如何看待语言本身?语言与人类的历史性此在的关系如何?荷尔德林自己首先如何经验并理解语言?只有当我们首先了解这一点,我们对待诗歌尚且可疑的立场才会变得至少更为清晰一些,兴许清晰到足以作出一种决断。但我们也因此必须业已知道,荷尔德林如何领会人类的历史性此在与语言的关系。因为我们目前这首具有作诗特征的诗歌特别地向我们揭示为是对语言的自行变化着的真正道说。即便对于这首诗也必须首先作出一种充分的指引性解说。我们将会指出五个不同的文本,这五个文本之间的内在统一会随即自行显明。

a) 语言作为所有财物中最危险的东西

但是人类居住在小屋中,把自己羞怯地包裹在衣服里,因为他们更加热忱也更为谨慎。如同女祭司保存着天空之火,他们保存着精神。他们的理智的作用就是如此。因此,任意性被赋予他们,命令和实施更高的力量的能力被赋予与神肖似者。因此,所有财物中最危险的东西,语言,被赋予人类。他们借此创造、摧毁、沦落,且向着永生者、支配者和母亲回归。他们由此见证着继承下来的遗产,见证着向她所学习到的东西,她那最具神性之物,把持万物的爱。(片段十三,全集第 4 卷,第 246 页)

语言在这里被领会为人类所拥有的"所有财物中最危险的东西"。我们尚未测度出,这说的是什么。但是此处有关语言的这样一种如此令人惊奇的规定,在什么样的语境关联里被给出,这件事立即显明了出来。这里谈及的又是人类,视角则是人类在存在者中的基础身位,谈及人类的自由,谈及命令与实施的力量;谈及他们的创造和摧毁,他们的沦落及其向着支配者和母亲——大地——的回归。人类——不是作为大地上或爬或飞的万物之一种,而是作为大地的意义。而大地的意义的意思是,随着他们的此在并且经由他们的此在,一切如此这般的存在者才首先升起、锁闭(随命令而到来)、成功或失败,并且复又返回到本源中去。这当然不是对一种肆无忌惮的生物进行愚蠢的偶像崇拜,这种生物因其所谓的进步而变成了傻瓜;相反,人类是存有的见证者,绽出性地直临最极端的敌对冲突的中心,并且在最简单的亲密性的环围中本质运作着。

这一片段包含着还没有彻底得到思考的形而上学,因为这一形而上学的开端从未得到过"思考",亦即以思想的方式被置入我们历史性的此在当中。

我们的努力首先只是一种摸索,而只要我们没有留意到这一片段处在手稿的哪个地方,这一摸索也始终不可靠。这一片段位于斯图加特时期的对开本,第 17b 张。按照海林格拉特的看法,片段的内容从本质上看似乎属于1800年和1801年(全集第四卷,第271页)。荷尔德林晚期最著名的诗歌《生命之半》就写在这一页上(全集第四卷,第60页)。同一页有一个更长的草稿。这首诗1805年的出版社年鉴版就取自这一草稿。而原本的草稿涉及的是人在存在者之中,尤其是自然(玫瑰、天鹅、鹿等主导词被提及)之中的本质,涉及的是诗人在人类的历史性此在中的天职。诗歌《如当节日的时候……》直接就出现在手稿的前一页(参见第30页),这多半不是偶然的。在这样一种语境关联中出现了关乎语言的话:语言乃是"所有财物中最危险的东西"。在语言中人类之此在获得了,或者更好地说,从根底处拥有了他最高的危险。因为在语言中人类冒险前进得最为深远。人类凭借作为语言的语言才首先冒险突入到存在中去。在语言中发生着存在者之敞开。这种敞开并不首先是一种揭示之坚决表达,而是源初揭示本身。但正因为如此,它同时也是遮掩及其主要变种,假象。

凭靠语言,人类乃是存有的见证者。人类担负起存有,承受着存有并且为存有所拥有。在没有语言的地方,比如在动物和植物那里,虽有生命,却没有存有之敞开性,因而也没有不存在(Nicht-sein)和无之空洞(Leere des Nichts)。植物和动物混处于万物,在这里支配着的只是盲目的寻找和昏沉的逃跑。只有在有语言的地方,世界才运作起来。只有在有世界的地方,也就是有语言的地方,才有最高的危险。这是那一危险(die Gefahr),亦即由不存在带来的对如此这般的存在的威胁。语言并不仅仅因为它把人类带入到某种危险中去它才是危险的。语言乃是最危险的东西,危险中的危险,因为是语言才首先创造出了存有之威胁(Seynsbedrohung)的可能性,并独独使这种可能性保持为敞开。由于人类在语言中存在,他因而创造出了这种危险,并且带来了潜伏在危险中的摧毁力量。语言作为最危险的东西具有极端的双刃性和双义性。它将人类置入最高之赢获的区域,同时又将他保持在深不可测的沉沦的领域内。应当如何理解这一点,有关语言的第二处文本会令这个问题变得清晰起来。

b) 语言的沦落。语言的本质与非本质

> 但是语言——
> 神在雷霆中言说。
> 常常我拥有着语言
> 它说愤怒已满而阿波罗便是如此——
>
> 如果你拥有足够的爱,那么愤怒也总是出于爱
> 常常我尝试吟唱,但他们并未听见你。
> 因为神圣的自然要你如此为她吟唱而你在青春时并不在吟唱中
> 你向着神性言语,但你们已将其尽数遗忘,初结的果实总不属于有朽者,它们属于诸神。果实必须首先变得更为普通、更为日常,此后它们才为有朽者所享有。
>
> (《片段三》,全集第四卷,第237、238行)

这个文本更加远非一目了然。"但是"一词指向语言的艰难、神秘与成疑。"在雷霆中"说的是与神及其语言的关系。对我们这

里的语境而言具有本质意义的是最后一段,那里区分了语言的"初结的果实",亦即诗人创造性的、起创建作用的道说,以及所道说出来的东西变得"更为普通"和更为日常这件事;后者在人类此在的领域中不可避免。具有创建作用的最初道说之至高福乐,同时也是最深的丧失之痛苦;因为初结的果实被献祭了。为存有源初建基的语言处于必然的沦落之厄运中。这种沦落乃平面化为损耗了的闲谈。没有任何东西能够逃过这种闲谈。因为这种闲谈恰恰唤起了这样的假象,以为存在者在其道说方式中——如果它也是一种道说的话——被切中、被把握住了。一种道出本质性话语的道说,其自身同样已经包含着令这种话语进入误解、误用和欺骗的领域中去的交付,进入到对其使命而言最为直接的反向作用之危险中。那最为纯粹的东西、最为隐蔽的东西,会像最普通和平面的东西一样被拦截而堕入一种通行的言谈方式中。

语言的危险因而本质上是一种在自身中具有根本区别的双重危险:一方面,它是由至高的切近所带来的危险,切近于诸神并因此切近于由诸神而导致的过量的毁灭;但它同时也是最肤浅的背离,并缠结到用滥了的闲谈及其假象中去的危险。这两种互相矛盾的危险的紧密并列,难以承受的本质之危险与嬉戏性质的非本质之危险,将语言的危险性提高到了无以复加的地步。语言的危险性是其最源初的本质规定。语言的至纯本质开端性地展开在诗歌之中。它是一个民族的元语言(Ursprache)(参见第 217、218页)。诗性道说却会沦落,起先成为真正的"散文",之后变成劣质的"散文",最后变成闲谈。对语言的科学沉思以及语言哲学,从这种日常的语词使用也就是其沦落形式出发,将"诗歌"视为规则的例外。于是一切都被弄颠倒了。即使语言被理解为艺术家的塑造手段,在这种对语言的工具性领会中它在根本上也始终只是表达而已。如此这般地看待语言是一个古老的习惯,因为它有理有据。语言中仿佛最切近在手的东西,也就是声音和文字,乃代表意义的符号,而这些符号代表着事物。因此,人们几乎总是将如下努力视为徒劳无功,亦即,在一个民族的历史性此在中贯彻一种对语言之本质的经验的本质转变。然而这种本质转变必定发生,只消还有一种返回到存有之元领域(Urbereiche des Seyns)中去的此在之转变应当产生作用。

诚然,语言的非本质永无可能得到清除。但它可以在其必然的支配中得到特有的承认。语言的非本质因而可以被把握为危险和敌对,理解为在与非本质的对抗中迫使对本质始终加以重新保存的压力。属于语言的必然的非本质,以及由此所给出的假象的领域还包括那样一个事实,我们在对诗歌最初把握的尝试中就已经触及了这一事实:诗歌可以以转述其内容概要的方式得到正确陈述。将其转化为适合于陈述的形式,这种可能性适用于一切道说。比如,在祈祷中对诸神的呼求可被转化为陈述:人们对神说话,而他的请求具有这样那样的内容。同样,一种追问式的道说也可通过对其追问内容的陈述而重新被给出。这样一种陈述自身带有重新给出的假象。然而,这种道说乃是以请求或追问的方式实现的真正的重新给出、重新获取和重新道说的反面。所有源初的道说都可以按照陈述的方式得到转化。这种转化的不受限制的可能性,意味着语言本身始终威胁着它自己的本质,因而在自身中始终是危险的。而危险越没有限制,道说就恰恰越具有本质性。

c) 语言与人类对于存在者之整体的基础立场

如果作为本质基础的语言的危险性得到了预感乃至领会,那自然也不会缺少如下洞见,语言和语言之间绝非等同。根本上各不相同的此在之"诸关系"各自要求着它自己的语言,因为这些关系的是其所是的方式每每通过这种语言而达成。荷尔德林在《关于俄狄浦斯的评注》中指出了这一点,这个评注是他为自己的索福克勒斯翻译而做的。俄狄浦斯"拥有一只/眼睛或许已经太多",我们在那首最晚期的诗歌《在明媚的蓝色中……》(全集第六卷,第26页,第75、76行)听到这句话。在上述评注中,荷尔德林将其理解为:俄狄浦斯"过于无限度地解说了神谕"(全集第五卷,第177页)。他的认知意志在一种充满奇异怒气的好奇中扯裂了一切限制,想要认识的比他所能承受和把握的更多。(参看俄狄浦斯,伊俄卡斯忒(Jokasta)和使者之间的对话,全集第五卷,第141页,第928行以下)对此,荷尔德林继续说(全集第五卷,第180页):

> 正是这个追寻一切,同样也解说一切的人,他的精神最终臣服在他的仆人粗野而简单的语言之下。
> 因为这样一种人立身于充满暴力的关系中,他们的语言也几乎以复仇女神的方式在更加暴力性的关联中进行言说。

这种"充满暴力的关系"指的并非人可以任意身处其间的处境,而是独一无二、无可更改的基础立场。人类在这种基础立场中面向存在者整体,其命运在这种基础立场中展开。与此相关的语言并不仅仅是表达、"表述"或者面向公众的传达,它承载并引导着与暴力性的强力者的分争①。语言本身拥有此种它向着人类而开启并传递出来的存在之特征。在如此这般的语言中,发生着存有与不存在之间的分-争(die Aus-einander-setzung des Seyns und Nichtseins),诸暴力之间的分庭抗礼,以及在这种斗争中的挺立与失败。但同样也发生着堕入到一无所谓的无所不知、无所不能中去的萎败。这一切离根据通常的表达效果和作用而将其标示为理解活动中的交流工具是多么地远!第四处文本将表明这一点。

d) 语言作为人对抗着神的保护

在《关于安提戈涅的评注》中,荷尔德林几乎是在和那样一种规定——依照这种规定,语言将神之闪电把握在言辞之中——相反的方向上看待语言的:人类在语言中转身背向神,在语言中对抗着神进行自我保护,不在神面前被压倒,不让同存在者的基础关系被摧毁。这个位置的完整内容只能通过深入到更进一步的文本关联中才能得到充分领会。此处我们只能指出,人类在语言中令其此在出离而入于何处,语言又将人类的存在传送至何处。全集第五卷,第255页:

> 秘密劳作着的灵魂有一个极为有效的权宜之法,亦即,在最高的意识中回避意识,在临在的神实际地将灵魂抓住之前,

---

① 原文为 die Auseinandersetzung mit dem gewaltsam Gewaltigen,请读者注意 Gewaltigen 与 gewaltsam 的字根关联。Auseinandersetzung 更字面的译法可以是"相分设置"。——译注

灵魂凭借勇敢的、常常甚或是渎神的语言与神相遭遇,并由此将神之神圣而活跃的可能性保存起来。

e) 作为历史性此在之基础构造的诗歌与语言

下面这一点必定随着以上所有的引文而变得清晰明确:语言不是人类所拥有的诸多能力与工具之一种,而是那种反过来将人类拥有,以这样或那样的方式从根底上构造并规定着如此这般的人类之此在的东西。

我们所追问的诗歌的语言特征现在以迥异的方式向我们显示自身。语言不是内在的诗意体验的单纯外在表达,将内在体验打包成形以便运送给他人。当荷尔德林在先前业已引用过的《如当节日的时候……》最后一节诗中说道,诗人必须将诸神的闪电"裹藏/在歌之中"(全集第四卷,第 153 页,第 59、60 行)从而交付给民众,这句话中的裹藏、包裹具有一种别样的涵义。作诗活动本身只是在语言之发生(Sprachgeschehnis)中的别具一格的发生活动,人类立身于这种语言之发生的力量中而成为历史性的。诗性之物乃是历史性此在的基础构造。现如今这说的是:如此这般的语言构成了人类的历史性存在的源初本质。我们不能首先规定好人类之存在的本质,然后除此之外在事后将语言作为礼品分派给他;相反,人类之存有的源初本质就是语言本身。现在我们业已领会了,如下这件事并不是偶然的,亦即,当我们追问我们是谁这个问题之际,我们首先得到指示而深入到与诗歌的对话之中。诗歌与语言因此不是两件事情,这两者是历史性存在的同一种基础构造。

f) 作为对话的人类之存在。能听与言说

荷尔德林在多大程度上以诗的方式突入了这一诗性道说的元领域,我们现在还想通过一句话来加以证实。这句话同时也从一种源初的统一而来,总括了迄今为止一切准备性的有关诗歌与语言的所说。(参看1936年4月2日罗马演讲:《荷尔德林和诗的本质》①)诗人说:

> 人类已经验许多。
> 许多天神被提及,
> 自从我们是一场对话
> 并能相互倾听。

这段诗来自为一首长诗所准备的片段。这首长诗没有标题,它的开头是:"和解者,你从未相信……"(全集第四卷,第162页以下)封·海林格拉特将上述片段的文本放在全集第四卷的附录中(第343页)。

我们是一场对话。这是什么意思?意思是语言构成并规定了我们的存在。我们当然可以这样去说。但我们也同时身处于语言之最高危险性的领域。因为当我们说我们是一场对话时,这句话就像是对我们是谁这个问题的一个直截了当的回答。这一说法近似于诸如此类的命题:"直线是两点间最短的连接。"彼处是"我们

---

① 《荷尔德林诗的阐释》,法兰克福,1971年第四版,第33页以下。

如何存在",此处是"直线是……"。这是两个定义:将直线规定为如此这般,将我们规定为人类,将人类规定为如此这般。但这样一来一切都从根本上走样了并且变得可疑。这不仅仅是因为我们把这句话从诗歌的语句关联中拽了出来;而且,我们由于想要立即突出诗行的主要内容而误导性地将本质词语忽略了。诗人说的是:"自从我们是一场对话"。"自从"——"自从那个时候……"如果我们想要在此寻找一个所谓的对人类的"定义",那么,它就是一个历史性的、与时间相关联的定义。而且,根据前面所说的内容(第49页以下),这一时间显然是无人知晓的诸民族的时间,是我们所听说过的那样一种时间,这种时间只有当我们自己成为"参与者"参与到对话中时,当我们决断了我们以历史性的方式能够成为什么时,才会到来。只有当我们自己进入这种决断并挺立其中,我们才能理解诗人的话语。带着这种保留条件,我们现在才有可能追问,是的,我们必须去追问,这句话是什么意思:我们是一场在时间上得到规定的、以历史性方式开始的对话。这意味着,如果我们想要以纯然思想的方式把握与充分领会诗人有关我们的存有的这句话,那我们必须先行说出所有接下来为理解荷尔德林诗歌所做的努力。而现在,我们只能指出接下来的追问的基点。

我们是一场对话。对话和语言的关系是怎样的?语言在对话中发生,而这种发生是真正的语言之存有。我们是——一种语言之发生(Sprachgeschehnis),而这种发生是时间性的。这种时间性不是外在意义上,就好像它在时间之中运行,其开始、持续和结束每每可以得到时间性的测量;相反,语言之发生乃是人类的真正历史性时间的开端和基础。这种对话不是在"历史性"进程的行进过程中,在某个时候突显而出的东西,而是:自从这样一种对话发生,时间与历史才根本上存在了。然而,这种将开端发动起来的对话乃是诗歌,"人诗性地居住/在这片大地上"①。人类的历史性此-在在诗歌的对话中有其自始至终的基础。

然而,在我们此处所说的东西中仍旧有许多东西始终保持为晦暗不明。我们是一场"对话"。但我们并不是持续不断地说。我们的此在同样也没有在言谈中被穷尽。对话——它总是某种我们短时间参与其中因而短暂关心的事物。我们除了对话之外还是其他一些东西。我们充其量是在对话之中被人理解的,但我们并不是对话本身。或者,诗人的箴言指的是人们所说的:这件或那件事——比如学校大楼着火——是时下热点话题,全市关注话题?我们是一场对话指的是我们被人谈论?但这样的东西恰恰无需触动我们的存有。

因此,箴言必须从字面上加以理解。我们的存有作为对话而发生,它处于如下事件的发生中,亦即,诸神对我们发出吁请(ansprechen),将我们置于其要求(Anspruch)之下,将我们是否和如何存在,我们如何回应,是向它们应-允(zu-sagen)我们的存有,还是拒绝(versagen)它们,带向语言。我们受到吁请而在言说中将存在者作为如此这般的存在者带向语言,开启存在者的何所是以及如何是,但也同时将其遮盖和伪装起来;就此而言,我们的存有作为对话而发生。只有在语言发生的地方,存在和不存在才自行开启。这种开启和裹藏就是我们自身。

---

① 《在明媚的蓝色中……》,全集第六卷,第25页,第32、33行。

但是，即便诸神并不对我们发出吁请，即便诸神并不作出暗示，无论这是因为他们离弃了我们将我们交付给我们自己，还是因为护佑着我们，我们都同样是一场对话。我们是一场对话，这同时在同等本源的意义上意味着：我们是一种沉默。但这也同样意味着：我们的存有发生于有关存在者以及不存在者的言谈之中，以至于我们变成了对事物的闲言碎语的奴隶。我们因而变成了闲谈，因为闲谈乃是必定囊括于对话的本质之中的非本质①。换言之，我们必须充分认识语言的所有危险性，从而去经验作为我们之所是的语言之发生，亦即对话，到底是什么。我们在发动历史并因而终结历史的意义上是一场对话，作为最具暴力性的语词，作为作诗，作为沉默，——作为闲谈。

因此，为了不错失语言之本质，不把语言仅仅视为沟通工具，所有对于语言我们必须加以考虑的东西，上述引用的文本都做了总结。但仍然存在一种困难，即：上面所引的最后两行似乎恰恰说出了我们想要显明的事情的反面，亦即，语言不仅仅服务于相互之间的沟通与交流，而且不首先如此。这两行是怎么说的？

　　自从我们是一场对话
　　并能相互倾听。

这里说得很清楚：语言使得这样一件事成为可能，亦即，我们

---

① Unwesen 在日常德语中有胡作非为的意思，这里取字面的译法，突出与本质（Wesen）的联系。——译注

之间能够相互告知我们的各种体验。因此，在这个文本中语言恰恰只是作为表达和沟通的工具而被提及。我们刚才在"我们是一场对话"这个地方所加以解说的所有东西都变得无效了。然而，且让我们更准确、更严肃地进行查看。首先，在这个地方说的不是"自从……而我们因此……"——通过这个工具的帮助我们能够相互沟通，而是：自从我们是一场对话，自从那个时间开始，我们能够相互倾听。道说和能够倾听至少是同等本源的。能够倾听也完全不是相互交谈的结果，相反，能够倾听是其前提条件。能够倾听不是首先添加到能够言谈上去的，反之亦然。两者本质一体，就像能够言谈和沉默。只有能够沉默的人也才能够开口言谈。天生的哑巴当然什么也说不出，但他同样因此也无法沉默。作为一无所说的沉默并不总是否定性的，它可以极具肯定，所说甚多，甚至说出了本真之物。（谁相对于持续使用的卑琐语言而保持沉默，他就说出了某些东西。即便这些东西只有那些能够理解沉默的人才能理解。）自从我们是一场对话，我们从那时起也已经——而非首先作为其结果——能够相互倾听。然而，即便我们想要以如下方式解释这两行诗，亦即把相互之间的能够倾听把握为对话的结果，把"并"（Und）视为表示结果的"而且"（und），对话也必须在上述所说的源初本质中得到理解而不能被视为沟通手段。为何？

g）入于存在者之中的绽出性直临，个体与共同体

自从我们是一场对话，我们就绽出性地直临而入于自行开启的存在者之中，自此以后，如此这般的存在者之存在才能够与我们相遭遇并规定我们。但是，存在者事先对我们每个人而言在其存

在之中成为敞开着的,这是一个前提条件。由此前提条件一个人才能倾听另一个人有关存在者的所说,无论这种存在者是我们所不是者——自然——还是我们自身所是者——历史。并不是能够倾听才首先创造出了一个人和另一个人的关系,创造出了共同体,恰恰相反,后者乃前者的前提。这种源初共同体并非通过对相互之间的关系的接纳才首先产生——如此产生出来的只是社会——,相反,共同体通过将每个个体先行联结到那在对个体的提升之中联结并规定着每个个体的东西上而存在。这种东西既非自成一体的个体,也不是如此这般的共同体,它必须变得可敞开。前线士兵的同志关系既非因为缺少其他离得太远的人而不得不集中在一起,也不是因为人们首先约好要相互鼓舞;相反,其极端深刻而独一无二的原因在于,作为一个牺牲者的死亡的切近,事先把每个人都置入同等的虚无中,虚无从而成为了无条件的相互归属的泉源。恰恰是每个单个的人必须自己赴死的死亡,将每个个体以最极端的方式个体化的死亡,连同对成为它的牺牲的预备,才首先创造出了同志关系从中产生的共同体之空间。如此说来,同志关系产生自惶恐①? 既是也不是。如果人们像小市民那样,仅仅把惶恐理解为一种没头没脑的怯懦的无助颤栗,那就不是。如果惶恐被把握为仅只赠与最高的独立和预备的、对无条件者的形而上学式的切近,那就是。存在一些像作为自由的牺牲的死亡那样的

---

① 本书对《存在与时间》中的基本概念 Angst 采用"惶恐"的译法(参海德格尔:《时间概念史导论》,欧东明译,北京:商务印书馆,2009年,第401页以下),而非流传较广的"畏"。Angst 包含惶惶不安的情绪,不单单是恐惧和害怕,它涉及不确定性。这个词一般英译为 anxiety。——译注

力量,这些力量无条件地将我们联结在一起并把我们个体化。如果我们不逼迫这些力量进入到我们的此在之中,亦即让这些力量攫住每个个体之此在的根,如果我们不是同样深刻而彻底地立身于一种真正的认知之中,一种"同志关系"就不会形成;充其量,只会产生一种社会的变形形式。

这同我们的问题有何干系?干系大矣。只有每个人首先绽出性地直临而入于事物之本质的近与远之中,相互间的能够倾听才得以可能。而这通过语言发生,不是作为沟通工具的语言,而是作为对存在的源初创建的语言。只有当我们从先前经验到的事物的本质力量而来,返回到我们自己,我们才走向彼此,并相互共同、为了彼此而存在——从自身而来,在"从自身而来"(von Selbst)这个词严格的意义上。

因此,当对话业已令我们相互之间能够倾听,那么对话就不是交流,而是出离而入于存在者之中的基础发生。我们由此清除了对这一文本的误解可能。

h)总结

鉴于上述所说之物对下面内容的重要性,让我们简单总结一下有关诗歌和语言所说的东西。我们追问诗歌的语言特征。由于语言只是说出来的东西,而非制造物和现实物,它作为单纯的道说似乎始终软弱无力。它与语言以及诗歌的作用力量和存在力量(Wirkungs- und Seinsmacht)处于何种关系?荷尔德林如何理解语言?我们询问了有关语言的5处关键文本。

1. 语言对于人类而言是其财物中最危险的东西,因为它将人类绽出性地置入存在之领域;同时由此而入于不存在之领域,入于可能的存在之丧失与威胁的领域。

2. 语言在第二重意义上是危险的,因为它本质上在自身中承载着沦落——要么沦落为报告意义上的对所说之物的单纯言说,要么径直沦落为闲谈。

3. 语言因此从根本上承载并规定着人类的此在,并且为人类每每身处并坚守于其中的诸种本质关系建基,而不只是将其表达出来。在暴力关系中语言有复仇女神的特征(俄狄浦斯)。

4. 语言不仅仅是对裹藏起来的诸神之暗示的传递,它能够成为那样一种东西,人类通过这种东西而在决定性的基础立场中转身背向意识,以渎神的方式转身背向诸神,从而恰恰以此来保存与诸神的关系(安提戈涅)。

5. 因此语言并非人所拥有的东西,恰恰相反,它是那种拥有着人的东西。人是什么——我们是一场对话。自从是一场对话,我们才受到吁请,才被带向语言。

诗歌创建了存有。诗歌是一个民族的元语言。在此种语言之中发生着进入到由此自行开启出来的存在者中去的绽出性直临。人类作为对这种绽出性直临的实行乃是历史性的。只因为人类是历史性的,他才"拥有"一个历史。语言是历史之可能性的基础,而非在历史性的文化创造进程中,一种人工造作出来的发明。

i) 动物和"自然"的无语言

但是,作为人类此在之本质基础的语言,其源初本源始终是一个秘密。尤其当我们考虑到,即使在有"生命"(植物、动物)的地方,语言也没有顺利产生。尽管看起来似乎这仅只取决于对某种尚存的障碍的清除,障碍清除后动物就可以开口言语。然而并非如此!从有生命的动物跳跃到道说着的人类,其间的距离同从无生命的石头到生命体一样地大,甚至更大。

为何动物不言语?因为动物无需言语。为何动物无需言语?因为动物没有言语的必要。它没有言语的必要,因为它没有被逼迫着去言语。它没有受到逼迫,因为它在如此这般的存有面前是锁闭着的。无论存在抑或不存在,虚无(Nichts)还是空无(Leere),对它而言都不可通达。为何存在对于动物而言是锁闭着的?因为动物并不处在语言之中。因此,动物不言语是因为它并不处在语言之中。这句话听上去像是对同一件事情说了两遍,也就是说,它什么也没有说。然而这句话仍然说出了些什么:动物的不言语并不是因为某个单个的原因或者障碍,它的意义无异于其存有方式的本质不同。由于存有方式的本质不同,它在其周围环境及同类的逼涌之下显得昏沉,且始终被拘囿在这种昏沉中。这并不排斥如下一点,动物在这种昏沉的拘囿中以自己的定向方式和实现其生命冲动的方式而活着。

然而,只有当我们思考了整个自然的真正的无语言(另一方面,微观和宏观上的自然的支配性运作能够以最强烈迫切的方式对我们"言语"),动物对人类的这种表面上的切近和本质上的疏远才会成为一个货真价实的问题。

这意味着:如果我们只是简单地把无语言的自然和言语着的人类作为不同类别的事物并置在一起,那么我们就没有充分理解这个问题。只有当我们从根本上去思考这样一件事,诗歌作为人类的历史性此在的基础发生——先于一切自然科学——处于同自然的何种关系中（如果我们终究可以这样去谈论的话），我们在此才会接近这个问题。整个自然科学——虽然它在当今的某些范围之内是如此地无可或缺，比如对于橡胶制造和电力生产而言——此处以其精确性在本质方面对我们而言是彻底失灵的，因为它将自然祛-"自然化"了(de-"naturiert")。

j) 处于对人类历史的源初归属中的诗歌与语言

通过两条相互分离的道路，我们如今明白了：诗歌是历史性此在的基础构造。作为对话的语言是历史性此在的基础发生。作为源初对话的诗歌是语言之本源。人类凭借作为其最危险之物的诗歌，外出冒险而入于如此这般的存在中，在那里坚守抑或堕落，在闲谈之沦落中自我吹嘘、荒芜委顿。

这足以显明诗歌和语言的本质统一及其对于人类历史的源初归属。所有这一切首先都只是服务于对理解诗歌《日耳曼尼亚》之作诗活动的努力的相应准备。《日耳曼尼亚》是这样一种对话，处在对我们民族的世界时间的决断之关联中的语言本身，在此一对话中达诸语言。

我们理解诗歌的努力在一开始就立刻受到一股反冲，亦即，与整首诗歌进行共同道说的可能性与必要性是可疑的。现在我们已经表明：我们的犹豫不决来自于对此处所关涉的"时间"样式的无知，对对话和语言之本质的无知，对我们是谁这个问题的追问之必要性的无知。对于共同道说的犹豫不决乃至畏缩退却因此完全不是一种决断，不是有所认知的决定。但另一方面，不知何处催生的对诗歌的共同阅读的倾向同样也不是一种决断，因为——如果这么说终究是必要的话——事关宏旨的不是在这里在这个讲授课上说服你们所有人或者个别人产生共同阅读的愿望；相反，需要得到决断的是，对我们是谁这个问题的共同追问，亦即，我们是一场对话还只是一种闲谈，我们深入到我们的历史性此在的源初历史性之中还是在东游西荡；我们是对我们的存有并因此首先对作为如此这般的东西的存有本身，具有一种真实的认识，还只是踽踽跟跄于不同的言谈样式，我们是否真实地认识到，我们并不认识和无法认识的是什么，从而通过与这种限制本身的真切冲撞而变得强大，并对抗这种对抗。对荷尔德林作诗活动中的任何一首诗歌的共同道说，进入到作诗活动之对话中去的走入，都必须一再穿越这一决断。

第二章　诗歌的基础情调与此在的历史性

第8节　基础情调的展开

a) 诗性道说从基础情调中的起源

所有迄今为止所说的东西并没有清除这样的不信任，即，当我们共同道说着"不是他们……"，道说着对古老诸神的拒绝时，是否始终存在着一种不真切。我们必须移置到诗人或好或糟的处境中，并像诗人那样行动。我们始终没有经验到从我们自己本身而来、直接击中我们的对这种拒绝的强迫要求。然而——这究竟是否是一个拒绝？全集第四卷，第181、182页：

一

不是他们，显现过的，至福者，
古老之国中的诸神形象，
他们我确已不再可以呼唤，但是
你们家乡的河水啊！此刻随你们一道

当心中的爱发出哀怨,它还想要别的什么
神圣哀恸者?因为满怀期待
国土横亘于斯,就像炎热日子里
一片天空往下沉降,如今用阴影
你们渴念者啊!充满预感地将我们整个覆盖
天空充满预兆也仿佛   10
同样威胁到我,但我仍想留在它近旁,
而我的灵魂不应往后飞向
你们,过去之物!你们于我而言是太过热爱的。
因为看到你们美丽的面庞,
就像过去,一如往常,我感到害怕,这是致命的
也几乎不允许去唤醒逝者。

二

远遁的诸神!即使你们,你们这些当前者,彼时一度
更为真实,你们也有过你们的时代!
此处我什么也不想拒绝什么也不想祈请。
因为既然一切已经结束,而白昼已然消隐,   20
首先击中的是祭司,而神庙和形象以及祭司的礼俗
也怀着爱意紧随祭司
进入黑暗之国,无物再可显现。
只还像从坟墓火焰中,飘出
一缕金色轻烟,传说向上飘过,
如今在我们这些犹疑不定者的头颅边开始苏醒,

无人知晓,在他身上发生了什么。他感觉到
曾经存在者的,阴影,
古老者,它们重访大地。
因为那些应到此处者,逼迫我们,   30
而神人
不再更久地耽留于蓝色天空。

三

已然绿意盎然,在更为荒凉的时代之序幕中
一片田野为他们得到培育,礼物已经备好
为了牺牲餐,而山谷与河流
环绕着先知式的山脉,广阔开放,
于是男人要放眼望向东方
那里的万千变化激动着他。
然而从天穹降下
忠诚的形象,而诸神之箴言雨落   40
不计其数地,在最深邃的树林中发出响声。
而雄鹰,从印度而来,
飞越落满积雪的
帕纳索斯之巅,高越意大利的
牺牲之山丘,为天父去寻找欢乐的猎物
不似往常,飞得更驾轻就熟
年老的雄鹰,在欢呼声中他扶摇直上
最终越过了阿尔卑斯山,看见形态万千的国土。

当我们声称,诗歌的开篇将我们撕扯入一个位置,我们应当从这个位置而来说出一个不时,我们做得对吗?抑或我们完全看错了,完全误读了,因为我们总是太过急切地去抓取(greifen)一种可以固定下来的内容?对于诗人从之出发进行言说的位置和"此"(Da),我们无法加以领会(begreifen)①,而只有从诗性道说的整个发生方向而来才能够对此有所经验?实际的情形是后者。尽管已经做出了多方面的准备,我们还没有考虑过这样一点,道说的音调(Stimme)必须得到调谐(gestimmt)。诗人从一种情调(Stimmung)而来进行言说,这种情调规-定(be-stimmt)了基础与地基,并且贯通性地调谐着(durchstimmt)一个空间,诗性之道说在这个空间的基础上,在这个空间之中,创建了一种存在。我们将这种情调命名为诗歌的基础情调(Grundstimmung)。然而,凭基础情调一词,我们指的并非仅仅伴随着道说的飘浮不定的情感,相反,基础情调开启世界,这个世界在诗性道说中接受了存有之印记(das Gepräge des Seyns)。为了领会些许有关人类的历史性此在之本质的消息,我们需要特别去思考基础情调的本质,而在此之前,我们想要将《日耳曼尼亚》的基础情调突出出来。考虑到这一意图,我们仅仅读到特定的地方,即第 38 行。

在一种断断续续的强硬中,"不是他们……"唤起了一种摆脱的表象,一种不再想要去认识的表象。但是第二节——"我"仍然在其中言说——的开头呼唤的正是:"远遁的诸神!"这说的却是:

---

① 此处的"领会"(begreifen)和前一句的"抓取"(greifen)在德语中具有字面联系。——译注

诸神自己已经远离了——"白昼已然消隐",民族不再能够将其保持,民族在黑夜中失明——"一切已经结束"。为什么还要首先有一种拒绝?诸神的那种当前已然过去。然而——如果我们将其作为一种历史事实来确定,那我们就没有切中此处所涉及的历史本身的一鳞半爪,就像如果我们确认如今仍然存在基督教这件事没有切中一样。我们只是作为无所系缚者来如此这般谈论,忘记了一个诸神阙如的时代并非意味着一无所有,而是一种大地的动荡。这种动荡既不能被消除,甚至也无法仅仅得到认识,无论是通过忏悔的单纯延续,还是通过一种由国家建立的、管理教会的得到变革的组织形式。

一个民族的诸神不是可以这么廉价地搞到手的。诸神之逃遁必须首先成为一种经验,这种经验必须首先将此在置入一种基础情调之中。在这种基础情调中,一个历史性民族作为整体忍受着其诸神阙如和分崩离析的急迫。这种基础情调是诗人在我们民族的历史性此在中创建起来的。这在 1801 年是否发生,在 1934 年是否仍未被觉察和领会,无关紧要。因为对于这样一种决断的时间而言,年份是一无所谓的。

b) 对呼唤古老诸神的放弃作为对矛盾的承受。哀恸的基础情调及其三个面向

"不是他们……"不是一种拒绝,相反,它将"他们我确已不再可以呼唤"引入(第 3 行)。这个"确已"(ja)使得"不再可以"得到强化并将其最终确立起来。开篇那个尖锐的"不"指的绝非摆脱的强硬,而是一种必须弃绝的沉重。弃绝什么?弃绝"古老之国中的

诸神形象"(第2行)吗？不。弃绝的是对这些诸神的呼唤。谁不曾拥有、不能拥有、不愿拥有，谁也就无法弃绝。他根本无法经验到弃绝之必须。而当诗人由这样一种弃绝出发进行言说，他恰恰意求着某物。他意求呼唤，也就是说他不仅仅只是希望。意求呼唤指的是：在这种呼唤中坚守。呼唤什么？不是把诗人熟悉的东西召唤过来，也不是呼唤者令他自己变得被人注意的那种呼唤，而是我们在其中渴念着如此这般地被呼唤者的呼唤。通过这种呼唤，我们首先将被渴念者作为一种仍然存在距离的东西置入远方，同时对其切近有所惦记。这种呼唤乃是对预备之自行敞开与实现之悬缺间的矛盾的承荷。对这样一种矛盾的忍受乃是痛苦，一种受苦，因为呼唤乃是一种哀怨（第3行以下）：

　　……但是
　　你们家乡的河水啊！此刻随你们一道
　　当心中的爱发出哀怨

　　这种呼唤之痛苦，这种哀怨，产生并回荡在一种哀恸的基础情调（*Grundstimmung der Trauer*）中。

　　然而联系到这里以及每一种基础情调，此处必须预先说明的是，这里涉及的不是在所谓情感中的软弱疲乏的自我沉溺，不是一种仅仅使自己的灵魂状态"得到孵化"的多愁善感。这种哀恸尤其不是无力地沉陷在自身之中。如果此处采用通常的划分，基础情调不是属灵魂的，而是属精神的。痛苦和受苦从根本上仅仅缘于对矛盾的经受才存在。动物诚然也可能遭受某物，因某物而受苦，但这种受苦、这种拥有痛苦并不是受苦,就像胃痛本身不是如哀恸那样的一种受苦和痛苦。哀恸也不单纯是"更高级的"情感,而是某种本质上全然不同的东西。

对古老诸神的呼唤的弃绝是想要丧失(Entbehrenwollen)之坚决。"此处我什么也不想拒绝什么也不想祈请。"(第19行)这种坚决产生自哀恸之基础情调的内在优势地位。因为哀恸将所有渺小而纷杂的事物都移置入了一无所谓中,仅仅将自身持守在唯一者的不可触及中。然而哀恸并非情绪败坏而受到伤害的自我退却,不是空洞而充满怀疑的离去甚至顽固不化。这种源初的哀恸乃是一种大痛苦之纯易的良善的目光锐利的优势地位①——是基础情调。它以一种本质的方式将存在者整体别样地开启。此处要好好考虑的是:情调之为情调令存在者之敞开性得以发生。

但我们必须更清晰地对基础情调的诗性构造进行解说。"心中的爱发出哀怨"(第5行)。根据古老的智慧,爱是一种意求,亦即意求被爱者在其如此存在中是其所是,意求被爱者坚守他的本质。一种意求——心中的爱——"它还想要别的什么/神圣哀恸者?"(第5、6行)哀恸是神圣的,它并非对某种单个事物的任意哀恸,相反,整个基础情调都是神圣的。

包含在情调中的首先是那种施行调谐的东西,调谐者(das Stimmende)(见第85页以下,情调"更内在的基础"),其次是那种在情调中得到调谐的东西,最后则是两者之间那得到调谐的和调

---

① 此句原文为 hellsichtige Überlegenheit der einfachen Güte eines großen Schmerzes,英译为 lucid superiority of the simple goodness of a grave pain。——译注

谐着的交替关联。此间需要予以注意的是,并不是首先现成存在一个客体和一个主体,然后某种情调挤在两者之间,在主体和客体间来来去去,相反,情调及其涌现与消退乃是源初之物,它首先以其方式每每将客体置入情调之中并令主体成为被调谐者。但更深入地思考会发现,要领会情调的本质,通常所设想的主体-客体-关系在这里根本就不充分。那种关系之所以会产生是着眼于两者之间的表象性关系,而作为情感的情调只不过是一种附属品——色调。

c) 基础情调与神圣者。三重纯然的不自利

如此这般的基础情调之整体,在上述三重意义上是神圣的。然而何谓神圣?荷尔德林经常使用这一说法,并且总是本质性地从其诗歌的各个基础情调的范围中而来进行使用。我们目前仅摘引几处片段:

> 因亲吻而沉醉
> 你们头伸入
> 神圣清凉的水中啜饮。
> (《生命之半》,全集第四卷,第 60 页,第 5 行以下)

> 因为神圣的自然想要如此……
> (《片段三》,全集第四卷,第 238 页)

> 在神圣的荒野中

迷途是甜蜜的，
(《片段十八：提尼安岛》，全集第四卷，第250页)

噢，你神圣大地的女儿！叫一声
(《日耳曼尼亚》，第97行)

我所见的，神圣者就是我的词语。
(《如当节日的时候……》，全集第四卷，第151页，第20行)

而它植根于充满准备的神圣的荒野。
(《泰坦》，全集第四卷，第208页，第22行)

荷尔德林把神圣者称为"不自利者"（Uneigennützige）。这里的不自利者并非单纯为了公共利益而牺牲自己的私利，而是指那种不自利，它在公共利益中清除了自己的私利。而这意味着清除了有限化（Verendlichung）。这种不自利完全不再处于利用的领域，因而也不是从利用方面出发而被贬低了的无用的东西。在何种意义上荷尔德林能够把神圣者领会为不自利者？荷尔德林恰恰是联系到我们称之为"基础情调"而在他那个时代的语言中叫做"感受"的东西，来澄清他对神圣者的理解。"感受"（Empfindung）一词在那个时代同样具有多重意义。这个词既没有在其形而上学本质中得到完全经验，甚至也没有得到领会和建基。直到今天这个词也没有得到理解。这并非偶然，而是要归咎于近代思想的未曾中断的力量。虽然这种近代思想并不处在其以源初方式塑造而成的形态中，而是作为通行的思维方式和当今日常生活的耗损了的经验形式而存在。

这个解说神圣者的位置出现在题为《论诗歌精神的操作方式》（全集第三卷，第 277 页以下）的极为艰涩的文章中。没有对康德哲学且首先是德意志观念论哲学最内在核心与基础问题的切实理解，是无法把握这篇文章的。但对这种哲学的理解始终只是众多前提条件之一种。人们不能简单地把荷尔德林——按照通常方法——"回溯"其上，并且说：他在诗歌中转化了谢林或者黑格尔的形而上学。在这些伟大人物那里总会有一种误解，亦即想要在细节上计算出，谁首先说了什么，然后影响了其他人；因为，只有其本人是伟大而开放的，他才有可能真正地受到影响。因此真正的影响极为稀罕，而普通理智却认为所有东西都相互影响。这种看法倒也正确，在那些一切都是渺小而平庸、被隔离于伟大事物之外的地方。需要至高的思想集中力，和在形而上学方面进行辩证把握的至久的坚持，才能在阅读文章的过程中紧跟住思想性的诗人。从时间上看，这篇文章属于那些逃离法兰克福之后，在洪堡①首次逗留的岁月，亦即 1798 年至 1800 年。临近文章结尾有一处总结性的位置，它向我们给出了有关作为不自利者的神圣者的启示（全集第三卷，第 300 页以下）：

人类试图在一种过于主观的状态下，就像在一种过于客

---

① 洪堡（Homburg）：德国中西部城市，位于萨尔州，在法兰克福西南面。——译注

观的状态下一样,徒劳地抵达他们的使命,这种使命亦即,认识到自己作为一体性而包含在神性者、和谐对峙者(Harmonischentgegengeseztem)之中,就像反过来认识到神性者、统一者、和谐对峙者作为一体性包含在他们自身中一样。因为这唯有在美的、神圣的、神性的感受之中才可能,这种感受之所以美是因为,它既不单纯是惬意和幸福,也不单纯是崇高和强大,抑或统一与安宁,而是,一切都同时并存,并且只能如此并存,这种感受之所以神圣,是因为它既不不自利地献身投入到它的客体之中,也不单纯不自利地安居于它内在的基础之上,抑或单纯不自利地飘荡在它内在的基础与客体之间,而是,一切都同时并存并且只能如此并存,这种感受之所以是神性的,是因为它既非丧失了内在和外在生命的单纯意识、单纯反思(主观的或者客观的),也不是丧失了内在和外在和谐的单纯逐求(主观的或者客观的),也不是单纯和谐,就像丧失了意识和一体性的理智直观及其神话式、形象式的主体-客体关系那样,①而是,它同时是这一切并且只能是这一切,这种感受之所以是先验的并且只能是先验的,是因为它在上述诸特性的统一与交互作用中,既不过度惬意与感性,也不过度强劲与狂野②,抑或过度热切与热烈,既不是在如下意义上过度

---

① 注意,本段中的"主观的"(subjectiv)和"客观的"(Objectiv)与主体(Subject)和客体(Object)具有同样的词根,是中文译法上的区别。——译注

② 此处原文为 mild(柔和的),语义明显不通,似是误植。通行的荷尔德林原文为 wild(狂野的)(参 Hölderlin Sämtliche Werke, Vierter Band, hg. von Friedrich Beissner, W. Kohlhammer Verlag, 1961, S 259),英译本也改译为 wild 同时并未出注说明。——译注

不自利,亦即过度忘我地献身投入它的客体,也不是在如下意义上过度不自利,亦即过度自我专断地安居于它内在的基础之上,也不是在如下意义上过度不自利,亦即过度无所决断地、空洞而无所规定地飘荡在它内在的基础及其客体之间,既不是过度反思,过度意识到自身,过度敏锐因而对它的内在和外在的基础无所意识,也不是过度活跃,被过度拘束在它内在和外在的基础之中并因而对内在和外在的和谐无所意识,也不是过度和谐,因而对它自己本身和内在与外在的基础太少意识,因而过度无所规定且对真正的无限者(这种无限者经由感受而被规定为一种特定的、现实的无限性,被规定为是处于外部的)感受变得更少,对真正的无限者的经受变得时间更短。①

神圣者是完满的,这说的是它并非片面的不自利。不自利会由于包含在其本质构造中的面向而变得片面。共有三个"面向":

1. 不自利的内在基础。不自利具有如此这般的一种基础,亦即一种安居－于－自身之中(In-sich-ruhen)的样式,一种真正的自立的方式。

2. 与如此这般的诸对象(客体)的关系。不自利向着这些对象敞开与献身投入,并于此间取消了自己本身。

3. 作为内在基础和对象之关系的关系,两者的之间,通过这种之间内在基础得到了固定,同时对象得到了促进并朝向它自己

---

① 这段话原文只有两个句号,似乎反映出荷尔德林某种特殊的思维和写作状态,中译刻意保留了这种特征,请读者留意。——译注

的财产和本质而得到提升和解放。

当不自利（Uneigennützigkeit）僵化为自我专断（Eigenmächtigkeit），它就在面向1方面变得片面；当不自利完全消融在对象中而迷失了自己本身，它就在面向2方面变得片面；当不自利仅仅飘荡在它的内在基础和对象之间而始终是空洞的，既不僵化在自己那里因为自己无所欲求，也不迷失在对象之中因为并不关心对象，它就在面向3方面变得片面。

与此相反，哪里所有这三个面向在完全献身投入的自由的优势地位中、在情调之中同等源初地活跃起来，哪里就发生着纯然的不自利，亦即神圣者。

d）与家乡"一道"的神圣哀恸，家乡作为大地之力量

就此而言，对古老诸神之呼唤的必须弃绝所回荡其中的哀恸是神圣的。哀恸并没有僵化和固着为拒绝一切的绝望，相反，古老诸神对哀恸而言始终是太过热爱的。哀恸没有迷失在动摇不定的对远遁者的追念中，相反，它什么也不想祈请和强迫。哀恸没有飘浮在空洞中，因为正如将要自行显示的那样，哀恸恰恰创建起一种崭新的神之关系。

基础情调是一种神圣的哀恸。"神圣的"这个形容词提升了情调，使其凌驾于一切偶然性，但也凌驾于一切不确定性。哀恸既不是对这种或那种丧失的单个悲伤，也不是那种朦胧难辨－飘浮着却又带来重压的对万事万物的哀伤，那种我们称之为忧郁的东西，那种随着深度和广度的根本不同而每每可大可小的东西。但即便是神圣的这种特征也并未穷尽此处起支配作用的基础情调的本

质。当我们并不把回荡在哀恸中的哀怨当作孤立的呼唤,而是如其自身那样去理解,亦即"随家乡的河水一道"发出哀怨时,我们就经验到了这种神圣。哀怨,尤其是一并而起的哀恸,随家乡"一道"哀怨与哀恸着。这指的是什么?也许是指,诗人将自己灵魂中的情感解说入诸如河水之流动、森林之声响之类的自然过程中,从而将体验的非感性的内在物通过可感性把捉的外在物形象化?我们还不准备在迄今为止所说的一切之后,以如此轻松的方式将诗歌应付过去,或者哪怕只是在这一方向上进行发问。这里进行言说的"我",与家乡一道发出哀怨。因为这个我-自身(Ich-Selbst),就其立于自身中而言,恰恰将自己经验为是归属于家乡的。家乡——不单纯作为出生地,也不仅仅作为熟悉的景致,而是作为人类各自依其历史性此在而在其上"诗性居住"①的大地之力量。这一家乡完全不需要情调被首先置入到它之中,因为大地恰恰是进行调谐的。而且,当人类在一种基础情调中从根本上敞开地立于存在者面前时,大地就越发直接而持续地进行着调谐。哀恸之在-自己-本身-之中-站立(das In-sich-selbst-stehen der Trauer),乃是一种在支配性力量面前的敞开站立;这种支配性力量从头至尾调谐着人、包围着人。国土充满期待地处于雷霆天空之下,整个家乡的自然处于这种往下沉降的阴影中。在这样一种家乡中,人类首先将自己经验为归属于大地。这种大地不是人类移情式地用来为产生其情调而服务的,相反:从大地而来他才首先经验到,单个的自我——他首先相对而立地设置万物,以便从他自

---

① 《在明媚的蓝色中……》,全集第六卷,第 25 页,第 32 行。

己这一方面出发将其仅仅作为对象来看待,并将自己的体验移情入其中——是不足道的。

e) 人与存在者一道被移置入情调之中

由于我们长时间受到误导,将人事先视为一个身体物(Leibding),这个身体物配备着一个灵魂及其活动;并且由于我们此外还将这一灵魂首先视为一个"自我"(Ich),我们就将"情调"迁移入了这种"自我-主体"之内。认知和意志作为主体的活动至少总是关联于客体,与客体打交道。而通常这种朝向客体的关联是不包含情调的,因此情调自然是纯然"主体之物"。因为情调处于那里——在"自我"之中,它就必定同样在那里产生,亦即,再次被归因于另一些身体-灵魂状态。"情调"被迁移入主体之内,而这个主体复又借助所谓的移情来把情调外置入客体中。于是情调就类同于手套那样的东西,一会儿戴上,一会儿又搁置在某处。

与此相反,我们要说的是:情调既不能被置入主体之内也不能被置入客体之中,而是,我们同存在者一道被移-置入情调之中。情调乃是将人彻底包围起来的强有力的东西。它向着我们和事物一道席卷而来。这听起来很梦幻。但是那种把人视为赋有灵魂的身体物的表象是远为梦幻的,大大远离于一切真实现实。这种表象对我们而言如此通行。但只消我们以适恰的方式,亦即以切中人类此在的方式对情调之本质有所预感,这种表象就变得完全无效了。将情调仅仅作为"主观现象"而放置在主体之内——作为在那里,在主体内部产生的现象,犹如在玻璃杯中的气泡那样——这同想要从事物对我们的神经的作用出发来进行说明一样,都是错误的。毋宁说，人类之此在同如此这般的存在者同等本源地被移置入情调中。"随你们一道"（第 4 行）说的就是这种同等本源性（Gleichursprünglichkeit）。与家乡事物一道的神圣哀恸（哀怨）并非偶然，它也不是诗歌装饰，相反，此处乃是某种关乎存有的根本之物得到了直截了当的诗性道说。

f) 基础情调作为与家乡大地的河流一道的共同哀恸

但为何恰恰是"家乡的河水"（第 4 行）？通常的诗人歌唱森林与草场，溪流与灌木，山脉与天空。为何此处恰恰是"河水"？指的又是哪几条河？狭义的诗人家乡的河流包括内卡河与上多瑙河。参见片段二十七（全集第四卷，第 258、259 页）：

> 你们稳固而建的阿尔卑斯山！
> 你们

> 而你们温柔观视的群山，
> 在灌木丛生的山坡之上
> 黑森林在呼啸，
> 而馨香
> 从冷杉的蜷曲上倾泻而下，
> 包括内卡河

> 而多瑙河！
> 在夏日中满怀爱意的热浪

第二章 诗歌的基础情调与此在的历史性

> 在村庄的菩提树
> 和花园中四处吹拂,而在
> 杨柳开花之处
> 丝绸之树
> 在神圣的菘蓝上,

这个片段正是对家乡的道说,而山脉、阿尔卑斯山、黑森林、花园和村庄的菩提树同样得到提及。为何在《日耳曼尼亚》中恰恰是"河水"?为何河水同时被称为"你们渴念者"?第8、9行:

> 一片天空……如今用阴影
> 你们渴念者啊!充满预感地将我们整个覆盖。

诗人提到自己和"家乡的河水",并且使用复数的"我们"。同样参见第35、36行:

> ……而山谷与河流
> 环绕着先知式的山脉,广阔开放,

而如果我们看一下荷尔德林的晚期诗歌,那么我们就会在《日耳曼尼亚》的写作范围内发现一些如下标题的长诗:《在多瑙河的源头》(全集第四卷,第158页以下)、《莱茵河》(全集第四卷,第172页以下)、《伊斯特河》("Ιστρος:多瑙河的希腊名字,全集第四卷,第220页以下)、《内卡河宁静的支流》(片段十二,全集第四卷,第246

页)、《被缚的河流》(全集第四卷,第 56 页)。另外还可参看《美茵河》(全集第三卷,第 54、55 页)、《内卡河》(全集第三卷,第 59、60 页)。

这些河流诗不只是与《日耳曼尼亚》外在地同时,而且内在地关联一起。通过对《日耳曼尼亚》的预备性解释,我们恰恰赢得了一个中心,从这个中心而来我们能够去领会这些河流诗中的诗性之物。

此外,我们还拥有荷尔德林晚期对品达残篇的翻译与评注。这些残篇中的一条被荷尔德林冠以《生气勃勃者》的标题。在对此的评注中我们可以发现诗人的说明,说明他用河流和河流之精神来意指什么(全集第五卷,第 272、273 行):

生气勃勃者。

在懂得了
蜜一样甜的酒的
威力
之后,人马,那征服男人者,突然间
亲自,用双手推开了白色的牛奶,桌子,
而从银制角杯中啜饮着
它们被迷惑住了。

"人马(Centauren)的概念可能是河流之精神的概念,因为河流用暴力在起初没有路的、向上扩展着的大地上开辟出轨道和界限。

因此人马的形象就处在那样一种自然的处所,在那里岩石和洞穴边的河岸是丰饶的，尤其是在那些地方，在那里河流最初离开了群山之链，且必须同群山的方向交叉着撕扯而出。

因此人马同时也是自然科学的最初教师，因为从那一视角出发能够最佳地洞察自然。

在这样一些地带河流最初必定曲折蜿蜒，直到它撕扯出一条轨道。由此形成了供动物幼崽居留的湿润草场和地中洞穴，就像在池塘边那样。此间人马乃是野性的牧者，如同奥德赛的独眼巨人；水流急切地寻找它的方向。而河流两岸越是变得干燥、坚固，并且经由根系坚固的树木、灌木丛和葡萄藤而赢获方向，河流也就同样必须越发根据河岸的形状而取得它的运动，争得方向，直到它因其源头的逼涌，在合围它的群山最疏松之处获得突破。

于是人马就懂得了蜜一样甜的酒的威力。它们从坚固成形、树木茂盛的河岸那里取得了运动和方向，并用双手扔掉了白色的牛奶和桌子。形态万千的波涛打破了池塘的宁静，河岸的生命样式也连带发生了改变。山林中的风暴和地位稳固的森林之王的袭击惊动了草原上悠闲的生物。更狭窄的河岸阻滞着停顿的水流，直到它赢获了各条支流，并因此自己从银制角杯中啜饮着，开辟出自己方向的轨道，取得一种使命。

莪相①的歌唱特别是真正的人马的歌唱。他与河流之精神一

---

① 苏格兰诗人詹姆斯·麦克弗森（James Macpherson，1736—1796）在18世纪60年代翻译出版了多部诗集，宣称是对爱尔兰神话传说中的吟游诗人莪相（Ossian）作品的翻译。这些作品对当时的欧洲各国特别是浪漫主义运动产生了重要影响。荷尔德林曾在求学时阅读这些作品。但是对于这些作品的真伪学界一直存在争论。——译注

道歌唱，仿佛来自于同样传授了阿喀琉斯以弦乐的希腊的喀戎①。"

河流是"在起初没有路的大地上暴力性地创造出轨道和界限者"。（自从诸神逃遁，大地便是无路的。）从这里出发就越发清晰了，何以哀恸和哀怨恰恰是与家乡大地的各条河流的一种共同哀恸：因为对于德国人的整个历史性、尘世间的此在而言，要经由崭新的诸神的到来，一条崭新轨道才会得到指示，一种崭新的规定性才会被创造出来。河流之精神不是水与土地的对立，相反，水在它的共同哀怨之中渴求着已然无路的土地上的道路。它面向所期待的诸神而撕扯着整个土地。

g）基础情调的开启性强力：在对古老诸神哀恸的放弃中对古老诸神之神性的保存

由此出发，起着支配作用的基础情调的一种更为深入的本质特征就变得越发清晰了。这种哀恸不是在没有地基的情调中失去希望和目的的兜兜转转，相反，这种得到调谐的状态②在国土上把捉住了（faßt）地基，并在企盼中将这一地基置于产生威胁的天空之下。国土带着一种自身镇定的预备企盼着即将来临的雷雨。包含在这样一种预备中的乃是：哀恸着的哀怨之具有优势地位的镇

---

① 喀戎（Chiron）在希腊神话中被认为是人马族中最正义、最智慧的一位。他是包括阿喀琉斯在内的多位希腊英雄的导师，传授他们各种技艺。——译注

② Gestimmtheit，日常德语中的意思为气氛、心境，此处为显明与 stimmen 的词根关联根据字面翻译。英译本译作 being attuned。——译注

定(Gefaßtheit)①；因此

……但我仍想留在它近旁

（第 11 行）

留在这一天空近旁，亦即在"满怀期待横亘于斯"（第 6 行）的国土的威胁下坚守。哀恸不是沉湎于已然消逝了的东西，而是对"此"（Da）②和这里的一种在-自身-之中-确立(In-sich-feststehen)和持守。诗人极其源初地知道，单纯眷恋-于-他物(Sich-an-den-Anderen-hängen)并不是爱，不是意求被爱者存在的意志。因为他太过热爱这些诸神了，因此他令他们保持为已逝者。原因在于，他们的逃遁并没有摧毁自己的曾在（Gewesensein），而是将其创造并保存。想要重新唤醒的意志，暴力而人为地跨越死亡的界限，只会将诸神生拉硬拽入一种不真切、不具神性的切近中，带来的并非一种崭新的生命而是死亡。

对于从事计算的理智而言，放弃是一种放手、一种丧失。但真正的放弃，也就是由一种真切铺展开来的基础情调所承载和产生的放弃，是创造性、产出性的。当这种放弃令先前的所有物离去时，它会被赋予某物，但却不是作为事后的酬答；相反，必须放弃与献出之哀恸的忍受自身就是一种接纳。

只有当我们测度出这种神圣哀恸的整个自身稳固的、将一切

---

① 注意此处把捉住（faßt）和镇定（Gefaßtheit）的词根联系。——译注
② Da 也可译为在那里。——译注

图谋移除的深远度,我们才能切中与理解整个第一节诗以及整首诗歌的关键语句。这一语句在语言形式上是一个问句,它说的是(第5行):

……它还想要别的什么

——它,神圣哀恸着的心。按照通常对语言形式的标注,人们在此可能会发现一种所谓的修饰性问句,一种道说。这种道说虽然有着问句的形式但并非问句,而是一个回答与确认,是确定而坚决的格言。神圣哀恸决意放弃古老的诸神,但是——在对诸神的放手中原封不动地保存其神性,并在对遥远诸神的保存性放弃中,在与他们的神性的切近中持守自身,除此之外,哀恸着的心还想要别的什么呢?不再允许去呼唤古老的诸神,这种顺从于放弃的意志,乃是唯独可能的、下定决心的预备,预备好对神性者的渴求,除此之外,它还能是别的什么呢——它并不是别的什么;因为只有当诸神在其神性中——并且在这种神性中他们越发亲密地——得到了固定,他们才能作为如此这般的诸神在放弃中被放开。至爱者离开之处,爱留存着,因为至爱者根本无法以其他方式离开。

诸神远遁,这并不意味着神性也从人类之此在中消失了;相反,这里说的是,神性恰恰起着支配作用,但却作为一种不再实现的神性,作为一种逐渐消失、晦暗却又具有力量的神性。谁想要使自己离开神性的领域——假设那终究可能的话——对他而言甚至不可能存在死去的诸神。谁像尼采那样严肃地说出"上帝死了"并将生命维系于此,他就不会是一个无-神论者(A-theist)。只有那些对待上帝像对待一把折叠刀一样的人才会认为这是无神论。折叠刀如果丢失，它就是不见了。但丢失上帝意味着不同的东西，这不单单因为上帝和折叠刀从内容上讲是不同的事物。因而无神论具有自己独特的特点；因为有许多人安坐在传统信仰的牢笼里，要么过于舒适，要么过于机巧，以至于从没有彻底推翻过那些信仰。这些人要比那些大怀疑者更加地无神论。必须放弃古老诸神，对这种放弃的忍受是对诸神之神性的保存。

如果基础情调那调谐着、开启性的强力处于此处，如果基础情调承载并规－定（be-stimmt）①了诗性道说的进程，那么，前进到第二节诗的步伐就必须从这一本质性的语句（第5行）中生发出来。首先让我们带着一种如今变得更加明亮的认知再次吟诵一遍第一节诗（全集第四卷，第181页）：

一

不是他们，显现过的，至福者，
古老之国中的诸神形象，
他们我确已不再可以呼唤，但是
你们家乡的河水啊！此刻随你们一道
当心中的爱发出哀怨，它还想要别的什么
神圣哀恸者？因为满怀期待
国土横亘于斯，就像炎热日子里

---

① 海德格尔这里分写该词是为了显出规定（bestimmen）与调谐（stimmen）的字面关联。——译注

> 一片天空往下沉降,如今用阴影
> 你们渴念者啊！充满预感地将我们整个覆盖
> 天空充满预兆也仿佛   10
> 同样威胁到我,但我仍想留在它近旁,
> 而我的灵魂不应往后飞向
> 你们,过去之物！你们于我而言是太过热爱的。
> 因为看到你们美丽的面庞,
> 就像过去,一如往常,我感到害怕,这是致命的
> 也几乎不允许去唤醒逝者。

我们现在读到的不再是一种拒绝。我们同样猜度到,这里涉及的完全不是一种对古老世界的先前形势连同对它的立场,同此后当今世界的形势的外在历史层面的比较,涉及人文主义所处理的某个问题;相反,此处起支配作用的是诸民族的时间,追问的是家乡大地的世界命运。

但第一节诗不仅仅无关乎拒绝。这节诗开头的"不",根本上并非自成一体的否定,也并不隶属于放弃,而是在神圣哀恸着的心"它还想要别的什么"(第5行)中获得它真正的完满内涵。我们先前已经(第80页)指示过第二节诗的开头并且强调,诸神本身已然远遁,因此并不对拒绝有所需要。然而我们尚没有凭此切中第二节诗的独特内容及其与第一节诗的内在关联。我们必须将第5行(第一节诗)"它还想要别的什么"与第19行(第二节诗)"此处我什么也不想拒绝什么也不想祈请"合起来看。这句话具有一种至高的坚决,这种至高的坚决处于对古老诸神之离弃的接纳中。因此,

神性哀恸的基础情调在此提升到了其最内在的优势地位。哀恸成为了这样一种认识,认识到对作为远遁者的远遁的诸神真正的严肃以待,自身恰恰就是一种在诸神近旁的坚守,亦即坚守在诸神之不再实现的神性近旁。不再意求什么和不再祈请什么并不是跌落入一种粗俗的不信神和空洞的怀疑中,不是对诸神之死懒惰又机巧的接受;相反,这种意求乃是诗歌第 5 行"它还想要别的什么"的那种意求:移入并纯然坚守于与诸神之可能的重新相遭遇的空间之中。

h) 处于诸神阙失之急迫中的历史性此在,其依照本质法则而发生的沦落的次序

这种意求从一个方面看不再意求什么,从另一个方面看同时在本质上也始终是最高的意求。第二节诗说出了这一点。因此第二节诗带来了对诗歌的基础情调的进一步本质展开。无论是那里还是这里,我们都发现那样一种意志,这种意志意求被意求者如其所是地存在。这种意求乃是诗歌第 5 行提到的哀怨着的爱的本质。在认知中接受下来的离弃的最尖端,发生着成为认知着的渴求的最内在的突变。这种渴求呈现为认知着的渴求,因为诸神之逃遁、离弃和荒芜化之发生得到了特别的道说(第 20 行以下):

因为既然一切已经结束,而白昼已然消隐,
首先击中的是祭司,而神庙和形象以及祭司的礼俗
也怀着爱意紧随祭司
进入黑暗之国,无物再可显现。

诸神的逃遁首先击中祭司,神庙、形象和礼俗紧随其后。它们在爱中,在共同意求中,在对祭司的依附中共同落入离弃、荒芜化和无力。诗人在诗歌《大地母亲》(全集第四卷,第 47 行以下)中提到了这一点:

    神庙的柱子孑然
    矗立于急迫之白昼,
    北方风暴回荡
    ——在大殿深处,   50
    而雨水将它们洗净
    青苔生长燕子回归,
    于春天时日,但神在它们中
    却无名,致谢的陶盘
    牺牲器皿和所有神圣之物
    与敌人一起埋葬入沉默的大地。

当诗人在诗歌《日耳曼尼亚》中说,神庙、形象和礼俗紧随着祭司,这指的并非曾经发生的历史事件,而是处于诸神阙失之急迫(Not der Götterlosigkeit)中的、如此这般的历史性此在,其依照本质法则而发生的沦落的各阶段的次序。诗人此处道说着,也就是他在创建中道说着,存有先前和将来如何发生。因此我们必须澄清这种本质法则。

只有在作为诸神的历史性此在的神庙和形象耸出日常活动及家居并将它们维系起来之处,礼俗和风俗才存在。但只有在那些伟大个体存在之处,形象和神庙才存在。那些伟大个体在认知和创造中直接经受着诸神的现身在场和离场①,并在所创造的作品中将其带向分解。这些作品不是为了促进和丰富所谓的"文化"。只有在历史性此在处于人们今天称之为"自由主义"的统治下的地方,文化和文化促进、文化团体乃至文化项目才会存在和拥有意义。希腊人是没有时间搞"文化"的,只有在晚期古代才有这种东西。只有在整个此在衰落为人工造作物的渺小时代,人们才会对真、善、美加以照管,在那些时代中的国家里因而产生了各个相应的部门。即便在那些神庙、形象和礼俗尚且现成存在的地方,在它们的此在苟延残喘了几十年甚至几百年,此间依旧保持着个体和集体的实际有效的伦理风俗的地方,一切却仍旧在根本上是分崩离析的。创造性的力量消退为个体的成就,其价值在于对文化促进和进步的贡献。这一切究竟是为了什么,要去向哪里,无人知晓。

对民族的历史性此在形成巨大摇撼的可能性消失了。神庙、形象和礼俗无能于从根本上接纳一个民族整体上的历史性使命,并迫使其转变为一种崭新的任务。除了陶冶个体并确保对个体灵魂的救赎,神庙仅限于对教会权力及其影响范围的保证。教会参与着使一切东西都降低为文化的过程,而且是以缺乏创造力的方式,亦即,它们持续地、灵活地使自己适应于每个时代的当下事物,以至于我们今天可以在教会教义学中读到那样一些东西,这些东

---

① Anwesenheit 和 Abwesenheit,一般译为"在场"和"不在场",为了突出动态性,此处译为"现身在场"和"离场"。——译注

西看上去差不多就像是尼采写出来的一样。这种情况当然是扭曲的。

但是,如果相反地只是礼俗得到了照管,同样也不能产生出民族与其历史性此在的基础和深渊(Grund und Abgrund)之间的决定性关系。这些礼俗本身诚然可能具有陶冶作用,却被误解了,因为人们以为能够通过对民俗学和史前史学教授的增加而形成民族性。所有这一切始终只是一种变化了的文化产业,而只要诸神已然逃遁,它们就永远不是它们应当所是之物。神死了,形象和神庙永远不可能通过有奖竞赛而生成。诸神之闪电不发作,就不会生成祭司。家乡的大地及其如此这般的整个民族不置身于雷霆空间当中,诸神之闪电就不会发作。而处于其如此这般的历史性此在中的整个民族,不对诸神之死的最内在的急迫加以本质经验并且长久忍受,它就不会移入这一雷霆空间当中。

i) 经由怀疑者而对离弃的忍受

就像诸神之逃遁一开始首先击中的是祭司——祭司所指的当然不是教士——对于诸神的一种崭新到来而言,同样必须首先有一个祭司或者女祭司被击中(他们隐蔽而不可知地渴求着诸神的使者)。神庙、形象和礼俗因而能够由此满怀爱意地紧随他们之后产生。如果这事并不发生,那么尽管有飞机、广播和对太空的征服,各个民族依旧无可挽救地向着它们的终结跟跄走去。状况如若要有所改变,那么整个历史性此在的诸神之阙失必须首先得到经验,亦即,整个历史性此在必须首先对这种经验保持为开放。而如果此在是锁闭着的,它就必须经由那些真实忍受着诸神之逃遁的人而被打开。他们就是怀疑者,过去的传说在他们的头颅边消退。他们之中无人知晓在他们身上这一切如何发生;而那些无所不知的人却总是知道他们身上发生了什么,因为他们及时地知道在他们身上根本发生不了任何事。

怀疑者的怀疑依托于真正想要去认知的意志,并经受着真实的无所知晓。在真实的怀疑中发生着知与不知的并存,而那种将此在移置入基础情调中去的源初急迫也从那种真实的怀疑中产生出来。因此这里的怀疑指的并非单纯消解性的否定,不是从一种顾虑漂游到另一种。它也不是盲目的、疲于任何追问的宣称,宣称我们无法认识任何东西。处于怀疑中的人忍受着最深的离弃,在这种最深的离弃中个体作为个体恰恰同其特殊的、个人的急迫一道趋于消隐。此在的可疑性越是源初地得到经验与道说,它就越是真切地成为一种为一切人代言的道说。现在,在处于与特定诸神的特定关联中的个体同样被离弃了的地方,在只还有对远遁的诸神之神性加以保存的地方,"我"也沉陷了,道说成为了"我们"的话语。

对于这种巨大的、在自身中接纳了民族之整个历史性此在并迎承着神秘的怀疑,诗人在诗歌《致德国人》(全集第四卷,第132、133 页)中将其道说了出来:

> 绝不讥讽孩子,当幼稚者仍
> 　兴高采烈地坐在木马上并较多地想着自己,
> 　　噢你们良善者哪!我们同样是
> 　　　行动贫乏而思想丰硕的!

但是,如同光芒从云层中透出,
　　兴许行动也充满精神而又成熟地从思想中产生?
　　　　果实诞生自寂静的文字
　　　　　　如同它诞生自小树林的幽暗叶片?

而民族中的沉默,它已然是节庆之前
　　的庆祝吗?还是预告着神的恐惧?　　　　　　10
　　噢,你们挚爱者,那就带我走吧!
　　　　我为自己的亵渎而忏悔。

我已然迷途太久,太久,像个门外汉,
　　在此处生成着有所形塑的精神的作坊里,
　　　　我只认识,盛开的东西,
　　　　　　我不认识,精神所思索之物。

而有所预感是甜蜜的,却也同样是一种受苦,
　　而我已经足有多年生活在有朽的
　　　　无从理解的爱中
　　　　　　带着怀疑,总是围绕着他活动,　　　　20

他,始终源自爱着的灵魂,将稳固的作品
　　更近地带给有朽者,并在令我胆战心惊之处笑着
　　　　将生命的
　　　　　　纯粹深度带向成熟。

创造者,噢何时,我们民族的天才,
  你何时完全显现,祖国之灵魂,
    让我更深地卑躬屈膝,
      最轻柔的琴弦自身

我在你面前默然失语,我感到羞愧——
  黑夜中的一朵花,天空的白日,在你面前   30
    会在欢乐中结束,
      如果所有,我

先前与之共同哀恸的人们,如果我们的城市现在
  变得明亮、开放和醒觉,充满更纯粹的火焰
    而德国国土的山脉
      乃是缪斯女神们的山脉,

像曾经那些辉煌的事物,品都斯山与赫利孔山
  以及帕纳索斯山,环围在祖国的
    金色天空之下,自由的、
      明澈的、精神性的欢乐闪耀着。   40

我们的生命时间十分狭窄有限,
  我们看到并计数着我们的年岁数字,
    然而诸民族之年岁,
      可曾有一只有朽者的眼睛见过?

当你的灵魂也飘荡在自己的时间之上
这渴望着的灵魂，你悲伤地
在冰冷的海岸
独自逗留却认不出它。

通过所有迄今为止的探讨，这首诗在荷尔德林整个晚期诗作中的位置已然清晰。而它与《日耳曼尼亚》的关联也变得可见了。两首诗歌属于同一种作诗活动，并且合在一起才宣示出此处始终需要去道说的不可穷竭之物。

j）运作着的基础情调成全其完全之本质： 神圣哀恸着的窘迫作为预备

让我们回到《日耳曼尼亚》一诗。在第二节诗的结尾，离弃翻转为渴求，这种内在翻转经由时间性的调转而得到宣示：那些过去存在着的东西作为已然逼迫者逼迫着我们，向我们到来。但是严格来讲，离弃翻转为期待的说法是误导性的。因为离弃之基础情调既不可能消失也不可能被一种渴求所代替，渴求恰恰在离弃之中回荡并令离弃转变为窘迫。

然而，这种窘迫经受着逼迫者的逼迫①，就此而言，神圣哀恸着的窘迫作为窘迫又转变为预备。如此一来，在这一诗歌中运作着的基础情调才成全其完全之本质。而只要基础情调贯通性地支

---

① 注意此处逼迫（Andrang），逼迫者（Drängende）和窘迫（Bedrängnis）之间的词根关联。——译注

配并规定着整个存在者,家乡的大地就会在这样一种情调中一道到来。神圣哀恸之优势地位依托于如此这般的经受着窘迫的预备,因此到第三节诗开头(全集第五卷,第33页以下)才最后提到这种预备,将其作为基础情调的展开过程的收尾:

  已然绿意盎然,在更为荒凉的时代之序幕中
  一片田野为他们得到培育,礼物已经备好
  为了牺牲餐,而山谷与河流
  环绕着先知式的山脉,广阔开放,

就像整首诗开头的"他们我确已不再可以呼唤",这里再次出现了这个"ja"①。每次都是这个无条件肯定的 ja,开头是在放弃的意志中,这里是在预备中;每一个都是与另一个相对立的回响,而在对情调之无条件性的道说中两者又相互统一。我们因而把这种情调称为基础情调。如此这般的基础情调以同等本源的方式对人类和大地加以调谐,甚至——与我们理智的意见相反——首先是对大地加以调谐,因为大地是预备着的,"男人……/要放眼望向……"(第37、38行)。男人并不是将一种首先且真正来讲"主观的"情调后补地移情入地方环境中,而是相反:预备好了的大地是男人能够观望并想要去观望的前提条件。在"要"(mag)中回荡着能够(Können)和想要(Wollen)的双重涵义。

---

  ① ja 在原文中出现在"已然绿意盎然"之后(Schon grünet ja)。德语的 ja 在此处是强调之意,没有具体涵义。——译注

第9节　历史性时间与基础情调

a) 为了一个民族的历史使命在一种追问着的认知之光亮中对家乡大地的经验

诗人谈及田野的绿意，谈及山谷与围绕着先知式的山脉的宽广河流。如果我们将其理解为一种单纯描摹，那么我们就几乎无从理解这一独特的地理环境，这一地貌描摹。为了一个民族的历史使命，大地在此要在追问着的认知之光亮中先行得到经验。此处家乡的大地并非单纯的、由外在界限所划定的空间，一片自然区域，一个作为给这些那些上演的事情准备下的潜在的舞台地点。作为这样一种家乡大地的大地是为着诸神而得到培育的。通过这样一种培育，家乡的大地首先成为家乡。但作为这样一种培育，它也可能再次沦落与贬降为单纯的居住地，这种情况此后会与神之阙失的侵袭一道出现。因此，家乡的生成也不是通过单纯垦殖而发生，大地需要为着诸神而一同得到培育，需要在四季及其节日的变换中直面诸神的支配力量而得到保持。这一切在粗糙的时间的"序幕"（Vorspiel）中已然发生之际，大地才随之完全进入真正的游戏（Spiel）中①，亦即进入历史和历史性时间中。历史乃是伟大的游戏，诸神与各民族和一个民族一道所做的游戏；因为世界时间的伟大时间乃是一个游戏，一位古老的希腊哲学家，赫拉克利特

---

① 注意此处序幕（Vorspiel）和游戏（Spiel）的词根联系。——译注

（他们称其为晦涩者），如是说道。荷尔德林恰恰以崭新的方式思考了赫拉克利特最为深邃的思想。残篇第52：

αἰὼν παῖς ἐστι παίζων, πεσσεύων παιδὸς ἡ βασιληίη.

"世界时间——它是一个孩子，一个游戏着的孩子，来回摆弄着石头棋盘，[这样]一个小孩是[对存在的]统治。"大地就处在这样一种诸神的游戏之中。

b) 诸民族从深渊中调转出来的时间的起源

当大地成为家乡，它就向诸神的力量敞开自身。两者是同一个东西，并在自身中包含着第三者：大地本身在神性者的风暴中，在其基础和深渊中被撕开。这些基础和深渊却可能随着家乡的沦落而被掩埋。大地会成为单纯使用与开采的场所。与此相反，大地在何处于本真此在的无私性中敞开自身，他就在何处是神圣的——神圣的大地。神圣的大地，

万物之母，承载着深渊
（《日耳曼尼亚》，第76行）

在深渊中，一切基础的坚固性和单个性消失不见，一切又始终趋向于开始破晓的、崭新的生成。人，"诗性地居住在这片大地上"，他且仅仅是他同样归属于大地所承载的深渊。这种大地的尘

世性即便对于天神而言也是无法抵达的。

> ……天神并非
> 万能。有朽者才能
> 入于深渊。因而万物
> 随有朽者调转。
>
> (《记忆》,全集第四卷,第 225 页,第 14 行以下)

诸民族的大转向时刻总是来自于深渊,并且每每要达到这样的程度,即,一个民族一直下抵入深渊也就是民族的大地中并由此拥据着家乡。因此在每日的闲言碎语、曲解一切的思维,或者这些思维依附其上的(无能于看到必然之物的本源与到来)所有偶然之物的平面层次上,一个民族的转向时刻是无法得到经验的,更不用说得到领会了。必然之物无法通过对原因和效果的结算而计算出来,它只有在深渊中得到建基。

> ……而在无所系缚的深渊中
> 在觉察一切的深渊中
> 强有力地破晓而出。
>
> (《泰坦》,全集第四卷,第 210 页,第 72 行以下)

只知道白昼乃至日常俗务的人,就像他无法认识黑夜一样,对万物都缺乏认识和晓知,

……当万物无秩序地

混合在一起而远古的混乱

重新来临。

(《莱茵河》结尾,全集第四卷,第180页)

当诗人提到大地并命名着家乡的田野、山谷和河流,这一切远非任何一种对自然的诗意描绘,无论这种描绘是秀美梦幻、陶醉崇高,抑或忠实刻画、传达秘密。

神圣哀恸、预备着的窘迫(由这种窘迫而来进行言说的不再是"我",而是"我们")的基础情调是属于"尘世的",因此它是对远遁的天神的真实保存,并因而是对威胁着的崭新天空的渴求。尘世的意思不是指由一个创世神所创造,相反,它是并非创造而出的深渊,一切升起着的发生活动都在这种深渊中颤栗并被保持在深渊中。

c) 基础情调的最本己的运动性。曾在与过去

我们不可能也不可以用一个词来对基础情调加以直接命名,这件事已经表明,情调在自身中——作为调谐着－得到调谐了的——是交互关联着的,并因而具有一种最本己的运动性(eine ureigene Bewegtheit)。现在我们准备在对诗歌第1至第38行的解释的结束中澄清这一点。

古老诸神作为远遁的诸神恰恰在不－再－可以－呼唤(Nicht-mehr-rufen-dürfen)中在此。这一在此不是作为当前的在此,而是在放弃着的此在中作为曾在者(die Gewesenen)也就是依

然本质运作着的东西(noch Wesenden)而在此①。它们恰恰在曾在者的不在场中以不在场的方式本质运作着。曾在者及其曾在(Gewesenheit)完全不同于过去之物(das Vergangene)及其过去(Vergangenheit)。诚然,我们在语言中并没有明确对两者加以命名,部分原因在于,我们在对时间及时间诸环节的流俗意见中并没有经验到其中的区分。曾在者对我们而言就是过去之物,反之亦然。语言在其道说之中可以是高度本质性的,而其直接的语词使用依旧偶然和随意。这说明:在语言使用中并没有一种官方的、学院式的"专门术语"。想要以专门术语的方式来规范对语词的所有使用,这有悖语言之真义。而当我们想要在名称上区分开曾在和过去之间的特定涵义,这种决断行动是出于在时间的本质方面建立起一种本质性区分的必然性。而将这个命名为曾在(Gewesenheit),将那个命名为过去(Vergangenheit),抑或反过来,这在某种程度上是随意的,取决于语感。诗人也把我们想要将之命名为曾在者的东西命名为过去之物(参见第12、13行):

> 而我的灵魂不应往后飞向
> 你们,过去之物!

但此处,他是在一种如我们以后所将要表明的那样的特定意义上来理解过去的(参见第122、123页)。

---

① 注意此处"曾在者"(die Gewesenen)与"本质运作着的东西"(Wesenden)的字面关联。后者是海德格尔对名词性的"本质"(das Wesen)一词的直接动词化使用。——译注

过去之物不可更改地完结了,它不可复现;过去是固定的,就像语言切中肯綮的说法,过去是一个时间段①,像一间一切流逝之物、消逝之物都聚集其中的储藏室。即便一件过去的事情有可能在细节和情境上再一次全部呈现,它也不再是原样,因为那个时间位置,那个此前的现在(流逝着的东西来自这一现在而沉入过去),永不复返地离去了。过去之物处在通向当前的大门前,不再能够回到和进入当前。而曾在者却是依然本质运作着的东西。我们自己也以某种方式是这种曾在者,因为我们令它进入到我们的此-在之中并立身其间;其进入的方式是,我们将它带到我们面前,将其保存,把它推向前进,抑或排斥它,想要忘记它。曾在着的事物的阴影以崭新的方式拜访我们,向我们到来,它们是将-来性的(zu-künftig)②。但是反过来说,在对窘迫的经受中,在逼迫者的逼迫中,我们经验到的并非一种绝然不同的东西,而是一种神性,一种在更为粗粝的时代的序幕中大地已然为之预备好了的东西。

d) 源初时间的时间化作为基础情调的基础发生

在这种曾在者的向前进入到将来(而将来以向后指引的方式开启了如此这般早先已然预备好了的东西)中去的运作中,起支配作用的是到-来(Zu-kommen)和依然-本质运作着(Noch-wesen)这两件事情(将来和曾在),而且是在同一物之中:源初时间。这种

---

① 德语"时间段"(Zeitraum)字面上的意思是时间之屋,一个时间段就像一间房间一样存在着。因此海德格尔会提到储藏室(Abstellraum)的比喻。——译注

② 德语将来(zukünft)一词的词根是来(kommen)。海德格尔将其分写,显示了这一词根联系。——译注

时间的时间化(Zeitigung)乃是诗歌建基于其中的情调的基础发生。这种源初时间使我们的此在移离到(entrücken)①将来与曾在中。更好的说法是：令我们如此这般的存在成为一种移离了的(entrückt)存在，假如我们的存在是本真存在的话。而我们的存在与移离相反，总是非本真地处于一种每每交替变化的如今中。这种源初时间的本质机制及其本质可能性，我已经在《存在与时间》②一书中加以说明了。

诗人多次将这种时间称为"撕扯者"③，因为它是在自身中摆荡着的往前撕扯入将来，以及往后抛掷入曾在。民族的那种时间在这种来回撕扯（这种来回撕扯乃是对曾在者的一再重新保存和对将来者的一再重新渴求）的时间通道中时间化着。民族凭据这种时间进入到山谷与河流的敞开站立中。而这种敞开站立是为着那种从群山而来的有关将来者所做的道说，也就是那个创造者们居住其上的时间之巅。在这样一种时间中，如同它在基础情调中——更真切的说法是如同它作为得到命名的基础情调——在民族的此在中颤栗着那样，时间"生成了"，那种适宜的时间生成了。而适宜的时间并非那种像一切强行人为产生或者仅仅通过计算生造出来的东西那样，是为诸神所憎恨的不合适的时间④。

---

① entrücken 有使脱离、使出神的意思。在 11 节 a 部分，海德格尔还将这个词与 einrücken 对照使用，参见彼处译注。——译注

② 图宾根，1977 年，第 14 版。全集版第 2 卷，法兰克福，1977 年，第 65 节以下。

③ 《出自泰坦范围内的动机》，全集第四卷，第 217 页，第 67 行。《关于安提戈涅的评注》，全集第五卷，第 254 页，以及其他地方。

④ "不合适的时间"(Unzeit)字面意思是非时间、无时间。——译注

第二章 诗歌的基础情调与此在的历史性

因为思考着的神

它憎恨

不适时的生长。

(《出自泰坦范围内的动机》结尾,全集第四卷,第 218 页)

这首诗的开头是这样的(全集第四卷,第 215 页):

但当天神已然

建造完毕,大地上

寂静一片,而震惊的群山

形态完好地矗立着。它们的额头

得到刻画。

e) 为了诗歌之本真时间所做的决断,为了移入到基础情调中所做的决断

但这样一种本真的时间认识起来是困难的,对它的认识容易被熟知的日常事物和顽固观念所摧毁。所有单纯量上的历史知识在此处都没有用武之地。只消此在的历史性没有成为单纯日常性的主人,把迄今为止所有意识到和指涉着的历史材料更换为它物也同样是无用的。因为只要我们不是历史性的,我们就绝无可能去拥有我们本真的时间、我们真实的历史;而只要我们始终无能于以那样的方式从根基上去经验时间性的力量,亦即我们就站立在时间性的力量的撕扯之中心,而这同时也就意味着,只要我们始终胶着在仅止于持续性的当前的那种永恒的图像上,并舒适地思考

着如此这般的东西,我们就不会是历史性的;而此间永恒已然变得古老,成为曾在着的——"古老的永恒变得隐蔽又隐蔽"(《片段四:哦大地母亲!》,全集第四卷,第239页)。

一切天神都如此急速流逝。
(《和解者,你……》,附录,全集第四卷,第341页,第5行)

111　此处的流逝(Vergehen)指的不是毁灭,而是:行经而过(vorbeigehen),并不停留,并不以持续在场的方式驻立。按照事实而言即是说:作为曾在者而本质运作着,现身在场而入于一种到来中的逼迫。

由于此处涉及的东西不同于现成或非现成之物(这种东西的出现可以直接确定),对这样一种永恒和时间的经验因而也具有不同的特征,这种特征必定与日常的时间经验的特征不相协调。当某物经过以后,在回忆中才首先作为其所是而得到认识。上述诗句接下来的部分道出了这一点(同前,第5行以下):

一切天神都如此急速流逝。却并非徒劳无功。
对尺度一直了如指掌,一位神
用爱护的手触碰
人类的居所,仅只一瞬
而人类并不知晓,却长久地
他们想念着它并追问,它是谁。　　10

第二章 诗歌的基础情调与此在的历史性 133

而当时间业已经过,他们才识得它。

永恒者的流逝并不是徒劳无功的。行经而过恰恰是诸神之现身在场的样式。它是一种几乎不可把捉的暗示的短暂性。这种暗示能够在消逝而过之片刻(Nu des Vorüberganges)间,显明所有的至福和所有的恐怖。神有特有的尺度,他只延续一瞬,几乎不触碰人类的居所。而人类根本不知道它是何物。只消他们固着在他们据以认识事物、事态和自己本身的认知样式中,他们就没有能力去知道。但消逝而过也并不意味着空无一物,"却长久地/他们想念着它并追问,它是谁"(第9、10行)。

那长久的想念,保持在回忆中,仿佛就是诸神之切近在其中得以展开的样式;这当然不是单纯沉湎着的追思(Nachsinnen),而是实际的追问(Nachfragen)。"而当时间业已经过,他们才识得它。"(第11行)当人们追问着在其曾在之中忍受这长久的时间,真实的认知就会产生。曾在者,依然本质运作着的东西,就会向他们到来。预感到的使命开启了任务,而任务又重新为预感到的使命建基。

我们早些时候说过(第51页),在诗歌开头的"不是他们……"中存在着一种对时间的决断。如今我们才真正理解了这指的是什么。不是在旧与新之间,在过去之物和当今之物之间的单纯挑选,需要去决断的是:我们是为了诗歌的本真时间,连同其曾在、将来和当前而做出决断,抑或固着在以"史学-编年"的方式看待一切的日常时间经验当中。如果我们仅仅以通常的方式,也就是计算的方式来看待时间性的东西,那么支配着我们的就是时间的非本质(das Unwesen der Zeit)①。正是这种我们通常或多或少对其有所认识和知晓的时间的非本质,并非空无一物,而是一种特有的力量,归属于时间之本质。我们需要作出决断的是,我们是仅仅拘囿在时间的非本质当中,对如此这般的非本质甚至都缺乏认识,还是想要去经验时间之本质,并将这种非本质置入到同本质的分争中去。因为时间的本质不可能单单就其自身而得到经验,甚至于被占有,就像非本质不可能如此得到拒斥一样。

但是,为诗歌的本真时间而做出决断,这件事意味着:进入到神圣哀恸、预备着的窘迫的基础情调之中。如此这般的东西无法无条件地通过暴力和人为的方式来做成。因此,事关宏旨的是将自身带到这样的决断面前,我们是否在我们的起始位置中,从根基上对如下事物加以经验,亦即,我们想要参与到这样一种经验之所以可能的前提条件的创造活动中去的意志以及方式;抑或我们是在与此背道而驰,哪怕只是以一无所谓和手足无措的方式。移入到诗歌的基础情调中去,对此事之能或不能加以真正决断的前提条件是,我们强大到足以去经验一种急迫,首先从这种急迫之中才产生出窘迫与预备。缺乏、贫困和缺陷诚然已经够多了,尽管有所有的严酷与挫折,它们还不足以抵达那样一个领域,在这一领域中精神的、历史性的此在之整个威胁才呈现出它的后果。只有在这一领域中才能作出决断,我们是否仍然想要发出呼求;这种呼求是否在事先如此地源初,以至于我们在此并不是活动在私人体验和见解,或者单个团体与声名的范围内,而是受到民族之历史性此在

---

① Unwesen 在日常德语中的意思是胡作非为,捣乱,此处根据字面翻译。——译注

的逼迫,受到其最内在也最深广的急迫的逼迫。

诗人的道说是创建性的。我们的诗歌创建并建基了一个此在之位置,我们尚未立身于这个位置上。但是诗性道说想要强迫我们进入那个位置。当我们在应合中理解了那创建并建基着的道说,理解了现在所道说而出的东西;这就是说,当我们意求自己来到通过创建性的建基而铺就好的基础之上,我们就将自己带到了那个位置上。因为显然,真正的内容是从诗歌第 39 行才开始言语。

第 10 节　从赫拉克利特思想的视域出发去看待在《日耳曼尼亚》中得到创建的此在之位置

a) 处于对本质性矛盾的内立与承受中的基础情调之诗性道说

α) 诸形象之发生事态的总体关联以及基础情调的调谐力量

在对基础情调简单的、兴许只是想象的重新体验中,我们现在仿佛快要可以去追踪诗歌进一步的发生发展了,也就是雄鹰的抵达以及它对小女孩说的话,并由此从基础情调出发对诗歌的核心内容加以"理解"。对于理智的计算而言,这就是接下来应该进行的步骤。然而,这却同样是对诗歌的一种逃避。

雄鹰，它的飞行和消息，小女孩和她对使命的沉默接纳，两者都是形象，将发生事态的总体关联全部加以形象化呈现。这些形象首先要求相应的解说。然而在我们做出这一尝试之前，必须首先弄清楚，为何此处根本上需要使用形象，为何恰恰是这些在内容上直观、简明且径直可信的形象。回答第二个问题显然并不困难。因为一个形象越是切近熟悉、自然随意，它形象化呈现的力量就越是可信和具有说服力。尤其是，如果就像此处在诗歌《日耳曼尼亚》中那样涉及对此在的最终的基础立场及其存在关联（Seinsbezüge）的道说，涉及一个民族同它的诸神的基础关系，就完全没有其他的选择，只能求助于尽可能直观的形象；否则，诗性的道说就会处于一种危险，变得像形而上学的著作那样不具有直观性。这样一来，诗歌必定会迷失在对概念的抽象探究的活动中。由此，我们也同样已经足够充分地说明和回答了第一个问题，何以这里要用各种形象来呈现发生事态的总体关联。

有些人只远远地对诗性道说的本质有一些预感，而我们这里所提出的东西，对这些人而言是稀松平常的。诗人的语言始终是形象的语言。但这并不足以用来理解荷尔德林的诗歌。而且，在我们开始解释诗歌之前，这些毕竟可能具有启发性的东西就已经把我们的解释引入歧途了。

必定引人注意的事情是，我们现在开始尝试去把握诗歌更进一步的、真正表达出本质之物的内容，在这样做的时候我们并没有联系于基础情调。仿佛基础情调在诗歌的第一部分（第1至38行）得到了表达和完成，由此为另一个主题腾出空间，这个主题以雄鹰和小女孩的形象呈现。然而，如果诗歌的基础情调果真如我们所呈现的那样,那么它就必定对整首诗歌的道说有所调谐并加以规定①。甚至于,它的调谐力量必定恰恰在诗歌接下来的部分中才得以展开。情况仿佛是,现在男人登场活动了,他在神圣的窘迫中忍受着来临中的逼迫者的逼迫。然而诗歌接下来的内容根本没有再次提及这个"男人"。对此,诗行第38到第39的过渡首先显得晦暗不明。人们究竟是否可以将从诗行第39开始所说的内容理解为男人所观视到的东西,这是存疑的。如果是这样,在诗行第38的结尾,在"……那里的万千变化激动着他"之后必须有一个冒号,这个冒号表示:从诗行第39开始这些万千的变化或者其中之一种得到表现。人们在此同样有理由甚至更加有理由看到某种完全不同的东西的开端:"然而从天穹降下……"因为"然而"(aber)表示一种转折,将崭新的东西引入。当然,"然而"在荷尔德林诗歌当中确实涵义丰富,大部分却包含着本质性的、沉重的内容。

最终,当我们理解了整体,亦即男人在渴求中不断观视着,我们就会恰如其分地看待这一新的开端(第39行以下)和这个"然而"。但在此过程中,发生的是另一件事,也就是以雄鹰和小女孩的形象所道出的事。这仿佛发生在男人的身后,而男人还在向后回望并坚守在基础情调中。我们当然知道,这一基础情调同样也向前伸展着——作为预备着的窘迫。

但是如此一来就完全无从理解,在上述整体关联着的形象中所讲述的发生事态,如何与基础情调联系在一起。因为小女孩就

---

① 注意此处"调谐"(stimmen)和"规定"(bestimmen)之间的词根关联。——译注

其整个存有和立场而言,并没有令自己成为基础情调的承担者。雄鹰的抵达也并非意味着基础情调所始终渴求的崭新诸神的抵达。雄鹰只不过是诸神的使者。

在基础情调与诗歌本质性的形象化内容之间,缺乏一种可直接洞察到的整体关联。我们并不准备对这种缺乏加以弱化。另一方面,我们必须预期到,倘若诗歌的基础情调要在某处保持住它的调谐力量,那就是在诗歌的本质部分。基础情调本身由此才以诗性的方式得到保存,而非化为乌有。出路何在?它是否是这样一条在诗人的意义上领会着这首诗歌的道路?

β) 基础情调与"亲密性"。通过整体关联着的诗歌
形象而对基础情调的保存性裹藏

我们必须摆脱对诗歌的形象和直观性内容之任务和成效的那种流行的、诚然经常也是完全正确无误的见解。根据这种见解,这些形象应当将诗人以诗性方式加以命名并意图创建的真实关系尽可能清晰地加以说明,使之变得普遍流行,让人得以接近。然而,在我们这里的诗歌以及所有此类样式的事物这里,直观性的感性呈现的任务恰恰与此相反。由于此处涉及的不是对随便什么情感的诗性创建,而是那种基础情调,一个民族的历史性此在及其决断在其中发现它的位置,因此,基础情调必须在它不可触及的伟大中得到保留、保存和保护。形象不应当得到清晰说明,而是被裹藏起来,不应当搞得普遍流行,而是变得罕见稀有,不应当让人得以接近,而是送入遥远之地。而基础情调越是源初,它就伸展得越为广远,并把一个民族的命运及其与诸神的关系压合为一。基础情调

的源初性首先在于,它不是将最极端的对立,即坚决的放弃和无条件的渴求,从外部归置到一起,而是令其从一种时间性之最本己(ureigenen)的本质中以统一的方式涌现出来。

最深广的诸矛盾之间的源初统一的整体关联乃是那种东西,对于这种东西晚期荷尔德林用一个独特的词语特别地加以了命名:"亲密性"(Innigkeit)(参见第248页以下)。这个词语反复地、在最不相同的领域中,以不同的变形和关联,与我们相遭遇。它是荷尔德林的首要词语之一。它的内涵当然不能被俘获进一种按部就班的定义中。只是有一种误解需要立刻得到防止:"亲密性"指的不单单是某种"体验"的、锁闭在自身内部意义上的感受的"内在性"。它指的也不是"热情"的一种特别高的温度。亲密性也不是"美丽灵魂"及其世界设立方式的修饰词。在荷尔德林那里,这个词与一种耽于幻想、毫无行动能力的感受性之异样口味无关。与此完全相反,首先,它指的是此在的最高力量。其次,这种力量从基础上在对存有的最极端的矛盾的坚守中保存自身。简言之:对那种东西的本质性矛盾的内立(Innestehen)与承受(Austragen)①(这种内立与承受是得到调谐了的、认知着的),这种东西在对立之中具有一种源初统一性,它是"和谐对峙者"(Harmonischentgegengesezte)。我们在有关诗人的操作方式的文稿中(全集第三卷,第300页)已经知晓了这种东西。在我们多次引用的致弟弟的新年书信中,荷尔德林对希腊人有如下说法(全集第三卷,第

---

① austragen 这个词在海德格尔的其他文本中通常被翻译为"分解"(参见海德格尔:《在通向语言的途中》,孙周兴译,北京:商务印书馆,2004年,第13页,译注3),在本书中我们依语境翻译为"承受"。——译注

366页):

> 古人以其感官和灵魂而归属于环绕着他们的世界,在这些古人中间,在其单个的特征和诸关系中能发现比(比如说)我们德国人多得多的亲密性,

对存在者的敞开,参与到存在者之中并经受其分裂,这并不排除亲密性,相反,这恰恰首先为亲密性的那种具有统一作用(这种统一作用从基础当中生发出来)的力量创造了真正的可能性。在有关希腊人的此在的长诗《爱琴海群岛》中,他将希腊人称为"亲密的民族"(全集第四卷,第91页,第86行以下):

> 因为天才的敌人,那统辖甚多的波斯人,
> 他常年计算着武器和仆从数量,
> 嘲笑希腊的土地和它为数不多的岛屿,
> 而它们对统治者而言如同一个游戏,甚至,亲密的民族,
> 由诸神的精神武装起来,对他而言宛如一场梦。

但"亲密性"的一个决定性涵义出现在荷尔德林题为《恩培多克勒的根据》(全集第三卷,第316页以下)的文章中。在那里,荷尔德林不仅探讨了自己的同名诗歌,而且也探讨了悲剧诗,探讨了悲剧性的存有。为此需要一同得到参考的是题为《流逝中的生成》的小文(全集第三卷,第309页以下)。在《恩培多克勒的根据》中我们读到(全集第三卷,第317页):

第二章 诗歌的基础情调与此在的历史性

它是在悲剧性、戏剧性的诗歌中所表达出来的最深邃的亲密性。

荷尔德林识得一种"俭朴的""勇敢的""过量的"亲密性(同前)。在这一整体关联中有一个词与我们相关,启发我们去把握对"亲密的"感受亦即基础情调的诗性理解(全集第三卷,第319、320页):

……因为最亲密的感受是在这样的程度上直面着流逝性,它并不拒绝真实的、实际的、感性的诸联系,(因此这同样是抒情诗的法则,当亲密之物在那里更少显得死寂,也就是更容易地保持对物理性和智识性的整体关联加以拒绝。)

诗人在此说得很清楚:存在者的整体关联,其存在应当在诗歌中得到创建——此处亦即一个历史性民族同诸神之间的基础关系——,处于其矛盾之源初统一中的基础情调,必须被拒绝,以便恰恰由此能够在流逝性面前,在急速的损耗和平面化面前,保存"最亲密的感受"亦即基础情调。因此,基础情调不是可以直接弄得"流行起来"的东西。我们因而不可以在我们这首诗歌的整体关联着的形象中期待一种能够对其尽可能加以清晰说明的力量,而是相反:我们必须在其裹藏性的力量中尝试领会它。

此处开启了一道透入为这样一种诗歌所特有的真理之本质的目光,并因此开启了透入以源初方式起到创建作用的、诗性语言的本质的目光。如果我们已然从根本上依据其表达的成效来看待诗歌,那么它在这里恰恰并不进行表达,而是在其道说中并通过其道说,令不可道说者保持为未经道说的。

当我们在存在者之敞开性中去寻觅真理之本质,就会发现遮蔽和裹藏乃是一种特有的敞开方式。秘密并非处在真理另一边的路障,它本身是真理之最高形态;因为,为了令秘密真实地成其所是——对本真存有的庇藏性保存——秘密就必须作为如此这般的秘密而得到敞开。一个没有被意识到处于其裹藏性力量中的秘密并不是秘密。对裹藏的认识程度越高,对如此这般的裹藏的道说越真切,它的遮蔽力量就越是保持为未经触动。对秘密的诗性道说乃是拒绝。

b) 在《日耳曼尼亚》中得到创建的此在之位置

α) "祖国"作为一个民族的历史性存有

对诗歌的解释由此被带到了其整个特有的任务面前:首先是把握处于其自身、处于其特有的直观内容中的、通过形象而得以显明出来的整体关联在一起的发生事态;接着是把这一整体把握为对真正所要道说的东西的拒绝和离弃。此处同时出现了这样一个问题,是否这里的——面对着如此样式的诗性道说——解释从根基上来到了一个边界上?这一边界又是何种边界?

无论如何,在努力理解荷尔德林诗歌的路途之中,我们处在一个至关重要的位置。我们处在通向这首诗歌真正的、最后的道说内容的锁闭着的门口,那种诗人称之为"最被禁止的果实"的东西,"每个人终将将其品尝":"祖国"。这并不意味着诗人某种可疑而吵闹的宏大爱国主义。诗人指的是"父亲之国"（Land der Väter）①，指的是我们，这片大地上作为历史性民族的民族，处于其历史性存在中的民族。而这种存有在诗歌中得到创建，在思想中被构造起来、置入到认识之中，并且植根于大地上的国家奠基者的行动和历史性空间。民族的这样一种历史性存有，祖国，依其本质始终锁闭于秘密中。但正因为如此，我们也无法仅凭自身来到通向它的锁闭着的门口；凭自身我们只能到处兜圈子而已。迄今为止对诗歌《日耳曼尼亚》进行的解释向我们指示出通往这扇大门的道路。为何我们恰恰要从《日耳曼尼亚》来开始讲授课，现在兴许变得越发清晰了。然而同样变得清晰的是，我们现在必须令这首诗仿佛未经触及似的保持为原封不动，直到我们能够更丰富、更深切地去把握诗人的诗性道说。这种诗性道说是那样一种诗性道说，诗人在其中竭力争取着一个位置；对这个位置，诗歌《日耳曼尼亚》的基础情调将我们向之拉拽而去，而其真正的内容又恰恰对之加以拒绝。只有在我们的努力尝试的结尾，我们才得以冒险与迄今所追问的诗歌《日耳曼尼亚》的道说进行共同道说。

　　迄今为止我们时常引用一些"文本片段"，这些片段来自《日耳曼尼亚》所位于其中的诗歌创作的邻近范围。但也只是一些"文本片段"罢了。我们应该从迄今为止常常也许是过于拖泥带水、过于艰难苦辛的对诗歌《日耳曼尼亚》的解释路途中得知，对"文本片段"的外在调用是多么不充分，尤其当诗性道说的基础立场尚未得

---

① 德语的"祖国"（Vaterland）一词在字面上是"父亲之国"（Land des Vaters）的意思。而海德格尔对这里的父亲还使用了复数形式（Land der Väter）。——译注

到充分把握之时。考虑到我们现在将要扩大有待解释的诗歌的范围,并且更加周全地对诗歌加以把握,有必要在我们目前处于其中的过渡位置,贯彻一种对荷尔德林诗歌和诗人的基础层面的沉思。

对于有关存在者的日常经营而言最为隐蔽的东西,对于总是偶然的、东飘西荡的好奇而言最被禁止的东西,乃是"祖国"。祖国当然不是什么边缘之物,在事物下面的某个地方搁着或者在上面飘着。"祖国"乃是存有本身,它从根基上承载并构造着一个在此存在着的民族的历史,也就是它的历史之历史性。祖国不是抽象的、超时间的自在观念,相反,诗人在一种源初意义上以历史性的方式看待祖国。对此的证据是,诗人对存在和持留(Bleiben)(诗人们创建着存在和持留并由此经受着它们的流逝)的基础性的、形而上学层面的沉思,事先就与"祖国"相联系。祖国在这里发挥的不是外在作用,作为就近的一个例子,用以举例阐明流逝以及流逝中的生成是怎么一回事。相反,祖国之存有,亦即民族的历史性此在,被经验为真正的、独一无二的存有,面向存在者整体的基础立场从这种存有中生长出来并赢获其整体构造。

β)祖国的沉落作为自然与人的崭新统一的上升

沉落着的祖国,自然与人类,这三者处于一种特殊的交互作用中,构成一个特殊的、已然变得理想的世界,构成事物间的联系,只要它们自行解体,从它们当中,从遗留下的族群和遗留下的自然之诸种力量(这些力量是另一种现实的原则)之中,一个崭新的世界就会形成,一种崭新但同样也是特殊的交互作用就会形成,就如同那种沉落是从一种纯然而特殊的世界中升起的一样。

（《流逝中的生成》，全集第三卷，第309页）

在对沉落的沉思过程中，至关重要的事情并非沉落，而是崭新的一体性的上升。从这种崭新的一体性出发，迄今为止持存着的东西作为自行解体之物得到把握。因此沉落是一种在历史性层面上别具一格的瞬间，这一瞬间可以绵延一个世纪；因为不被穷尽的东西，崭新开端之不可穷尽之物，可能之物，能够在此展开它的力量。倘若那样一些人在此存在着，这些人有能力事先去经验、创建、认识并获取这种如此这般的不可穷尽的可能之物。

祖国的这种沉落或者过渡，（在此意义上）在持存着的世界的诸部分中感觉到自身，其方式是，在持存之物发生解体的片刻中，并且在其解体的程度上，新出现的东西，充满朝气的东西，可能之物，同样感觉到自身。因为，解体过程如何可能离开统一过程而被感受到。因此如果持存之物在其解体过程中应当被感受到而且也确实被感受到了，那么在此过程中，诸关系以及力量之不被穷尽的东西，不可穷尽之物，以及那种解体过程，必定更多地通过统一作用而被感受到，统一作用则相反较少地通过解体作用而被感受。原因在于，从虚无中生成的是虚无。而这一点渐渐为我们所认识到这件事意味着那种走向否定的东西，就其离开现实性，且尚不是可能之物而言，无法发生作用。但是，在现实性自行解体之际，进入到现实性中去的可能之物，它发生着作用，并且它既引起了对解体的感受,也引起了对被解体之物的回忆。

(同前,第310页)

我们从这些文本片段中获悉源初存有的本质。诗人在这种源初存有的本质中把握到古老诸神的逃遁以及崭新诸神的升起。这些片段位置呈现出,诗人是多么激情澎湃地致力于在一体性中去思考作为产生的流逝,作为一种到来的离去,以思想的方式成为这种矛盾的主人,亦即经受它们、思考它们。

c) 论荷尔德林的存在理解。赫拉克利特思想的力量

α) 荷尔德林与赫拉克利特

在所有这一切中,对存有的那样一种理解变得切近起来并且重新焕发威力,这种理解在西方哲学的开端中产生威力,并且自此以后,从埃克哈特大师开始,在或真切或不真切的变形中特别支配了德国的思想和认识。这便是荷尔德林自觉地归向于他的那位思想家的存在领悟(Seinsauffassung),赫拉克利特。我们只拥有他的哲学的残篇。与迄今为止所说的东西有关联,但同时也着眼于接下来要谈的东西,赫拉克利特的几条箴言将得到引用。此处,我们必须放弃去进行一种解释。残篇第51:

οὐ ξυνιᾶσιν ὅκως διαφερόμενον ἑωυτῶι ὁμολογέει·
παλίντροπος ἁρμονίη ὅκωσπερ τόξου καὶ λύρης.

"他们并不理解[即每天在他们的此在中奔忙的人]下面这样一件事及其方式,即,那种为了自身而分立的东西在自身中又是符合一致的;那是对立伸张开来的谐响,就像在弓箭和竖琴那里的情况一样。"[当反向伸张开来的两端共同绷紧,而这种绷紧恰恰首先令弓箭的发射和琴弦的鸣响成为可能,这便是:存有]。紧接着便是一个例子,残篇第 48:

τῶι οὖν τόξωι ὄνομα βίος, ἔργον δὲ θάνατος.

"弓箭的名字是[βιός]生命,它的作品却是死亡"[在一种统一之中的存有的极端对立]。

但是——就像被引用的第一条残篇业已表明的——对存有的这一领会对日常理智而言是锁闭的:最高的敌对者在根本上乃是共同归属在一起的东西的谐响。日常理智看到的谐响,只不过是外在的协同一致,它短暂地存在,而且始终是乏力的。因此残篇第 54 说:

ἁρμονίη ἀφανὴς φανερῆς κρείττων.

谐响对通常的眼光而言并不显示自身,也就是说,在这种通常的眼光下存在的只是分崩离析的对立。这种隐蔽不彰的谐响比起显而易见的谐响,要来得更为强大有力。其之所以强大有力是因为它是如此这般的存有的真正力量。当诗人言说着"亲密性"和

"亲密的"这样的词语之时——"亲密的民族"①,他就是在这一 ἁρμονίη ἀφανής[不显现的谐响]的方向上思想与作诗的。然而始终需要注意的是:这种 ἁρμονία——谐响——并非无关紧要的、缺乏张力的全体一致,乃至一种在以搞平衡为目的的、对对立的拒绝的基础上出现的协调一致。恰恰相反:对真正的敌对者的开启才开启了谐响,而这说的是:将敌对性的力量各自设立入它们的界限之中。这种设置-界限(Be-grenzung)并非施以制约(Einschränkung),而是解除-制约(Ent-schränkung),是本质之设立而出与完成。因此,如果一切存在者都处于谐响之中,那么争吵和斗争就恰恰必定从根本上规定着万物。从中我们才首先领会那句话,那句除另一句之外通常将其视为赫拉克利特那里独树一帜的东西,而且是在一种对它的恶意曲解中,亦即:"战争是万物之父。"然而真正且完整的这条箴言即残篇第 53 说的是:

Πόλεμος πάντων μὲν πατήρ ἐστι, πάντων δὲ βασιλεύς, καὶ τοὺς μὲν θεοὺς ἔδειξε τοὺς δὲ ἀνθρώπους, τοὺς μὲν δούλους ἐποίησε τοὺς δὲ ἐλευθέρους.

"斗争诚然是所有存在者的产出者,但它也是一切存在者的统治者,它把一方敞开为诸神,另一方敞开为人类,一方作为奴隶设立而出,另一方作为主人设立而出。"箴言具有如此深邃的内容,我们在此距离遥远,无法对其进行彻底讨论。我们仅只指出两点。

---

① 《爱琴海群岛》,全集第四卷,第 91 页,第 90 行。

斗争是存在者之产出的力量,但不是在事物经由斗争而生成之后,斗争又从存在者那里退隐,相反,斗争恰恰同样保存和支配着在其本质持存中的存在者。斗争诚然是产出者,但也同样是统治者。哪里缺失了作为保存力量的斗争,哪里就开始了停滞、平均化、平庸、不痛不痒、萎顿和衰败。但是这种斗争——这是我们简短指明的另外一点——在此不是指偶然的冲突与不和,抑或单纯的骚动不宁,而是在存在之本质力量间的伟大敌对的争执,从而在这样一种斗争中,诸神作为诸神,人类作为人类才首先相互对立地,并随之在密切的谐响中达诸显现。并不存在自在的诸神和人类,自在的主人与奴隶,然后他们才因为他们之所是而进入到争执或者谐响中,而是相反:斗争才首先创造出了生与死的决断可能。经由这种那种的考验,存在者才首先各自成为它们之所是的什么以及如何。而这种"是"(ist)——存在——只有作为考验才本质运作起来。与这条箴言联系在一起的是残篇第80:

εἰδέναι δὲ χρὴ τὸν πόλεμον ἐόντα ξυνόν, καὶ δίκην ἔριν, καὶ γινόμενα πάντα κατ' ἔριν καὶ χρεών.

"但急迫的是去认识:斗争始终[在一切存在者中]共同在此,因此'法'无非就是争执,而一切进入存在的存在者都通过争执与必然性而存在。"δίκη ἔρις——法是争执。通常的理智认为:法,它是在某处已然写就的东西,争执恰恰需要凭借法的帮助,在对法的应用中得到裁决和清除。非也!就其本源和本质而言,法首先在争执之中才作为如此这般的法将自己设立而出,形成并证实着自身,变得真实。争执确立不同的方面,而一个方面只有通过另一个方面,在相互的自我承认中才是其所是。正因为如此,如果我们只考察一个方面,我们就绝没有理解一个存在者。而如果我们只是把另一个方面添加入这个方面之上,这同样也没有理解。相反,我们需要在其共属一体中同时把握这两者,并认识到这种把握所赖以存在的基础。赫拉克利特在残篇第67中表达了这一点:

ὁ θεὸς ἡμέρη εὐφρόνη, χειμὼν θέρος, πόλεμος εἰρήνη, κόρος λιμός, ἀλλοιοῦται δὲ ὅκωσπερ πῦρ, ὁπόταν συμμιγῇ θυώμασιν, ὀνομάζεται καθ' ἡδονὴν ἑκάστου.

"神是日与夜,冬与夏,战争与和平,饱与饥;但是它像火一样变化不定;每当火与烟混合在一起,它就按照那各个[烟]的气味得到命名[意思是:它存在着]。"

只有以上面所说的东西为基础,赫拉克利特的那句话才赢获其真正的内容。那句话像斗争是万物之父那条箴言一样通常为人不假思索地鹦鹉学舌,这句话就是:πάντα ῥεῖ——"万物皆流"。这句话的意思并不是:万物都在变迁中延续,无所持存。它的意思毋宁是:你不能固执在这单一的方面,相反,你通过作为矛盾的争执①而被传送到对立面,而存在者只有在斗争之运动过程的一来一去中才拥有其存在。此处的流动指的不是单纯对事物顽固而持续的瓦解与毁灭,恰恰相反:它意味着矛盾之流动。而这意味

---

① 注意"争执"(Streit)和"矛盾"(Widerstreit)的词根联系。——译注

着,恰恰是矛盾性的谐响创造出持存(Bestand)和持存性(Beständigkeit),创造出存有。(赫拉克利特与巴门尼德的对立并不存在于人们通常所寻觅的地方。)

但这样一来如若存在者无法单方面地得到把捉,那么对存在者的命名和对存有的道说就会处于一种特有的艰难中,而且首先是在存在应当在整体上、在其本质中得到道说和敞开的地方。因为一个语词诚然以这样那样的方式命名着存在者,比如残篇第67中的神——战争。语词令存在者得以敞开。但是,当我们固执于这种命名之际,它也同时造成了遮蔽。因为神也同样是"和平"。因此本真的、本质性的对存在者的道说具有至为本己(ureigenster)的样式,它从本源上将如诸神所具有的那种道说样式。残篇第93:

ὁ ἄναξ, οὗ τὸ μαντεῖόν ἐστι τὸ ἐν Δελφοῖς, οὔτε κρύπτει ἀλλὰ σημαίνει.

"其发布神谕的位置在德尔菲的主人[阿波罗神],他既不言说,也不遮蔽,而是进行暗示。"源初道说既非仅仅直接令事物敞开,也不是简单地将其完全裹藏起来。这种道说是合二为一的,并且作为这种一它乃是一种暗示。在这种暗示中所道说而出之物指向未经道说之物,未经道说之物指向所道说而出之物和有待道说之物;相互矛盾的东西指向存在着的谐响,谐响指向它独独摇荡于其中的矛盾。

"暗示乃是诸神的语言"①,我们先前(第 32 页)听到荷尔德林这样说。这句话与赫拉克利特箴言相似,这并非偶然。处于创建着存在的作诗活动(seinsstiftenden Dichten)中的荷尔德林的整个思想以及存有之理解,处于赫拉克利特的力量影响下,而且是从图宾根的学习时期一直到最伟大的创造岁月,并远远超出这些阶段。赫拉克利特的智慧几乎公式般地荟萃入残篇第 50 中的这句话里ἓν πάντα εἶναι——一是一切。但这里的"一"(Eines)指的不是单一(Einerleiheit),空洞的同一(Selbigkeit);"一切"(alles)也不是任意之物的不计其数的大杂烩(Allerlei)。相反,一指的是谐响,ἓν是一切的意思是,那种每每以本质性的方式构成了整个存在者的东西作为不同的、矛盾的东西在对立之中出现。

赫拉克利特思想的力量对于诗人的此在而言影响如何巨大,这可以通过下面这件事得到证明:在诸神已经藉其闪电眷顾于他并将他置于保护中时——而我们凭自己残破短浅的尺度称之为"精神疾病"——他还长时间地被ἓν πάντα[一(是)一切]的箴言所萦绕。

从 1807 年夏一直到 1843 年夏他去世,荷尔德林住在图宾根的木匠齐默尔那里。在 20 年代他和年轻的大学生威廉·魏布林格②成为了朋友,后者在中学高年级的时候就拜访过荷尔德林,见过诗人全部的手稿和草稿。(参看 1822 年 7 月 3 日的日记,全集第六卷,第 403、404 页)在 1830 年罗马,魏布林格写过一篇

---

① 《卢梭》,全集第四卷,第 135 页,第 39、40 行。
② 威廉·魏布林格(Friedrich Wilhelm Waiblinger, 1804—1830):德国诗人、作家。——译注

题为《弗里德里希·荷尔德林的生活、诗歌与疯狂》(Friedrich Hölderlins Leben, Dichtung und Wahnsinn)的文章(全集第六卷,第409—442页)。文章中诚然有很多诗人在生病前的生平外在资料方面的错误信息(这些资料在缺乏原始资料研究的情况下是无从得知的)。但他与诗人有经年累月的交往,对这些体验的描述富有价值。其中有一个片段表明了,赫拉克利特对诗人而言如何依然以某种方式处在他身边(全集第六卷,第427页):

> 他可以一连几天投入其中的东西是他的《许佩里翁》。当我来到他那里,我已经在外面听见他用响亮的声音吟诵。这样的事发生过不下百次。他的热情巨大,《许佩里翁》几乎一直打开在书桌上;他经常给我朗读其中的片段。

(参见全集第二卷,第188、189页)

β)荷尔德林与黑格尔

有一个思想家,他在欧洲哲学独一无二的哲学体系中,从根底上思考了赫拉克利特的思想,并将其思考至终极处。这个思想家就是黑格尔。他是荷尔德林的同龄人和大学同学,这并非偶然。荷尔德林与黑格尔在一种共同的精神世界中成长起来,并且为塑造一个崭新的世界而并肩作战。其中的一个走了诗人之路,另一个走了思想家之路。不同于通常人们所做的那样,亦即从黑格尔的体系出发来说明荷尔德林,同时又找出诗人对思想家的影响,我们必须学会去经验处于其各自的至高高度及其寂寞巅峰的两者间的巨大矛盾,从而去把握到某种真实的谐响。然而,在我们这门课程的任务范围内,无法也不应对黑格尔加以专门讨论。但仍有必要给出一些指引,以便从黑格尔出发来澄清荷尔德林与赫拉克利特的特有关系,并且首先将荷尔德林的基础词语"亲密性"的意义鲜明地突显出来。

荷尔德林和黑格尔这两个施瓦本人首先是从1790年,也就是他们在大学共同学习神学的开始之际结下紧密友谊的。同盟中的第三个施瓦本人是谢林,他比这两人年轻5岁。从1790年秋开始,这三个图宾根神学院学生甚至共住一间寝室,名为奥古斯丁寝室(die Augustinerstube)。在他们那个时代,甚至一直延续到上个世纪的习惯是,通过在相互之间的留念册上题词,来宣示心灵的共属一体。我们还保留有荷尔德林写给黑格尔的这样一种留念题词(全集第六卷,第232页):

歌德

兴致和爱是

伟大行动的双翼。

图宾根

1791年　　　　　　　　　　　　以志纪念

2月12日　　　　　　　　　　　你的朋友

符(号)。① Εν και παν②　　M. 荷尔德林。

---

① 此处原文为 S(ymbolum)。——译注
② 希腊文,意思为"一与一切"。——译注

第二章　诗歌的基础情调与此在的历史性

在同一年，1793 年，荷尔德林和黑格尔通过了他们的神学考试。同年秋季，荷尔德林去往瓦尔特斯豪森①，在夏洛特·封·卡尔布(Charlotte von Kalb)家任家庭教师。黑格尔去往伯尔尼，在瑞士任家庭教师。然而他们稍后又一次在一起度过了关键性的岁月，甚至可以说对他们各自而言是最为关键的岁月。1795 年年底起，荷尔德林在美茵河畔的法兰克福任家庭教师。在 1797 年初，黑格尔通过荷尔德林的介绍，同样获得了法兰克福的家庭教师一职。在这段法兰克福时期，荷尔德林找到了通向伟大诗歌创作的道路，黑格尔找到了其进入哲学的真正道路。在这一时期，对希腊文化的探究都处于两人的诗歌创作和思想的中心。当黑格尔在 1801 年在耶拿作为哲学私人讲师开始其讲课时，与法兰克福时期之前相比，他已经脱胎换骨了。当然，这要归因于与诗人一道对希腊哲学的创造性探究。1801 年，黑格尔开启了其艰辛而伟大的思想工作的真正道路。这一年对荷尔德林而言已经是创作的高峰期了。黑格尔走了一些弯路才踏上伟大的轨道，产生公开的效应。在 1801 年荷尔德林写下了一段话，这段话表明荷尔德林看到了自己处在与黑格尔完全对立的立场中(参见第 136、137 页)。

黑格尔把哲学理解为无－限的思想(das un-endliche Denken)。有限的思想总只思考一个方面，是片面的，有限的。而在对立之中思考一面以及对立面，也就是在统一中思考矛盾，那种思想就是无限的思想。片面之物，有限之物是死的东西。但我们不

---

① 瓦尔特斯豪森(Waltershausen)：德国图林根州的城市。——译注

可将这种片面之物当作虚无的东西抛弃掉，或者视而不见地加以忽略，相反，我们需要将一面当作对立于另一面的东西而加以保持，并且在对立性中坚守住这一面。因此黑格尔在他第一部伟大著作同时也是他最伟大的著作，出版于 1807 年的《精神现象学》的序言中（第 26 页[①]）说了如下一番话：

> 死亡，如果我们愿意这样称呼那种非现实的话，它是最可怕的东西，而要保持住死亡了的东西，则需要极大的力量。柔弱无力的美之所以憎恨知性，就因为知性硬要它做它所不能做的事情。但精神的生活不是害怕死亡而幸免于荒芜的生活，而是敢于承当死亡并在死亡中得以自存的生活。精神只当它在绝对的支离破碎中能保全其自身时才赢得它的真实性。精神是这样的力量，不是因为它作为肯定的东西对否定的东西根本不加理睬，犹如我们平常对某种否定的东西只说这是虚无的或虚假的就算了事而随即转身他向不再闻问的那样，相反，精神所以是这种力量，乃是因为它敢于面对面地正视否定的东西并停留在那里。精神在否定的东西那里停留，这就是一种魔力，这种魔力就把否定的东西转化为存在。[②]

---

① 第四版，第 34 页。《黑格尔全集》（Hegel WW），诞辰纪念版（Jubiläumsausgabe），格罗克纳（H. Glockner）编，第 2 卷，斯图加特，1964 年。

② 中译文参见《精神现象学》上卷，贺麟、王玖兴译，北京：商务印书馆，1997 年，第 21 页。译文略异。——译注

第二章　诗歌的基础情调与此在的历史性　157

这个序言在著名的岛屿出版社系列丛书①中得到单独列印。序言是在耶拿和奥尔施泰特②的战役前夜完成的。同一天,黑格尔看见拿破仑骑马经过城市。

黑格尔在这里给出一个形态宏大的通观,通观入他的时代(1806年前后)的诸种精神力量的基础位置,并非作为旁观者,而是作为一个自觉意识到自己将要作出沉重一击的人。这一序言总结了整部著作,在这部著作中对哲学就是劳作的清晰认识占据着支配地位。第53、54页③:

> 在所有的科学、艺术、技术和手艺方面,人们都确信,要想掌握它们,必须经过学习锻炼等等多方努力。在哲学方面,情况却与此相反,现在似乎流行着一种偏见,以为每个人虽然都生有眼睛和手指,但当他获得皮革和工具的时候并不因为有了眼和手就能制造皮鞋,反倒以为每个人都能直接进行哲学思维并对哲学作出判断,因为在他天生的理性里已经具有了哲学判断的标准,仿佛他不是在他自己的脚上同样已经具有了鞋的标准似的。——占有哲学,似乎恰恰由于缺少知识和缺乏研究,而知识和研究开始的地方,似乎正就是哲学终止的地方。哲学时常被人视为是一种形式的、空无内容的知识;人们完全没认识到,其他的科学,它们虽然可以照它们所愿望的

132

---

① 莱比锡,1920年。法兰克福,1964年。
② 奥尔施泰特(Auerstedt):德国图林根州的城市。——译注
③ 第四版,第61、62页。

那样不要哲学而只靠推理来进行研究,但如果没有哲学,它们在其自身是不能有生命、精神、真理的。①

黑格尔的思想作为绝对的思想意图将对立置入到一种普遍的流动性中,并由此将对立解决。然而黑格尔的无限的思想并非臆想出来的公式,而是产生并依托于一种对西方此在及其精神之本质的基础经验。破碎为最极端的对立的痛苦也一道包含在这种精神之本质中。黑格尔将对此在的这种支离破碎的认识称为"苦恼的意识"(unglückliche Bewußtseyn)②。它是真正的精神之刺,它在世界历史的最为不同的形态和阶段中推动着发生事件并且推动精神向着它自己本身,向着它的本质前进。精神在哲学中将自己认识为绝对知识本身,并同时在这种认识中得到真正的实现。

但历史中的精神的现实性对黑格尔而言乃是国家。而只有当国家受到无限的精神的无-限力量的支配,受到它的承载,也就是说,只有当国家把个体之自由的自立与共同体的自由力量之间的最极端的对立一般性地在一种活的统一性中加以实现的时候,国家才能作为它必定所是的东西而存在。黑格尔在《法哲学原理》第185节③中说,古代的国家尚且不能被建基在精神业已得到发展了的原则上。它们没落的原因在于,它们缺乏真正无-限的力量,而

---

① 中译文参见《精神现象学》上卷,贺麟、王玖兴译,北京:商务印书馆,1997年,第46页。——译注

② 黑格尔WW,第2卷,第166页以下(II,第158页以下)。斯图加特,1964年,第四版。

③ 黑格尔WW,第7卷,第265、266页(VIII,第249、250页)。斯图加特,1964年,第四版。

这种力量独独处在那种统一性中,这种统一性令理性的对立以其完全的强度相互分裂开来并又克服了这种对立,在这种对立中完成自身并将这种对立拢集在自身中。

在对赫拉克利特的源初思想的一种崭新的、创造性重演的实行中,黑格尔的思想受到了激励,在此过程中世界精神此间所走过的整个历史被纳入到了这种思想的"流动"中,并在其各个本质阶段那里得到了区分。

而荷尔德林同样处于赫拉克利特思想的力量之下。处于这同一种力量下的人还有一个后来者:尼采。德国哲学的开端,埃克哈特大师,在根本上也间接处于这种力量下。赫拉克利特这个名字并不代表久已远去的希腊人的哲学。它也不意味着对一种自在的普遍人性(Allerweltsmenschheit)加以思考的套用格式。它兴许是一个代表着西方-日耳曼的历史性此在的一种元力量(Urmacht)的名字。而这种元力量处在与亚洲事物的首次分争之中。

d) 在西方的形而上学层面的急迫中对我们的历史性此在之刚刚开始发生的急迫的创建

我们不可认为,我们能够回避这种力量,我们可以免除同这种元力量进行崭新的、兴许超越一切迄今为止的尝试的分争。这种分争当然不是一种有闲的游戏,亦即对当今意见同早先意见进行学术比较;相反,它是一种真正迫不得已的(genötigt)追问,这种追问才首先创造出一个历史性的精神空间。只有当迫使我们去进行追问的那种强迫力量(Nötigung)从历史性此在的最本己的急迫(Not)中到来的时候,这件事才会发生①。有多少人经验了这种急迫,并且具备勇气去认识急迫,这是一无所谓的。急迫无论如何都存在着。这是一种无急迫之急迫(Not der Notlosigkeit),一种完全没有力量去经验此在的最内在的可追问性的急迫。

对追问的恐惧笼罩着西方。它蛊惑各个民族保持在陈旧而衰败的道路上,将它们匆忙驱赶回它们业已腐朽的居所当中。在一种醒觉发生之处,它们不愿看到不同于内部政治状态之单纯变形的、别样的东西发生。

但首要的事情是,我们自己先去把握这种追问,不在一夜之间将一个世纪的急迫遗忘,而是学会去认识,荷尔德林先行创建了刚刚开始发生的急迫,这种急迫由此创建活动而等待着我们。荷尔德林总是在崭新的形态中以道说的方式先行塑造着这种急迫。而只有诗性的话语本身,而非对其貌似广为流传却仍然踯足不前的改写,有能力唤醒并守持这种急迫。我们先前说过(第45页以下),诗歌《日耳曼尼亚》中诗性道说的内在运动是一个漩涡,这个漩涡把我们拉拽向一个特定的位置。诗人在我们已经多次提到的诗歌《记忆》中,在开头的三行诗句中(全集第四卷,第225页),用紧凑、扎实的语句确定了这一位置:

　　我们是一个指号,缺乏涵义

---

① 注意此处"迫不得已的"(genötigt),"强迫力量"(Nötigung),"急迫"(Not)之间的词根关联。——译注

我们是无痛苦的并几乎业已

　　在异乡丧失了语言。

此在对其历史性的本质、使命和任务已经变得陌生了。他对他自己也陌生了,没有使命(Bestimmung),无可规定(unbestimmbar)①并因而是"缺乏涵义的"。使命之所以悬缺,是因为内立于本质性矛盾中的基础情调缺乏调谐的力量,缺乏痛苦,亦即,缺乏精神之认识的基础形式,因此"我们是无痛苦的"。哪里没有对存有之裂隙(Klüfte des Seyns)的调谐着的开启,哪里也就没有必须去命名和道说的急迫,因此"我们几乎业已在异乡丧失了语言"。我们是"一个指号",一个凝固住的,仿佛被诸神所遗忘的暗示。"一个指号",为着这个指号解释者必须首先再度得到培育。

　　我们是一个指号,缺乏涵义

　　我们是无痛苦的并几乎业已

　　在异乡丧失了语言。

诗人立身于这样一个形而上学层面上的急迫之位置。但是,谁的诗歌创作,思想和道说必定坚守在这样一个位置上,谁就会将孤独理解为一种形而上学层面上的必然。也就是说,他必定认识到,恰恰在孤独中那种归属的至高亲密性(亦即向着自己的民族之

---

① 注意此处"使命"(Bestimmung)和"无可规定"(unbestimmbar)之间的词根关联。——译注

存有的归属)以支配性方式运作着,哪怕表面上只表现为一个边缘者,无人理会者。因为诗人作为人类不得不去承受这一切,我们就不会感到惊讶,在诗人伟大创造岁月 1801 年年尾,我们听到诗人说出了一句可怕的话。这句话出现在 12 月 4 日致朋友波林多夫的那封信中,这封信是诗人动身前往波尔多前不久写的,半年后诗人在毁灭与打击中从波尔多返回。我故意把此前引用过的段落(第 31 页)再次挑选出来,为的是保留书信的整体情调(全集第五卷,第 321、322 页):

噢朋友啊! 世界比往常更加明亮地铺展在我面前,也更加严肃! 发生的事情令我欢喜。我是欢喜的,就像在夏日"古老神圣的父用镇静的手从赤云之中震动着赐福的闪电"。因为在所有我能从神那里观看到的事物中间,这一标志对我而言已然成了被拣选者。通常我可能会为了一种新的真理而欢呼,一种有关于在我们高处和围绕着我们的东西的更好的视点。如今我却害怕,它在我身上永无休止,就像古老的坦塔罗斯,从诸神那里得到比他所能够消受的更多的东西。但我做我所能做的事,并且在我看见时进行思考,如果我在我的道路上同样必须像其他人一样去往那里的话。要找到一条免于一切疾病发作的道路,这是无神的、疯狂的。对于死亡而言没有什么草药能够治愈。

再见了,我亲爱的朋友,后会有期。现在我要彻底告别了。很长时间我都没有流过泪了。但是,如今我决定离开我的祖国,也许是永远,这令我痛哭流涕。在这个世界上除了祖国还有什么我更热爱的东西？但他们对我不再有所需要了。我想要也必定始终是德国人，即便心灵和食物的急迫把我驱赶到塔希提岛。

"但他们对我不再有所需要了。"德国人还要对这句可怕的话充耳不闻多长时间？如果德国人的此在的巨大转折没有令他们变得心明眼亮，还有什么能够赋予他们去倾听的耳朵？然而，我们企图把这句话从有必要保持为缄默的给朋友的信中截取出来投入公共领域，这可能有违诗人的意志。诗人以诗性的方式为我们保存了同样的话。

> ……许多人死了
> 古代的统帅
> 美丽的姑娘和诗人
> 而在新的时代
> 许多男人中间
> 我却孑然一身。

(《泰坦》，全集第四卷，第208页，第7行以下)

荷尔德林诗歌的基础情调是神圣哀恸、但却预备着的窘迫。它必定在对我们有所调谐之际为我们规定了那样一个位置，存在者之整体从这样的位置出发可得崭新经验，进入到结构性的力量中，并被保存在一种真切的认知中。基础情调对我们而言不能成为飘浮着的预感。我们已经思考过情调的特有的规定性和个体化作用。这种哀恸和哀怨是与"家乡的河水"(《日耳曼尼亚》,第 4 行)的共同哀恸和共同哀怨。窘迫是家乡大地之窘迫。因此,我们必须寻求河流和家乡的大地,并从它们出发恰如其分地听取诗人之道说。我们冒险尝试进入河流诗的范围,将那首题为《莱茵河》的诗挑选为首先要加以解说的诗歌。

第 11 节 总结性的插语:回退入迄今为止得到开启的领域,以此作为对讲授课规划的尖锐化规定

在前一个课时中我们开始从诗歌《日耳曼尼亚》过渡到诗歌《莱茵河》。我们对诗歌《日耳曼尼亚》作了初步解释,对于在上一课时这个解释的结尾中所说的内容,我们现在不准备再加以重复。我们尝试通过重新沉思我们的规划之整体来赢获这个过渡。这样一种沉思现在变得必然,我们借此学会去把握我们的努力在哲学层面上的真正意义。这样一种沉思现在同样是可能的,因为我们在解释路途中已然走过了一段道路,基础层面的思考因此不再空洞无物。

外在来看,两首诗歌的标题表明了一定的联系:《日耳曼尼亚》代表普遍者,而《莱茵河》代表这一普遍者之下的特殊者。尽管在这种理解中两者的联系只是得到了极端不确定的设想,甚至走了样,我们却可以从中看到一种指引,表明我们是保持在同样的作诗活动的范围之内。尽管有其统一性,各个诗歌作品的外在形态以及内在于诗歌作品的作诗活动是极端不同的,通过迄今为止所解

说出来的东西(如果终究有什么东西被解说出来了的话),这一点对我们而言必定已经变得清晰明确了。因此,从在两首诗歌作品中实现的作诗活动的角度看,"《莱茵河》是《日耳曼尼亚》的特殊者"的说明没有说出什么东西,甚至是无意义的。尽管这一点始终正确无误,亦即,莱茵河是德国土地上个别的、特殊的组成部分。在这样一条道路上,我们将绝无可能觉察到诗歌作品之间的联系及其作诗活动的一体性。

为了从《日耳曼尼亚》恰当地过渡到《莱茵河》,我们必须回退入经由迄今为止的解释而对我们开启出来的那些领域。因此,我们意图将我们的规划加以尖锐化的规定,而非重复总结迄今为止所说的内容。

可能会引起人注意的是,我们避免了对我们自己的、在解释中所实现的处理方式作出说明乃至辩护。而我们在讲课伊始就提醒说,"一般的处理方式"是以思想的方式去领会诗性之物,在此过程中不把一个哲学体系树立为标尺,甚或在诗歌中去寻觅一种哲学体系。我们还强调说,"特殊的处理方式"避免那种依次历数诗人生平和作品的单调做法,而是从实际上到最后才可以提到的东西开始——亦即从"祖国",这民族之最内在、最深远的历史性的规定那里开始。解释的目标由此立即定位到最高。而我们试图直接开拓出来的东西,虽正联系于此,却极为初步。

我们试图首先寻找到进入这一作诗活动的力量之域中去的入口,而非对诗歌作品知晓许多以便从中拼凑出一幅世界图景。我们必须首先在作诗活动的力量之域内对那样一个位置加以规定,作诗活动的力量从这一位置而来向这一位置而去开启自身并保持为强而有力的。经由我们标举为基础情调的东西,我们界划出作诗活动在形而上学层面的位置:神圣哀恸、但却预备着的窘迫。

a) 基础情调的四个本质部分

迄今为止,我们在能力范围内对我们称之为"基础情调"的普遍本质进行了解说,这种解说以防御方式进行:1. 情调,尤其基础情调,不是单纯的情感,不是灵魂体验的伴随现象。2. 情调根本不能从有关灵魂与精神的流传学说的察见方向出发去进行理解,相反,那种观入到基础情调之本质中去的目光恰恰迫使我们放弃有关人类之存在样式的通行观念,并以更加源初的方式去进行建基。为何是这样,人类此在的概念如何由此而来发生转变,在此我们无法加以表明。而兴许,从我们提到的诗歌《日耳曼尼亚》的基础情调的角度看,提供出一些我们思想的指引仍是可能的,借助这些指引我们得以来到基础情调之概念的近处。

神圣哀恸、但却预备着的窘迫之基础情调,将我们特别置入到诸神的逃遁、悬缺和到来面前,且只有这种基础情调才能做到这一点,却不是以如下方式,即我们所提及的诸神的存在在情调之中得到表象。情调并不表象什么,它令我们的此在移离(entrückt)到同(以这样那样的方式存在着的)诸神的得到了调谐的关联中。然而,当诸神贯通性地支配着历史性此在以及存在者整体之际,由移离而来的情调同时特意令我们移入(einrücken)到与大地、地域(Landschaft)与家乡的生长起来的(gewachsen)关联中。因此,基础情调同时是面向诸神的移离与入于大地中的移入①。当它以这种方式加以调谐的时候，它就将存在者开启为如此这般的存在者。而这种对存在者之敞开性的开启是如此源初，以至于我们依凭这种情调而接合与联结入得到开启的存在者中。这说的是：我们并非首先拥有从某处产生的有关诸神的表象，然后为这种被表象之物以及表象行为配上感情和情感；相反，作为移离-移入着的情调开启了一个区域，在这个区域中某物才首先特意得到表-象。

只有基于对情调的某种压制与排除，基于对情调的尝试性的、表面上的遗忘，才出现了我们称之为对事物和对象的单纯表象的东西。表象并非最初之物，仿佛通过对被表象的事物的积攒和混合，某种诸如世界那样的东西就能够堆叠而出一样。世界从本质方面来讲绝不可能以对感知到的形形色色的事物加以事后拢集的方式得到开启，抑或被粘合起来；相反，世界乃是源初的、最本己的（ureigene）先行敞开者，只有在这种敞开者之内种种事物才可能与我们相遭遇。世界之开启发生于基础情调之中。基础情调的移离着、移入着并因而开启着的力量因此同时是建基性的，也就是说，它将此在置入它的诸基础之中并带到它的诸深渊面前。基础情调为我们的此在规定了对我们的此在本身而言可敞开的位置及其存在的时间（既不是通常意义上空间性的位置，也不是通常意义

---

① 就字面而言，entrücken 和 einrücken 的词根都是 rücken。rücken 的意思是移动、开赴。而 entrücken 的字面意思是脱离-移动，einrücken 的字面意思是进入-移动。海德格尔将前缀重点标示，意在显明前者是令出离的运动，后者是令进入的运动，两者形成一种相反相成的关系。——译注

上时间性的时间)。

b)基础情调作为在敞开的存在者整体中的绽出性直临

凭基础情调的力量,人类的此在依其本质乃是在敞开的存在者整体中的绽出性直临。这是一种此在不得不加以接纳的绽出性直临,从而在其中接纳一种保存行为,保存在这样一种绽出性直临中敞开出来的存在者整体。根据这种接纳,此在以这样那样的方式在自身中保存着历史的可能性,亦即实现这种可能性或者将其挥霍掉。此在被交付给如此这般的存在者——既包括他自己所是的存在者,也包括他自己所不是的存在者。此中存在着人类此在的特出之处,亦即,他并非单单"存在着",相反,任何存在都必定以这样或那样的方式受到他的接纳、承载和引导。即便是无所谓或者遗忘也是此在将自身交付给如此这般的存在的方式。我们将人类此在的这种基础特征——只要他存在,他就必定每每以这样那样的方式与存在打交道——称为操心(Sorge)。日常所熟知的种种情感——害怕、恐惧、忧心①诸如此类——之一种并不是通过这一命名而被提升为一个形而上学概念,并从中搞出一种世界观;相反,它首先是人类的历史性此在的本质之基础经验。这种基础经验要求一种命名,而这种命名,如果它得到完成,也只有从这种本源出发才能得到把握。

---

① 此处的忧心原文同样是 Sorge。在日常德语中 Sorge 同时有忧虑、不安和操心、关怀的两方面涵义,译者随语境将前者译为"操心"(即《存在与时间》中对人之存在的规定),将后者译为"忧心"。——译注

如果我们思考一下基础情调的本质，思考其移离着、移入着、开启着并建基着的力量，就会立即明白，情调恰恰最不是主观的东西，不是所谓的人类内在之物。原因在于，基础情调与此相反乃是进入到存在者之广度与存有之深度中去的源初的移置作用。此处人类的走－入－自身(In-sich-gehen)的意思并不是盯住并料理自己的私人体验，走入的意思是走出到绽出性直临之中，从而入于敞开的存在者中。只是由于基础情调源初地具有移离和移置的作用，它才因而同样能够把此在制约和拘囿在日常最切近的存在者的圈子里，它才能够令此在在存有的表面蹒跚而行；因为基础情调每每是这样或那样的，它并非固定的属性，而是一种发生。诚然，人类此在总是得到了调谐的，无论只是以坏情绪或者恶劣情绪的方式，还是以那种独特的情绪方式，即我们了解为乏味、空洞、枯燥的了无情绪的东西。在日常生活中那种了无情绪为人所熟知，当我们在言谈中这样说：我没有什么兴致——这是无聊的原始形式，它可以一直发展为一种基础情调。因为此在——只要它存在——是得到了调谐的，情调每每只有通过一种对反情调才得以变调；而从根底上讲，只有基础情调才有能力引发变调作用，亦即此在的一种转变，这种转变相当于对进入到存在者中去的绽出性直临的完全改造，并由此对存有加以重塑。①

---

① 以上各词的原文分别为："得到了调谐的"(gestimmt)、"坏情绪"(Mißstimmung)、"恶劣情绪"(Verstimmung)、"了无情绪"(Ungestimmtheit)、"基础情调"(Grundstimmung)、"对反情调"(Gegenstimmung)、"变调"(Umstimmung)。它们的词根都是stimmen，调音、使具有……的情绪。其名词形式Stimmung的相应意思是调音、情绪、气氛。——译注

在近代思想中甚至更早,情调被视为"主观之物",最不可把捉、每每只是伴随着的东西。这并非偶然,不是心理学式眼光的单纯忽视乃至无能。之所以不是心理学的忽视乃至无能,是因为只消人们以心理学的方式观看并把人描绘为一个主体,而这个主体同样也被所谓的客体包围着(至于为何如此人们并不清楚),那么,对情调之本质的经验就始终是不可能的。仿佛主体和客体是固定的、现成的石块,在它们之间事后额外张开着各不相同的丝线,其中包括情调。情况反过来才真实。每每起着支配地位的基础情调的各自的本源性与力量,才首先开启了那样一个领域,在这个领域中人类才能区分于非人类的存在者,在这个领域中那被称作主体性的和客体性的东西之间的边界才能得到划分。如果人们在把握了基础情调的本质之后,主体的与客体的这种区分终究还能具有一种有理有据的合理性的话。

在情调中发生着进入到存在者中去的具有开启作用的绽出性直临。此中同样包含着这样一回事,人类的此在在自身中业已移置入他者的此在之中,也就是说,人类的此在只有在与他者的共在(Mitsein)中才是其所是。此在本质而言是相互共同存在(Miteinandersein),是相互拥护与反对着的存在。根据每每在起着支配作用的基础情调中得到开启的世界,以及此在建基于其中的东西的敞开性,此在发现它的地基以及它的决断与立场的领域。此在的这种交互存在依此在之基础特征而言自身乃是历史性的,并因此维系于历史之力量,由这些力量构造起来。

c) 作为一个民族的真理的基础情调。历史性此在的三种创造性强力

每每起着支配作用的基础情调以及发生于其中的存在者整体之开启，乃是对那样一种东西加以规定的本源，我们称这种东西为一个民族的真理。民族的真理是存在整体的各自敞开性，根据这种敞开性起着承载、接合与引导作用的诸力量获得其相应等级并取得协调一致。一个民族的真理乃是那种存在之敞开性，从这种敞开性而来，当民族意求着自己，意求成为自身时，它认识到它以历史性的方式所意求的到底是什么。

基础情调，而这意味着一个民族之此在的真理，源初地经由诗人得到创建。但是，以这种方式得到揭示的存在者的存有，通过思想家得到把握、接合并因而被首先敞开为存有。而以如此方式得到把握的存有，通过那种方式被设立入存在者的最终与最初的严肃之中，亦即被设立入得到调-谐的（be-stimmte）①历史性真理之中，这种方式即民族被带到自己本身面前而成为民族。这通过国家创立者对规定着民族之本质（seinem Wesen zu-bestimmten）的国家的创立而发生。然而这一切发生过程有其自己的时间，因而有其自己的时间序列。诗歌、思想、国家创立的诸种力量忽前忽后起着作用，它们根本上是不可计算的，尤其在历史展开了的时代。它们可能长时间地不被认识，相互之间没有桥梁地接连在一

---

① bestimmt 的本义为"特定的"，海德格尔将其分写以后显出了 stimmen 的词根，因此此处依从字面译为"得到调谐的"。——译注

起,却又为了彼此而起着作用,各自根据作诗、运思和国家性行动的互不相同的力量展开,并处在敞开性之各自不同的、巨大的畛域之内。这三种历史性此在的创造性强力引发了我们可以独独将伟大之名归与它的事物。

d) 历史性的东西与史学真理

一切伟大之物都是一次性的,但这种一次性有其自己的持存方式,亦即以历史性方式变化了的、经过转化的重返。一次性在此指的恰恰不是:一度现成存在,此后消逝不见;相反它指的是:曾在着,并因此在变化了的本质之展开过程的持续可能性中,在本己化运作中(Eignung),不可穷竭地一再重新得到发现并变得强大有力。

渺小之物同样有其持存性,那是一种日常的单调重复之物的麻木的顽固,它持存着仅仅因为抗拒任何一种变化,而且必须去抗拒。日常的单调同一就像本质性道说、思想和行动的一次性那样必然。而如果我们单单从日常中取得衡量历史性存有与认识的尺度,那么我们必定始终耽留在喧闹的无稽之谈里。如此一来,我们就决不能理解,比如说,索福克勒斯有朝一日也能够甚至必须以别样的方式得到解说,康德能够甚至必须以别样的方式得到理解,腓特烈大帝能够并且必须有一天以别样的方式得到呈现。日常意见认为,必定存在一个自在的索福克勒斯,一个自在的康德,一个自在的腓特烈大帝,就好像这里桌子是桌子,粉笔是粉笔。假设比如说存在一种对自在的索福克勒斯的诗歌的解释与呈现,并且假设索福克勒斯能够看到这种解释,那么他必定会认为这种解释是极端无聊的。因为他进行诗歌创作的目的并非为了一种无效而极端贫乏的模仿品能够在某处被制作出来。

那么就不存在史学真理吗？这个结论是草率的。存在史学真理。但为了把握如此这般的史学真理,把握者本人必须首先立身于历史的力量之中。如此一来他们就会知道,在话语的肤浅的日常正确意义上的"自在"的史学真理是一个矛盾。这个矛盾比圆的方更为矛盾。有关自在的历史的客观真理,这种东西充其量只能对一种绝对的精神而言才可能。但对绝对的精神而言,这种东西出于另一种理由也是不可能的,因为历史科学对它而言是多余的、具有本质矛盾的。

伟大之物有其历史性的绵延时间,因为它是一次性的。伟大之物是伟大的,因为它每每拥有超出自身的更伟大之物。而只要伟大之物每每包含着超出自身的更伟大之物,它就是伟大的。这种对超出自身的更伟大之物的拥有能力乃是伟大之物的秘密。渺小之物无能于此,它实际上以最直接、最不费事的方式与伟大之物有着最为遥远的距离。然而渺小之物只意求自己本身,也就是好好地保持为渺小。它的秘密并非秘密,而是一种把戏,一种讨人厌的诡计。这种诡计把一切和它不一样的东西都渺小化,加以怀疑,把它们弄得和它自己一样。

e) 对基础情调的唤醒作为对将来性的、历史性的存有的创建

对一个民族的历史性此在的真理的开启具有构造和塑造作用,这种开启源于并发生在一种基础情调中,这种基础情调的本源

性、清晰性、宽广深远与维系力决不能一下子产生影响。而基础情调本身必须首先得到唤醒。必须有先行者（Erstlinge）①为这种改变情调的斗争而牺牲，亦即对每每仍然起着支配作用、延续着的情调的改变。那些诗人就是这样的先行者，他们在其道说中先行言说着一个民族的将来性的存有，令其进入到民族的历史中去，而此间人们对他们必定充耳不闻。

荷尔德林就是这样一位诗人。在他最后亦即最成熟时期的诗歌创作中被唤醒的基础情调，那种神圣哀恸、却又预备着的窘迫，创建了我们将来性的、历史性的存有之形而上学层面上的位置，倘若我们的存有还对其伟大之使命有所谋求（zu-ringt）的话。民族之诸神的逃遁、悬缺与到来在这种基础情调中开启。我们的历史性此在由此被置入到最高的急迫以及一种决断之中，这一决断远远先于并高于这样的问题：基督教会不会延续，教派会不会分裂；它先于并高于所有事物，因为它是这样一个问题：民族是否以及如何将它的历史性此在建基在一种源初统一的经验之上，这种经验是对向后维系于诸神的经验，由此才能把握并保存民族的使命；它不是这样的问题，即民族作为所谓业已现成的东西如何应付流传下来的宗教和信仰。事关宏旨的是，从民族的存有而来并为了这种民族的存有，神真实显现抑或不显现于民族之存在中。这种显现必须成为一种基础性的发生。否则便只有混乱不堪以及一种没有发生力量的、拖延性的平衡假象。

---

① 这个词有头生子、初生果实的意思。——译注

第二章 诗歌的基础情调与此在的历史性　175

……但是当

一位神显现,在天空、大地和海洋

更始万物的明澈就会到来。

(《和解者,你从未相信……》,全集第四卷,第 162 页,第 11 行以下)

f) 基础情调中哀恸与欢乐间的矛盾

荷尔德林了解在他的基础情调中支配性运作着的急迫和使命的整个独一无二和艰难。参见《面包与酒》,第七节(全集第四卷,第 123、124 页,第 109—124 行):

但是朋友啊! 我们来得太迟。诸神诚然还活着,

却在我们的头顶之上,在高处的另一世界。　110

在那里他们无限地活动着,看起来对我们是否活着

留意甚少,天神却大力保护我们。

因为一个脆弱的器皿并不总有能力把握住他们,

人类只偶尔能够承受神性的丰盈。

生命因而就是他们的一个梦。但错误

有所助益,就像一次瞌睡,急迫与黑夜令人强壮,

直到英雄在金属摇篮中充分成长,

心灵携带着力量,像从前那样,与天神肖似。

在雷鸣中他们到来。此间我常思忖

不如睡去,也好过没有同伴地活着,

期候着,在此期间该做什么,说什么,

> 我不知道,贫困的时代诗人何为?
> 但是你说,诗人,犹如酒神的神圣祭司,
> 在神圣的黑夜走遍大地。

此处神圣的哀恸临界于彻底的无望和绝望。但在这一边界上实现了最深的翻转,产生了坚持在诸神之雷霆中并等待闪电闪击的勇气,亦即以作诗和先行-道说的方式将这种等待的能力植入民族的此在当中。

前此所做的有关哀恸之基础情调的解释不应再令这样的误解出现,以为此处涉及的是在无所行动中沉湎于一种无力的、普遍的忧郁情绪。作为渴求着的预备的哀恸与此完全无关。不仅如此,我们还必须注意到,在基础情调之本质中就其亲密性而言对反情调也一同被包含在其中。荷尔德林曾在一首题为《索福克勒斯》的箴言诗中(全集第四卷,第3页)对此作了澄清:

> 许多人徒然尝试,在欢乐中道说那至高的欢乐,
> 此处它最终向我道出自身,此处在哀恸中。

然而此处的欢乐之对反情调并非只是一种同样现成的对立面,而是在哀恸中实施调谐作用的欢乐,更准确地说:这种如此这般摆荡在矛盾中的调谐作用乃是基础情调的特征。基础情调每每从根底上对一切本质性的情调加以调谐,而且每每以它的方式来规定它们的地位。

g) 进入河流诗的范围内。从《日耳曼尼亚》过渡到《莱茵河》

我们现在在此致力于为这位诗人的这种道说培育相应的倾听方式,这是因为我们具有对新时代①的思想之急迫的基础经验,对新时代的思想在现实追问(亦即追问真正的值得-追问②之物)面前的未经把握的恐惧的基础经验;是因为这样一种急迫令我们得以洞察到这位诗人的急迫;是因为这样一种急迫包含诗人的那种急迫于自身之中。因此,事无巨细地作出如下保证将是多余的,亦即规定着我们让我们恰恰在一种深远的哲学之基础任务的整体关联中,与这种作诗活动打交道的,不是某种特殊的美学上的口味偏好,不是对诗人及其作品的一种外在偏爱,也不是某种程度上存在着的对这些作品加以领会的必要性。

上面所做的沉思的意图是,从我们所设定的任务的意义出发,使得从诗歌《日耳曼尼亚》到诗歌《莱茵河》的过渡能够为人所理解。如果这一过渡应当把这一任务坚持下去并加以尖锐化——而这正是这个过渡想要做的事情——那么选择诗歌《莱茵河》就只具有这样的意义,亦即对已经得到展开的基础情调加以提升,并使其变得更为丰富。而这说的是,更加切近地去把握在基础情调中得到开启的存有。

诗歌《莱茵河》属于河流诗。我们先前业已(第 90 页以下)指

---

① neuzeitlich 也有近代、现代的意思。——译注
② fragwürdig 的意思是可疑,海德格尔将其拆开,显示了字面意思"值得的"(würdig)与"追问"(fragen)。——译注

示了河流以及道说河流的意义和重要性。"家乡的/渴望着的河水"①在对历史性此在的世界的建基性开启中完成了一种本质性的业绩。参见《伊斯特河》(全集第四卷,第 221、222 页,第 49 行以下):

> ……河流不是徒劳地
> 在干涸中流淌吗。但是如何?它们应当
> 变成语言。需要一个标志,
> 而非其他,朴素又恰当,太阳和月亮由此
> 在心灵中得到承载,不可分离,
> 直向前去,日与夜同样如此,而
> 天神彼此感到了温暖。
> 他们因而同样是
> 至高者的欢乐。因为否则他为何
> 下降而来?

河流诗既非对自然的描写,亦非代表着人类此在的单纯意象。诚然从表面看来两者都起着作用,然而它们具有的是一种别样的意义与基础。个中原因在于,诗人起着创建作用的道说迫使存在者整体进入到一种崭新的筹划中:自然、历史与诸神。在这种为塑造整个存有(这种塑造是一种先行把握和先行铸造)所做的诗性斗争中,只要我们在对诗歌加以领会之际以通行的世界观念为引线,

---

① 《帕特莫斯》,第一稿,全集第四卷,第 190 页,第 23、24 行。

抑或借助比如说德意志观念论之类的哲学体系来编排诗歌,我们就必将误入歧途。

　　此处涉及的既非在一种含糊不清的泛神论中的自然、历史、诸神之各领域间不确定的相互交织,也不是将自然、历史、诸神当作精确测量好的领域和区间进行横向或纵向分层;既非对古代的世界图景的一种单纯更新,也不是将其同一种不确定的、有启蒙作用的基督教掺和在一起。此处我们必须认识到:诗人以诗性的方式经验了迄今为止的存有之真理的一种创造性沉落,亦即那年轻的事物和崭新的力量在解体中镇住了他,把他拉拽向前。但这一切是以诗性的方式发生的。因此我们不可以为,在诗人的道说中塑造成形的存有能够马上披上"哲学性"语言的外衣,从而在这样一条道路上将诗性道说转变为一种思想性的认知,并由此转变为一种对事物的有用有利的知识。

　　如果此处有什么任务等待着哲学,那么这种任务只能从其最本己的必然性出发而得到规定,亦即在希腊-德国的使命中,思想源出于这种使命从自己的本源而来进入到与诗歌及其急迫的源初对话中。我们此处的解释只是为诗人服务;它蓄意令思想性的东西及其必然性,亦即急迫,保持为未经道说。

第二部分

《莱茵河》

第二部分

《茉莉花》

莱茵河①

一

我坐在幽暗的常春藤里,那正是森林之
门户,金色的正午在那里,
寻觅着泉源,从阿尔卑斯山脉的阶梯
拾级而下,
阿尔卑斯山于我而言乃是神造,
按远古传说被称为
天神的城堡,却
仍有许多东西对人
坚决保持为秘密;因此
我不带预期地觉知
一种命运,因为我的灵魂
尚未在温暖的阴影中
在和我商谈之际,
漫游向意大利

---

① 全集第四卷,第 172 页以下。

并远渡摩里亚岛的海岸。

二

但是今天,在山中,
在银色山巅脚下,
在欢乐的绿意之中,
森林遥视莱茵河
岩石的头颅也 20
向下相隔探视,一整天,在那里
在最寒冷的深渊中
我听见
少年在悲叹,渴望救赎,父母同情地听见他发出呼号,
控诉大地母亲
和生出了他的雷霆之神,
然而
有朽者们逃离了那个位置,
因为半神的暴怒是可怕的,
莱茵河在暗无天日的 30
岩石中翻滚。

三

自由诞生的莱茵河的声音
是河流之中最为高贵的,
它所希求的有别于他上方的兄弟,

提契诺河与罗纳河
他离开,想要漫游,王者般的灵魂不耐烦地
将他推向亚洲。
在命运面前的愿望
却是懵懂无知的。
最盲目者 40
却是诸神之子。因为人类知道
他的房屋而动物也知道,
该在何处筑窝,但诸神之子
那了无经验的灵魂被赋予这样的缺,
不知道去向何方。

四

纯然起源者是一个谜。即便
吟唱也几乎无法将其揭示。因为
你如何开端,你就将如何保持,
急迫和培育
诚然作用许多,能力最大的却 50
是诞生,
以及迎向新生者的
光线。
但是,像莱茵河那样,从合宜的高处起源,
终其一生
保持为自由

并独独实现心中的愿望,

那样一人又在哪里。

像莱茵河一样,

从神圣子宫中幸运地出生? 60

五

因此欢呼是他的词语。

他并不像其他孩子一样,喜欢

在襁褓中哭泣;

因为哪里河岸首先

朝向他那边蠕动,弯曲,

并且在渴望中缠绕着他,

渴求去牵引并保护

无所深思者

用自己的牙齿,在大笑中

他撕碎了蛇并且扑向 70

猎物,而如果

一个更巨大者,没有迅即驯服他,

令他生长,他必会如闪电般,

把大地劈开,而森林会像被施以魔法者一样

随他飞去,群山共同沉落。

六

但是一位神想要替神子们节省下

迅疾的生命并微笑着，
当众河流无节制地，
却又被神圣的阿尔卑斯山阻挡，
在深处，如那莱茵河一般，朝他发怒。 80
在这样的锻炉中
所有纯净者也得到锻打，
那么美，就像莱茵河，
当莱茵河离开群山之后，
在德国的国土上静静蜿蜒
如此满足，止住了渴念
在良善的忙碌中，当他筑造着国土
父亲莱茵河，哺育着亲爱的孩子
在他创建的各个城市。

七

但是他从未，从未忘记它。 90
因为居所必定消逝，
法规，人类的日子
将变得不成形象
在这样一个人可能忘记本源
以及青春的纯然音调之前。
它是谁，首先把
爱之纽带毁坏
把它们做成绳索？

凭着他们自己的权利
当然还凭着天空之火 100
这些反抗者发出讥讽,之后
才蔑视有朽者的道路
而选择鲁莽冒失之物
力求与诸神相等同。

八

但是诸神餍足于
自己的不朽,而天神们需要
一种事物,
那就是英雄和人类
以及其他有朽者们。因为
至福者经由自己感觉不到什么, 110
必定有一个他者
以诸神的名义
参与感觉,
如果这样说是允许的话;然而他们的法庭
乃是,他把他自己的房屋
摧毁并像对待仇敌一样咒骂
至爱者并把父亲和孩子
埋葬在废墟之中,
如果有人,想要,像他们一样,并且无法
忍受不对等,这狂热者。 120

九

因此对他而言,他寻找到了
一种赐福的命运,
在那里,漫游
和受苦的记忆在安全的河岸
仍甜蜜地澎湃作响,
在这里和那里
他欢喜地望向边界,
神在出生之际
为他划定了这些边界以便居留。
然后他休憩,幸福自足, 130
因为所有他想要的东西,
天神,由他自己合围着
无所促迫,微笑着 159
如今,他休憩,这大胆者。

十

现在我思考着半神
而我必认识珍爱者,
因为他们的生命常常如此
激动着我渴望的胸膛。
但是谁的灵魂,
像卢梭,像你那样不可征服, 140

坚强忍耐，

有更可靠的感官

去倾听甜蜜的礼物，

去如此言说，他像酒神一样

从神圣的丰盈而来，愚笨而神圣地

一无法则地令最纯粹者的语言

为良善者所理解，但又合理地

用盲目性来打击无所敬重者

这些亵渎的奴仆，我该如何称呼这陌生者？

十一

大地之子，就像母亲一样，　　　　　　　　　150

满怀爱意，他们，幸运者，同样

无所辛劳地接纳，万物。

因此这也令有朽之人

感到惊讶和恐惧，

当他思考着

用爱的双臂

将其置于肩膀的天空，

以及欢乐的负担；

往往对他似乎最好的是

在那里被几乎彻底遗忘，　　　　　　　　　　160

那里光线并不燃烧，

在森林的阴影中

在比尔湖新鲜的草场上,
无忧无虑地,
初学者一般,在夜莺身边学习发声。

十二

而它是壮丽的,从神圣睡眠中 160
复活,从森林的清凉中
觉醒,在目下傍晚
迎面走向更柔和的光线,
当他筑造了群山 170
划出了河流的道路,
之后他微笑着
用它的气流,像船帆一样
引导人类忙碌的生命
那呼吸匮乏的生命,
如今同样休憩着,塑造者
向着女学徒,寻觅更多的善
而非恶,
白日朝向如今的大地。

十三

然后人类和诸神庆祝婚礼 180
所有有生命的东西都在庆祝,
而命运获得了片刻的

平衡。
而逃亡者寻找着避难所，
勇敢者则寻找着甜蜜的小憩，
但爱恋者
仍是他们过去之所是；他们
在家，那里鲜花享受着
无害的炽热，而精神环绕并吹拂着
昏黑的树木，但是未经和解者　　　　　　　　190
发生了转变而双手
急于伸出，
在友好的光线
沉落而黑夜到来之前。

十四

然而对一些人而言这匆忙
经过，另一些人
更长久地守持着它。
永恒的诸神
在任何时候都充满了生命；但是否直到死亡
一个人同样能够　　　　　　　　　　　　　200
在记忆中保留那最好的事物，
他随后便体验到至高者。
每个人有他的尺度。
因为承受不幸

是艰难的,更艰难的却是承受幸福。

一个智者却能够

从正午直到午夜

又到白日破晓

在会饮上始终保持清明。

十五

在冷杉下酷热的小径或 210

被包裹在橡树的阴影中

在钢铁中,我的辛克莱尔!神会对你显现抑或

在云层中,你认识他,正值青春时,你认识,

良善的力量而主的微笑

从未向你隐藏

在白昼,当

生机盎然者

在狂热和串联中闪现或者也在

黑夜,当万物无秩序地

混合在一起而远古的混乱 220

重新来临。

过渡性的先行说明
对一首诗歌的"最内在之物"的追问作为对在诗歌的基础情调的每每崭新的支配性运作中开启和创建存有的追问

这首诗和《日耳曼尼亚》一样,创作于1801年。它属于以《日耳曼尼亚》为尺度所作的诗歌范围。尽管如此,我们必须完全从它本身出发去尝试理解这首诗。这首诗在内容上独特的多样性(如果不说是混乱的话),已经逼迫着我们这样去做。当然,这种不可把捉和缺乏统一构造原则的第一印象只不过是假象。

从外在方面看这首诗由15节组成。把这首诗划分为如下五个部分将对我们解释诗歌整体起到帮助:1. 第一节;2. 第二至第九节;3. 第十至第十三节;4. 第十四节;5. 第十五节。对诗歌的这一外在划分只有从作诗活动而来才能得到理解,因此同样只有通过解释活动才能获得辩护。

处理了诗节划分的"最外在的东西"之后,我们追问诗歌的"最内在之物",追问基础情调,亦即追问在基础情调中自行开启并以诗性方式得到创建的存有。尽管我们颇有理由可以作出推测,基础情调是同一个,我们却不可简单地以之为基础;尤其是,基础情调的同一性指的完全不是简单的重复,恰恰相反:它总是一种崭新的展开。因此,在诗歌《莱茵河》中也不能直接经验到任何有关我们称之为神圣哀恸、预备着的窘迫的东西。

第一章　半神作为诸神和人类之间起中介作用的中心。诗歌的基础情调。半神之存有与诗人的使命

第12节　在诗人起着创建作用的筹划中对半神的本质思考

我们不得不在第十节开头那最初的四行诗句中去寻觅整首诗歌仿佛围绕其旋转的轴心。正因为如此,在现有的分节中,在第九节结尾,同样出现了第一个大的休止。参见第135行以下:

> 现在我思考着半神
> 而我必认识珍爱者,
> 因为他们的生命常常如此
> 激动着我渴望的胸膛。

"半神"——我们常常在荷尔德林后期诗歌的脉络中遭遇到他对半神的命名。

第一章 半神作为诸神和人类……诗人的使命

> ……几乎不知道如何去言说一位半神
> 他们[天神]是谁,名字是什么
> 那些带着礼物接近他的天神。
> (《面包与酒》,全集第四卷,第 122 页,第 75、76 行)

半神不是完全的神,但也不仅仅是通常的人类。

> 因为他[天父]从不单独统治。
> 并不通晓一切。总是有某人站在
> 人类和他之间。
> 天神由此
> 沿阶而下。
> (《唯一者》,第一版,全集第四卷,第 188 页,第 65 行以下)

半神——因而是之间物(Zwischenwesen)。诗人现在思考着他们。这里的思考是什么意思?它的意思并不是:思念他们,单纯地想念他们。它的意思尤其不是:"自己"想出诸如半神之类的东西,任意地设想。相反:诗人思考着作为他们之所是的他们,而且仅仅思考着这样的东西。他思考着他们的本质。而只要存在者之本质并非像各个存在者本身那样现成摆放在路上,能够被捡起来,本质之思考就是一种创造性的筹划。但这样一种本质之筹划有其自己的约束与根据,并不是来自无所约束的构想或者没有根据的念头。此外,这种思考始终是诗人的思考。筹划不是把如此这般的存有把握住的筹划,亦即在概念中①进行把捉,而是创建性的——在诗性道说中。

但是即便我们此处并不在哲学意义上理解思考,就像所要求的那样,"思考"也无论如何不是情调。我们却对基础情调展开追问。因此对上面这几句诗的指示似乎并没有给出我们所要寻觅的东西。我们充其量从中获悉了基础立场,却并非基础情调。然而,两者最终无法分割。我们将慢慢以更加确定的方式去理解这一"对诸神的思考"。我们追问的是:

1. 什么东西在此得到了真正地思考,这种思考又在存有的何种范围内活动?

2. 这种思考受到何物的逼迫与引发,它在何种处境中发生?

3. 半神以何种视角,作为何物得到思考?何种存有在此得到创建?

4. 在这种思考中("现在我思考着半神")起支配作用的是何种基础情调?

a) 在对半神的本质的追问中得到开启的人类和诸神的区分,这一追问作为对存有之一般的领域的创建

第一个问题:我们说半神是之间物,它并非完全的神,但也比人类要来得更多。因此只有当我们仿佛已经认识并知道了他们依其本质处于何种东西之间——在诸神与人类之间——之间物才能得到思考。我们由此在思想中以如下方式来计算这个之间物,亦

---

① 这里的"把握"(begreifen)和"概念"(Begriff)具有词根联系。——译注

即我们从诸神那里减去一些,又在人类那里添加一些。然而,只有当我们已经知道了诸神之本质和人类之本质的时候,这种"减"和"加"的算法才会成功。而倘若我们对此无所知晓的话,半神又该如何得到思考?诗歌《日耳曼尼亚》的基础情调告诉我们说,诸神对我们远逝而去并隐藏起来了,而我们只还能猜测到有关他们的"烟"(第25行)。我们同样不知道,我们自己是谁,民族是谁,其使命是什么。诗人又如何能够并且想要冒险去思考半神?然而兴许,诗人的思想同思想家的作诗具有最内在的亲缘关系,依据这种亲缘关系,诗人的思想从根本上不同于日常的思维和意见,后者实际上必须被理解为是对事物的一种计算,计算各种情况,计算林林总总的关系——,一种在此根本无需数字的计算。随着有意识的日常思维的不断发展成形,希腊语的λόγος[逻各斯]一词——被理解为"有关思想的学说"的我们"逻辑学"与之相关联——所说的东西就被等同于那种所谓的"计算"。而诗性的思想以及哲学性的思想与这样一种思想有着根本不同。有关半神的诗性的本质之思因而并不是通过对诸神之本质和人类之本质的相互结算来算得这一之间物的本质。那么,这一本质到底是什么?

半神——他们自己并非神,却是以神为方向的存在物(Wesen),且这一方向超出了人类——超人者(Übermenschen);而超人者又始终亚于神之伟大——亚神者(Untergötter)。我们不再把这种"超出"和"亚于"理解为距离之幅度的不确定的指数,而是理解为共属一体的方向,理解为一种追问的方向。何种追问?当我们确实对人类之本质发起追问时,我们的追问就超出了人类,因为任何一种真切的追问都超出于所问者(Befragte)。在追问人类本质之际，我们总是以某种方式思考着超人者。当我们确实对诸神之本质发起追问时，我们的追问就在作为秘密的诸神之本质上弹回并坠落。在追问诸神之本质之际，我们总是以某种方式思考着亚神者。超人者与亚神者，它们却是追问人类和追问诸神这双重问题的同一个何所问者（Gefragte）。这一同一者便是半神。谁若思考着半神，谁便活动在对人类之本质以及由此一道对诸神之本质的追问中。谁若确实对这些在自身中共属一体的问题发起追问，就必定以如此这般的方式进行追问，因为他既不知道人类之本质，也不知道诸神之本质，而为了了解这两者，他就追问半神之本质。

因此，这个问题不是一个后补性的问题，仿佛只有当诸神和人类的本质得到思考和知晓，得到确－立（fest-steht）之后，这个问题才首先出现，进而去填充缺口；相反：对半神的思考乃是决定性的追问，是具有开启作用的先行－突入（Vor-bruch），突入到超出于人类的方向上，这一方向始终只是朝向着诸神而又无法直接抵达诸神本身的方向。对半神及其本质的思考打开了通往那一问题领域的裂口，在这一问题领域中对人类和诸神之本质的追问能够作为一种得到充分发展的问题而得到追问。

对半神的追问乃是最严格词意上的决－定性的（ent-scheidend）追问，因为在这一追问中人类与诸神的区－分（Unter-scheidung）才首先成为问题。① 而思想也首先在区分中作为一种

---

① 德语中形容词 entscheidend（决定性的）的词根是 scheiden，意思为切分。Unterscheidung（区分）与其具有同一词根。——译注

如此这般的思想站稳脚跟(区分＝创建界限)。思考半神——这样一种思想恰恰并非活动在一种排除了其他两个领域(人类与诸神)的中间领域,相反:这样一种思想从根本上创建并破开了存有之领域。我们的第一个问题由此得到了回答。

b) 在家乡的边界上诗人被强迫着去思考半神,这种强迫作为向后进入到历史性此在中去的接合

第二个问题:这种思考受到何物的逼迫与引发,它在何种处境中发生?诗人在第十节的开头说:"现在我思考着半神"。为什么是现在?诗歌的开头,第一节诗,为我们给出了答案:

一

> 我坐在幽暗的常春藤里,那正是森林之
> 门户,金色的正午在那里,
> 寻觅着泉源,从阿尔卑斯山脉的阶梯
> 拾级而下,
> 阿尔卑斯山于我而言乃是神造,
> 按远古传说被称为
> 天神的城堡,却
> 仍有许多东西对人
> 坚决保持为秘密;因此
> 我不带预期地觉知
> 一种命运,因为我的灵魂
> 尚未在温暖的阴影中

10

202　第二部分　莱茵河

168
>在和我商谈之际，
>漫游向意大利
>并远渡摩里亚岛的海岸。

然而，此处得到指明的乃是诗人由之出发去眺望他所思考之物的地点，而非时间。不过，一方并不能和另一方分离，而对半神的思考的强迫力量（Nötigung）的处所，由两者共同规定。地点当然首先是更容易得到领会的。它甚至能够在地理学的意义上得到准确规定。诗人眺望着阿尔卑斯山，金色的正午从那里洒落而下。他从北方，从家乡的湖的岸边，从施瓦本海（博登湖也被称为施瓦本海①），眺望南方的阿尔卑斯山。荷尔德林在献给他亲人的诗歌《返乡》（全集第四卷，第107页以下）中以诗性的方式描绘了博登湖和阿尔卑斯山前面的景色。这首与《莱茵河》同一时期的诗歌描写了荷尔德林从位于圣加仑附近的豪普特维尔②他倒数第二个家庭教师的职位那里归家的情形。我们首先来关注诗歌第三、第四节，它们描写了从瑞士的河岸横渡到林道③的途程（全集第四卷，第108、109页）：

---

① 博登湖（der Bodensee）在近代常常沿用古称而被称为施瓦本海（Schwäbisches Meer）。——译注

② 圣加伦（St. Gallen）和豪普特维尔（Hauptwyl）都是瑞士东北部的小镇。——译注

③ 林道（Lindau）：德国南部施瓦本地区的城市（现行政分属于拜仁州），位于博登湖东岸的岛上，在德国、奥地利和瑞士的交界处。——译注

三

我曾向他倾诉许多,因为,无论作诗者沉思
或者歌唱什么,多半针对天使和他;
我曾祈祷许多,为我挚爱祖国,为的是
精神不会未经祈求就突然侵袭我们;   40
我也为你们祈祷,在祖国忧心忡忡的人们,
那神圣的谢恩微笑着把流亡者带到你们面前,
乡亲们!是为了你们,此间湖水把我摇晃,
而舵手静坐船头,赞美航行。
在宽阔湖面上,风帆下涌起喜悦的波浪,
此刻城市在黎明中绽放鲜艳,渐趋明朗,
从苍茫的阿尔卑斯山安然驶来,
船已在港湾停泊。
岸上暖意融融,空旷山谷为条条小路所照亮,
多么亲切,多么美丽,一片嫩绿,向我闪烁不停。   50
园林相接,园中蓓蕾初放,
鸟儿的婉转歌唱把漫游者邀请。
一切都显得亲切熟悉,连那匆忙而过的问候
也仿佛友人的问候,每一张面孔都显露亲近。

四

不错!这就是出生之地,就是故乡的土地,
你梦寐以求的近在咫尺,已经与你照面。

而并非徒劳地,一位漫游之人就像儿子一般,
伫立在波涛汹涌的门旁,望着你,用歌唱
为你寻求可爱的名字,福乐的林道!
这是国土上一道好客的门户,   60
它诱人深入到那充满希望的远方,
那儿有奇迹,那儿有神性的野兽,
莱茵河奔流而下,直汇平川,又夺路而去,
欢腾的山谷逶迤于嶙峋山崖之间,
从那里深入,穿越亮丽的山峦向科摩漫游,
或直贯而下,宛若白昼转换,汇入坦荡的湖水;
而你更令我心醉神迷,神圣的门户!
回故乡,回到我熟悉的鲜花盛开的道路上,
到那里寻访故土和内卡河畔美丽的山谷,
还有森林,那圣洁树林的翠绿,在那里   70
橡树往往与宁静的白桦和山榉结伴,
群山之间,有一个地方友好地把我吸引。[①]

诗人两次提及这个位置:"国土上一道好客的门户"(《返乡》,第60行),"而你更令我心醉神迷,神圣的门户!"(第67行)。对"门户"一词的着重使用指明了这样一回事,在我们的诗歌《莱茵河》中,"森林之/门户"(第1、2行)的表达不是指随便什么森林的

---

① 此段诗据孙周兴译文而略有修正(参见海德格尔:《荷尔德林诗的阐释》,孙周兴译,北京:商务印书馆,2002年,第6、7页)。——译注

出口或入口,而是进入家乡之森林的"门户"。从这一门户看去,诗人的目光从家乡出发越过湖泊直抵"阿尔卑斯山脉"(第4行)。诗人坐在家乡大地的边界上,他在"那里"思考半神。但为何恰恰是此处?这个问题无法直接回答。不过我们知道,诸神始终是民族之诸神;在民族之诸神当中,民族的历史性真理揭示并实现自身。站立在家乡国土的边界上,这有双重意义:从那里出发,诗人的渴望能够一路拂过而进入到陌生而遥远的东西中;与此同时,在边界之上,诸神必须为了家乡国土而得到接纳。诗人必须守持在边界上,发生之事才得以在他身上发生。只有在边界上才能作出如此这般的决断,什么是边界,什么是边界阙如。

诗人在对远方诸神的追思中"不带预期地"(第10行)被往后撕扯着,为的是觉知完全不同的另一种东西,并在这种觉知中思想。这样一种思想向他突袭,它不是通过人为而任意的方式强行产生的(参看《帕特莫斯》,第一版,全集第四卷,第190、191页,第二节)。对存有的思想和认识不是从诸神那里骗得的。即便最伟大的洞察,如果它不是在一种真正源起而出的思想中得到掌握的话,也始终只是一种空虚的晕眩。而突袭也并非偶然。诗人做好了准备并预备着,当他"感觉到/曾经存在者的,阴影"(《日耳曼尼亚》,第27、28行)。在向着曾在者的移离之中,并且只有在这种移离中,一种不-期而然之物(Un-vermutetes)才是可能的。只有预期着的人,其思想意向、勇气和心灵①实际地朝向某物,才能被一种不-期而然之物击中,受到它的突袭。当诗人远远地超越了家

---

① 注意勇气(Mut)和心灵(Gemüt)的词根关联。——译注

乡，亦即超越了人类存在物和此在，向着古老的诸神进行思考之际，他就处在了不－期而然之物有可能将其击中的方向上。对此可参看诗歌《漫游》的结尾（全集第四卷，第110行以下）：

> 天空的女仆们
> 却是神奇的，
> 如同一切神性出身者那样。
171
> 如果有一人想要
> 蹑脚走近，它于他便成了梦，并且惩罚，那
> 凭暴力想要与他肖似的人。
> 它常常令那人震惊，
> 他对此几乎从未想到。

　　这首诗同样包含在我们目前致力于去理解的作诗活动的范围内。如果有人想要凭机巧和计算能力来蹑脚走近它，就像走近一件可以得到掌握的东西那样，"天空的女仆们"——神性出身者就会逃遁、消融而化为乌有；抑或者，如果有人不凭机巧而是运用暴力想要攫住神性者，他便会遭到惩罚。无论逼迫还是算计，此处都行不通。造作在这里是行不通的，只能依靠在自身中确然生长着的、不那么引人注目的预备。促使人去思考半神的强迫作用从那种处在家乡的边界上而对半神"几乎无法思考"中生长起来。但这种"几乎无法思考"需要全力以赴的预备力量。突袭把飘荡的灵魂回抛向家乡以及对家乡的切近。目光被阿尔卑斯山障住，被逼向莱茵河山谷，接合入自己的历史性此在中。诗人必须在那里思考

半神。当他思考着半神的时候,他在思考什么?

c) 命运作为诗歌的基础词语。对作为半神之存有的命运的先行探究

第三个问题:半神作为何物得到思考?就思想是一种诗性之思而言,何种存有在这种思考中得到创建?当诗人不期而然地从他对遥远之物、曾在者的思忖中撕扯出来,并调转方向被撕扯入对自己家乡的思考中去时,诗人觉知到了什么?第一节诗(第9行以下)有所道出:

> ……因此
> 我不带预期地觉知
> 一种命运,

凭命运一词我们切中了这首诗的基础词语,并由此掌握了通达其作诗活动的钥匙。"命运"——这是代表半神之存有的名字。依照先前所说,对这种存有的思考必须开启一个领域,这个领域足够宽广和深远,以便去思考诸神和人类的存有。因此,我们在追踪《莱茵河》这首诗的过程中在本质性的位置和各不相同的语境关联中一再遭遇到"命运"这个词,就并非偶然。我们现在首先只通过外在历数的方式提及这些位置:

> ……因此
> 我不带预期地觉知

一种命运,

(第一节,第9行以下)

在命运面前的愿望

却是懵懂无知的。

(第三节,第38、39行)

因此对他而言,他寻找到了

一种赐福的命运,

(第九节,第121、122行)

而命运获得了片刻的

平衡。

(第十三节,第182、183行)

且完全撇开其特有的内容上的涵义不谈,这个词已然显示出一种富有特点的多义性:命运1,作为施加规定的、统治性的力量,2,作为存在的一种方式,3,作为隶属于这种存有的(这种存有处于那种力量之下)、每每得到规定的存在者。所有这三种涵义都包含在上面的文本位置中。命运意味着什么,这需要在对半神之存有的彻底思考中以诗性的方式得到言说,并由此通过语词的裹藏而将如此这般得到揭露的存有设置入民族之真理,亦即设置入其认知着的意志中。这便意味着令此种存有得到创建。这是这首诗歌的内在意志。

我们只能出于防御的目的作出先行说明，这个词从一开始就不可能意指什么。诗人并不是在"宿命"（Fatum）和"厄运"（Fatalität）的意义上思考"命运"，亦即把存有表象为处在锁闭于自身中的存在者之大全中，在一种麻木不仁而一味迂缓前进的厄运中无意志的、无知无识的漂浮。我们可以把这称为是对命运的亚洲式表象。正是这种亚洲式表象在荷尔德林的思想中已经得到了创造性克服。对亚洲式的宿命的首次克服（而且其方式是不可重复的），发生在希腊人那里，随这一民族在诗歌-思想-国家层面上的生成而一道发生。当希腊人如此这般地认识了μοῖρα[命运]和δίκη[正义]之际，上述被命名的东西就处于一种将希腊人提升起来的存有之光亮中。它丧失了其盲目的排他性，同时首次获得了非同寻常者的特征，设立界限的分派作用和规定作用的特征。此间，基础经验乃是对死亡的经验以及对死亡的认知。因此同样地，如果存有的概念没有向自己提出思考死亡的任务，那么这一存有的概念就是不充分的。

但我们不可将荷尔德林对于命运的认知与希腊人的等量齐观。我们必须学会将这个本质性的德国词语依其真正的德国内容作为对一种本质性的存有的命名来加以本质性的使用。而这同时意味着：这是罕见的。

我们对凭借"命运"一词而得到命名的存有进行了防御性的规定，除此以外，我们还可能，甚至必须去说明，为了达至一种适恰的理解，我们在荷尔德林的作诗中究竟必须从哪个观察方向上进行思考。凭借"命运"一词得到思考的乃是半神的存有——一种超出人类同时又亚于诸神的存有。而且，人之存在（Menschsein）与神之存在（Gottsein）恰恰各自以其方式应合着这种作为命运的存在，也就是说，各自拥有一种同存在的特有关系。只有当命运意义上的存有向我们发出招呼（anspricht）之际，一种依据于存在的应合（无论是朝向人类的应合还是朝向诸神的应合）才是可能的［"对话"中的应－合（Ent-sprechung）①］。

与此相反，命运意义上的存有并没有直接赋予一种同比如说一块石块的存在，一朵玫瑰的存在，一只鹰的存在的应合作用。虽则我们也将石头、植物、动物直接经验为是存在着的。然而谁敢于去说明这样的问题，这些存在者的存有是怎么一回事？石块是否像"拥有"它的广延、重量、硬度和颜色那样"拥有"它的存有？这种存有又"坐落"于何处？玫瑰和鹰的情形亦复如是。我们只能说出这样一点，而这一点也只是基于一种十分艰难的论证：石头、植物、动物存在着（sind）——但它们"自己的"如此这般的存有对它们而言是锁闭着的。而其锁闭的方式对这些存在者而言又每每不同。它们有其"自己的"存有（ein 'eigenes' Seyn），这样说却已经是怪异的了。

与此相反，就我们人类而言，我们的存有，亦即我们存在着这件事以及如何存在的方式，以一定的方式对我们敞开。而且这种敞开并不止于也并不首先是在如下意义上，即我们对这种作为可确定的、被确定下来的东西的存有具有认识，就像比如说我们对费

---

① 海德格尔把 Entsprechung 拆开为 Ent-sprechung，显示了"应合"一词中"说话"（Sprechung）的词根关联。而前面"招呼"（ansprechen）一词的词根同样是"说话"（sprechen）。中译未能显明这里说话的词根。——译注

尔德山①上有一座塔这件事具有认识一样。如此这般的东西并不触动我们。但我们的存有触动着我们,——如果我们不被这种存在所触动,我们就根本不可能存在。但是这样一种我们的存在并非一个单个的主体的存在,相反,按照先前所说(本书第 143 页)它乃是:作为在一个世界之中存的、历史性的相互共同存在。这样一种人类的存在每每总是我的存在。这并不意味着这种存在被"主体化了",被局限于分离的个体并从这种分离的个体出发得到规定;相反,它仅只意味着,这种人类的历史性的相互共同存在,最终、最先并且总是如此地穿越着决断,这些决断是没有任何人能够为其他人分担的。

我们以为是我们彻底驾驭并支配着我们的存在。在某种程度上这是真确的,但在某种程度上又同样不真确,因为我们既没有自己赋予我们自己以这种存有,我们也无法自己将这种存有从我们身上拿走。即便是在最自由的自杀中——假定那确实可以被称为是自由的话——我们诚然把存有从我们身上拿走了,但我们绝不可能从我们身上拿走它,让我们自己仿佛摆脱掉存有;因为当我们毁弃存有之际,我们也毁弃了我们自身,以至于恰恰缺失了得以脱离其存有的人②。正是在这里显示出了作为一种存在者的人类同

---

① 费尔德山(Feldberg):德国南部巴登-符腾堡州内最高的山,离弗莱堡约 1 个半小时车程。——译注

② 后半句原文为 so daß der gerade fehlt, der nun seines Seyns ledig ′sein′ (!) könnte。原文"脱离某物"的表达是形容词加第二格的词组形式(... ledig sein),因此有一个系动词 sein。海德格尔将这个系动词用引号着重标出,并且打了一个感叹号,从而强调出在这一表达中即使脱离也是一种存在的方式。这意味着根本无从摆脱存在。中译文未能显出海德格尔对这个词组搭配中"存在"一词的强调。——译注

这种存在者之存在的独一无二的关系。

就像我们所说的,我们的存在是如此这般我们被抛入其中的存在。我们不知其抛行轨道(Wurfbahn),通常和首先也没有特意将这种被抛接纳到我们的此在之中,因为我们总已经通过各种各样的办法无意识地规避了这种被抛。但是我们必定以这样或那样的方式对那交付给我们的存在负起责任。① 这意味着:我们的存在并不仅仅是被抛(Geworfenheit),它同时也是筹划(Entwurf)。在这种筹划中,作为使命和任务的被抛之抛行轨道以这种或那种方式开启或锁闭自身并发生变形。因此,超人式的存有(das übermenschliche Seyn)(根据这种存有人并不单单是人)将会成为这样一种存有,它以最高的方式将存在接纳为一种已然笼罩着它而到来的东西,也就是真正的受苦(leiden)——在一种远离任何悲苦、任何仅仅是消沉忍受的受苦中,在那种我们必须将其真正领会为激情(Leiden-schaft)②的东西之本源的受苦中。因此,这样一种依其本质乃是受它自己本身的苦(Leiden seiner selbst)③的存在,同样只能为那种具有这样一种受苦能力的人所恰当经验。这种能力也就是能胜任一种急迫之伟大的能力。然而,这样一种存有在其中敞开为命运的受苦,并不单单只是去接受一种仿佛是现成的命运的能力,相反,这种受苦是创造性的。它展开并发展了

---

① 此处"交付"(überantwortet sind)和"负责"(verantworten)具有相同的词根"应答"(antworten)。——译注

② 海德格尔将德语的"激情"(Leidenschaft)一词拆开,显示出了受苦(leiden)的词根。西文中激情(英语 passion)和受苦的意义联系植根于希腊语 πάθος(激情,痛苦),其动词形式πάσχω意思为遭受、受苦,有被动性的涵义。——译注

③ 英译为 suffering of itself。——译注

第一章　半神作为诸神和人类……诗人的使命　213

急迫。

　　只有在这样一种受苦中,命运才会攫住我们。这种命运绝不仅仅是现成的东西,而是发送(Schickung),也就是被发送给我们,其方式是,它将我们迎面发送(entgegenschickt)向我们的使命(Bestimmung)①,假设我们自身真正地把我们自己发送入其中,认识发送命运者(Schickliche)②,并在这种认识中欲求着它③。"发送命运者"这个荷尔德林更为经常使用的概念和词语有其本质性涵义,也有着一种内在联系,亦即联系于对人类存在(在出离而超出仅仅是通常的日常事物而存在的意义上)的更新与转化。对此可参看荷尔德林在 1799 年底,也就是逃离法兰克福不久后,在洪堡所写的给他的朋友埃贝尔(Ebel)医生的信。他是荷尔德林任家庭教师的那户法兰克福人家的家庭医生。我们对整封信加以引用,因为这封信在其情调和内容上就好像是专门为了澄清我们目前所处理的问题而写的一样(全集第三卷,第 458 页以下):

　　　我亲爱的!
　　　我非常感激您仁慈地许诺将来兴许会参与到我的文学尝

---

　　① 德语的"使命"(Bestimmung)一词也有规定的意思。——译注
　　② das Schickliche 在日常德语中是"合适的东西"的意思,这里根据海德格尔的理解译为"发送命运者"。对此可参看《荷尔德林诗的阐释》第 12 页上的译者注:"这里'天命性的东西'原文为 das Schickliche,按本义应译为'适宜的东西'、'得体的东西'。但海德格尔在此强调此词与'天命'(Geschick)、'天命遭送'(Schickung)的字面联系。"(海德格尔:《荷尔德林诗的阐释》,孙周兴译,北京:商务印书馆,2014 年)——译注
　　③ 注意"命运"(Schicksal)、"发送"(schicken)和"发送命运者"(das Schickliche)之间的词根关联。——译注

试中来，但您的信所给予我的真正欢乐却是另外一种。您从第一眼开始对于我的意义，自从不再见到您我所感到的缺乏，所有这些感受远甚于我在此所能表达的。

我越是学会在他们受苦的形态中去理解、忍受和热爱人们，他们之中那些卓越不凡者就越是深刻而令人难以忘怀地留在我的意念中；请允许我向您承认，我并不认识很多我能够在他们那里如此确定地追随我的心灵的人。当我追随着我的心灵，我便经常想念并谈论您，这种情况并不少。若我们能够更接近一些那有多好，而这是为了我的缘故；因为您并不需要我，或者您的需要没我那么多，而我并不知道我是否像曾经也许有过的那样会对您意味着许多。许多按我的脾性几乎无可避免地必定为我所遭遇到的经验，如此严重地动摇了我对一切给予我相当多欢乐和希望的事物的信赖，对人类的形象及其生命和本质的信赖。而宏观和微观世界（我在其中看到我自己）的不断变化着的情况，现在仍然令我感到恐惧，因为我又在某种程度上变得更为自由。这种自由的程度是我只能向您承认的，因为您是理解我的。习惯是一位如此强大有力的神，大概没有人能够背叛它却不受惩罚。我们能够如此轻易地取得与他人意见一致，当我们耽留在曾经一度在那里存在的事物上。当我们必将失去意见和习俗的协调一致之际，这种协调一致才会向我们显现出它的重要性。而一旦我们已然离弃了那些古老的纽带，我们的心或许永不再能够找到一种适宜的安宁；因为要编织起新的纽带，这件事取决于我们的部分甚少,尤其涉及到那些更精细、也更高的部分。当然,一旦编织起来,将自身提升到合宜者(Schiklichen)①和善好者的一个崭新世界中去的人类,也必定会更加不可分离地结合在一起。

我是多么乐意向您完整地说明,我离开对于您和我都向来显得珍贵无比的家庭的原因。但这样一来我必须要向您说明无限多的东西啊!我宁愿向您提出一个请求,而且现在也仍希望这样做。我们高贵的女朋友,我通过许多艰难的考验而重又找到了她,她在最好的生活中变得越发独立,在较为严酷的状况下变得越发卓越。而在我看来,为了不终至于悲哀一生,她似乎非常需要一句确定而清晰的话,来确认自己内在的价值及其未来的生活道路。而我的状况几乎不可能平静地向她表达我自己。我亲爱的,如果您能做这件事,这将是对我美妙的帮助。自己的思索,或者一本书,或者其他人们通常可能以之作为定向的东西,当然是很好的,然而一个了解其人及其处境的真正的朋友的话,能够以更多的慈爱切中肯綮,而不太会令人误入歧途。

您对巴黎的判断令我感到异常悲伤。如果是另外一个人,一个不具有这样广阔的视野,和您那样清澈而没有偏见的眼睛的人跟我说同样的话,就不会使我这样不安。我十分懂得,一种强力的命运,能够极大地塑造那些有根基的人,如何只会将那些弱者更加撕碎。我越是看到,即便是最伟大的人

---

① 注意,这个词在此前海德格尔的论述语境中译为"发送命运者"。——译注

也不能单单将他们的伟大归结为他们自己的天性,而要同样归结为他们幸运的处境,他们在这种处境中能够与时代建立起积极而充满活力的联系,我就越发地有所懂得。但我并不懂得,为何大量伟大的、纯然的形式(Formen)无论就部分还是就整体而言其疗救和帮助是如此地微小,而这一点经常使我在富有强力的、统治一切的急迫面前变得如此安静和谦卑。如果这种急迫确切无误,并且始终比纯然独立的人类的作用更加起作用,那么结局必定和生活于其中的更多的人或者个别人一样是悲剧性的、致命的。如果还有另外一种希望,那我们是何其幸运!您怎么看处于包围着他们的世界中的新的一代?———

就像谈论合宜者(Schicklichen)一样诗人还谈论不合宜者(Unschicklichen)。参见此前已经多次引用的1799年1月1日写给弟弟的信(全集第三卷,第370、371页):

我现在想要看看,从我新近对你所说的有关诗歌的内容中,我是否还能引申出一些什么。我说,不同于游戏,诗歌把人统一起来;当它真正地存在并真正地起作用时,它就产生这种统一作用,随所有形形色色的痛苦、幸福、争取、希望和恐惧一道,随他们所有的见解和错误一道,随所有的德行与观念一道,随存在于它之中的所有伟大和渺小一道。它总是一再进行统一,直到他们成为一个充满活力的、分为成千上万个部分的、亲密的整体。因为诗歌本身也正应该成为这种整体,既是原因,也是结果。亲爱的,说德国人可能需要这样一个万能灵药,这并不是真的,即便是在政治的和哲学的治疗之后也是如此;因为在清算了其他东西以后,哲学-政治的教育自身已然是不适当的,它诚然将人们维系于本质性的、绝对必然的联系,维系于义务与权利,但它如何还有助于人类的和谐?依据视觉规则而描绘出来的前景与背景还远非风景,亦即那种在任何情况下都能将自己置于自然的活生生的作品近旁的风景。但是德国人中那些最优秀的大部分仍然一直认为,只要世界是完全对称的,那一切就都会发生了。噢希腊,你随你的天才和你的虔敬一道去了哪里?即使我带着全部的善意,也只能用我的行动和思想跟跄地追随这些世界上独一无二的人们,而在我所做和所说的东西中,我经常只是越发不灵巧(ungeschikter)、越发糊涂,因为我像平足的鹅一样站在现代的水域里,没有力量高高飞往希腊的天空。不要误解我的比喻。它不合宜(unschiklich),但却真实,而在我们中间仍然可能触及这样的事,即便只是对我自己而言。

也可参见片段十四,第 12 行以下(全集第四卷,第 247 页):

噢,倘若可能
去关爱我的祖国

然而不要过于畏怯,
　　宁愿变得

218　第二部分　莱茵河

　　　　不合宜而我的生命
　　　　和复仇女神一道,向前进。

　　因为命运乃是半神之存有,半神,且向来独独是半神,就必须"依照受苦"来经验这种存在,在这样一种经验中发生自行转变,并在这种转变中将这种存在带向分解(zum Austrag bringen)。当他们以这种方式是其所是——半神——,他们的存在在自身中就是向着诸神本身的所有预感的指向。但同时在对人的指向之中,他们也是人类存有之激荡。人类存有经由这种激荡并在这种激荡中首先在其激情方面被唤醒,并被置入到给出尺度的①可能性中。我们现在以先行把握-指引的方式对作为别具一格的存有的命运所说的东西,应当至少足以去理解晚期诗歌的片段的最后一部分。片段十四,第18至27行(全集第四卷,第247、248页):

　　　　因为超出于大地变化着的是
　　　　强有力的力量,
　　　　而它们的命运攫住了　　　　　　　　　　　　　　　　20
　　　　受它之苦的人,观看,
　　　　并攫住民众之心。

　　　　因为一位半神或是

---

　　① maßgebend,日常德语意思为"标准的、权威的",这个词拆开以后字面意思为"给出尺度"。海德格尔的意思是人类存在经由半神的唤醒而进入到接纳尺度的可能性领域。英译本将该词翻译为 provide a measure。——译注

> 一个人
> 必须抓住一切,依照受苦, 25
> 当他倾听,独自一人,或者自身
> 被转变,远远预感到主的玫瑰,

我们的第三个问题,诗人从何种角度出发思考半神,由此在这一准备性的考察框架下得到了充分回答。当然,我们这么做并没有获得有关命运的概念,而诗歌并不想要也无法给出这样一个概念。但是我们所道出的东西有助于对存有之范围有所预感。这个词语在同这一范围的联系中真正地具备了命名性的力量。

对三个问题的探究:1. 对半神的思考究竟活动在何种范围内? 2. 这种思考被何物所强迫? 3. 半神从何种角度出发得到思考? 我们把这三个问题总结在第四个问题中:在这种思考中起支配作用的是何种基础情调?

d) 从与半神之受苦一道的共同-受苦之基础情调而来,对存有的创建与建基

如果我们如此这般地追问基础情调,那么我们现在必须持守在基础情调先前临时得到发展的概念上。此间首先引入的是最为本质的几点:情调乃是:1. 移离入存在者整体,2. 移入大地,3. 对存在者的开启,4. 为存有建基。

对半神的思考——我们如此听到说——作为如此这般的思考,出离而入于人性和神性的存有的相互指涉的区域,其方式是,对半神的思考尝试在它们如此这般的指涉关系中抵达这些区域,

而非定居在作为一无所谓的边缘地带的两者之间。这样一种对半神的思考的内在特征因而恰恰持守在那种领域内,亦即一种进入到神性和人性的存有本身的本质性的移离之领域。这一点告诉我们,这种思想持守于其中的起规定作用之领域与那种东西相一致,这种东西在神圣哀恸、预备着的窘迫的基础情调中自行打开并被保持为开放状态。

然而从对第二个问题的回答中我们经验到了:诗人受到这种思想以及他在其中所思想的东西的突袭。这种突袭将他带回到家乡的大地上,亦即将他移入到历史性的此在及其大地性、地方性的根基中。然而这种移入并非产生自某种任意的、不知从何处得到建议的对家乡之物和本土之物的重视;相反,进入到家乡之大地中去,以及由此进入到对在那里起支配作用的诸力量的解放(这种解放是诗性方式的创建)中去的回向接合(Rückfügung),恰恰在那种东西中并源于那种东西而发生,这种东西即移离入半神之存有,也就是移离入神性-人性的存有的中心。向着对半神的思考的不期而然的过渡,其自身乃是进入到家乡以及历史性民族[有关诸神的道说是在与历史性民族的回向联系(Rückbindung)中作出的]中去的折返与进驻。

人们可能现在会提出反对意见:在此处对半神的思考和先前《日耳曼尼亚》的基础情调那里,每一次移离和移入的领域"在内容上"当然是一致的,亦即关联着存在的诸神与家乡的大地。但是,从中——从内容上的相互一致中——完全不能表明,基础情调就是同一种,因为进入到那些领域中去的移离和移入也能够发生在另外一种基础情调中。对存有的开启方式,对存有的建基能够以另一种方式得到塑造。

而对第三个问题的回答表明:半神的存有乃是一种存有之受苦,而受苦只能在受苦中再度得到经验,也就是在一种共同-受苦(Mit-leiden)中。而共同-受苦当然既不是作为柔弱的顺从和怜悯的单纯同情,也不是那种激情从中起源的受苦的单纯痛苦①。因而只有诗人才能思考并先行经验半神,亦即半神之存有,因为他共同受这种作为存有之受苦的存有的苦,亦即他自身处于这种受苦的必然性中。半神之存有——存有者(Seyenden)整体之中心——在其中得以开启的方式,乃是受苦。但这种宏伟的、独一无二的本质性受苦只有作为那样一种情调才贯通性地支配着一个此在,亦即,作为逃遁又切近着的神性者的威临力量以及人类存在的预备着的急迫在其中同时得到开启的情调,在神圣哀恸、预备着的窘迫中。现在才越发清晰地得到显示的此种哀恸不再是"情感"中的一种,而是归属于存有之受苦。它乃是基础情调,在一种别具一格的、也就是此处排他性的意义上命运——半神之存有——在其中能够得到经验。而诗人立身于与半神之受苦一道的共同-受苦的必然性中,对于这件事他在关键性的位置(第十节,第135、136行)将其明确道说了出来:

> 现在我思考着半神
> 而我必认识珍爱者,

---

① 注意此处"同情"(Mitleid)与"共同-受苦"(Mit-leiden)的字面亲缘性;"痛苦"(Leid)、"受苦"(leiden)与"激情"(Leidenschaft)的字面亲缘性。——译注

这里"而"(Und)①的意思是:这种思想,它不期然地恰恰在现在可能临到我头上,却是源自于我最为内在、最为深广的存有。因此这种半神之存有于我而言是已知的,情况完全不可能不是如此。我必定认识它,它必定已然与我相遭遇,而我必定向来掌握着对它进行规定的条件。但此处的"必"(Müssen)还有第二种涵义,因而具有双重意义。它并不仅仅是说:半神之存有不可能于我陌生,而且它还同时表明:我不可以回避思考它的任务。诗人不可以逃避对这种存有的共同-受苦式的经验。他必须经受这种受苦的急迫。为何?

> 因为他们的生命常常如此
> 激动着我渴望的胸膛。
> (第十节,第137、138行)

诗人自己的存在迎面伸向这种半神之存有,并为半神做好了准备。这并非有时如此,而是"常常"。情调并非机缘性的,相反,这种急迫、这种必须恰恰构成了他的此在的持续性;情调乃是基础情调。

然而在诗歌《莱茵河》中,基础情调展开了一种独一无二的规定性力量。它特别将诗人先行移置入思考存在之中心(存在者整体——诸神、人、大地——在其中得到崭新地开启),思考半神之存有的任务当中。我们先前(本书第36页)听到过荷尔德林的话:

---

① 相当于英语的连词 and。——译注

第一章 半神作为诸神和人类……诗人的使命

> ……人诗性地居住
> 在这片大地上。
>
> （《在明媚的蓝色中……》，全集第六卷，第 25 页，第 32、33 行）

这话想要说的是：人类的历史性此在从根本上受到存有的承载和引导，这种存有业已由诗人先行得到经验，将其首次裹藏在语词之中并由此置入到民族内。当我们说诗人创建了存有时，我们是一体地把握了这一发生过程。这种存有之创建对西方此在而言完成在被荷尔德林称为"一切诗人之诗人"①的荷马那里。

只要半神之存在是一种受苦，那么对这种存有的创建就只能是一种共同受苦。但只要最先的东西和给出尺度的东西存在于创建中，这样一种受苦就必定总是一种先行－受苦（Vor-leiden）。荷尔德林的作品就这样伫立着，如同在我们的民族之此在中一个凝固在自身中的先行跳跃（Vorsprung）：一种对我们的存有的裹藏起来的诗性建基。

在我们的世界历史的独一无二的处境中，我们无法——而且是从根本上——预言和作出计划，荷尔德林诗歌之整体在我们历史性的使命的完成过程中，将会如何达诸语词和作品。我们只能说明这样一点：西方的历史性此在不可避免地、不可改变地是一种认知式的此在。认知的层级可能有所变更，虽则决不能被编排到一种进步序列里。即便在认知得到制约的地方，这也是蓄意地从

---

① 《论阿喀琉斯之二》，全集第三卷，第 247 页。

一种认知中发生出来,只不过这种认知尚不认识自己本身罢了①。因为我们的此在是一种认知式的此在(这种认知不可与依据知性的计算等量齐观),因此对我们而言决不再有一种此在的纯然诗性的生成,也不再有一种纯然思想性的生成,但也不再有一种仅仅是行动性的生成。所要求于我们的乃是,不仅建立起一种在作诗、运思和行动的诸力量间的恰当而持续的平衡,而且认真对待它们隐匿、山峰般的单个化,在其中经验它们源初的共同归属之秘密,以源初的方式塑造一种崭新的、迄今为止闻所未闻的存有之构造(Gefüge des Seyns)。对此可参看较晚版本的《唯一者》(全集第四卷,第 234 页,第 78 行以下):

> ……天神以及
> 活生生的东西同为,整个时间。一个伟大之人,
> 在天空中同样,渴望成为,大地上的一个。
> 世界持续而完全地存在,这永远有效。但似乎常常
> 一个伟大之人并不适合与其他伟大者
> 共处。这些伟大者仿佛永远站立在深渊边,一个在另
> 一个
> 身旁。

通过对四个所提问题的回答,这一点现在必定已然清晰:对半神的思考乃是对那种存有的创建(这种创建由神圣-哀恸、预备着

---

① 注意此处"蓄意地"(wissentlich)和"认知"(Wissen)的字面关联。——译注

的窘迫的基础情调得到规定)。从作为施加规定的中心的这种存有而来,高耸而出于这种半神之存有的诸神之存在,以及在这种半神之存有面前退守的人类之存在,敞开了自身。此处的思考不是在所与的材料上施行着区分和联结的空洞的知性行为,而是对存有的受着苦的先行理解。这种存有被经验为半神之命运——作为引发性-受苦(Er-leiden)的受苦①——,这种受苦在受苦中起作用并施以创造。然而,诗人此处远远地疏离于一种"形而上学思辨式的"、概念式的对作为如此这般的命运之本质的把握。此外,诗人说(第一节,第9行以下):

……因此
我不带预期地觉知
一种命运,

我们从中获悉两点:第一,这里涉及的并非普遍性的命运,而是一种独一无二者——"河流中最高贵的"(第32行),拥有一个"王者般的灵魂"(第37行)的莱茵河的命运。这种独一无二的命运也并非被思考为命运的普遍本质的个例,相反,这种独一无二性有其特有的历史性维度中的本质性。认为本质必须总是普遍的、类属式的,这只不过是知性及其逻辑的偏见。第二,这样一种-独一无二的命运(eine-einzige Schicksal)得到了觉知。此中首先表

---

① Erleiden 在日常德语中即遭受、受苦之意,与 leiden 相类。海德格尔此处分写 Er-leiden,突出了 er 的前缀。这个前缀有"令……发生"的意思。海德格尔似乎想以此表明这种被动的受苦包含主动成分,亦即是对受苦的主动引发。——译注

露出的是：对半神的思考作为觉知着、接受着（hin-nehmendes）、接纳着的思想乃是一种受苦。这在何种意义上，如今将会通过解释而变得更为清晰。

第13节 第一节诗。道说的开始与经验的立场。对一种命运的觉知

我坐在幽暗的常春藤里，那正是森林之
门户，金色的正午在那里，
寻觅着泉源，从阿尔卑斯山脉的阶梯
拾级而下，
阿尔卑斯山于我而言乃是神造，
按远古传说被称为
天神的城堡，却
仍有许多东西对人
坚决保持为秘密；因此
我不带预期地觉知 10
一种命运，因为我的灵魂
尚未在温暖的阴影中
在和我商谈之际，
漫游向意大利
并远渡摩里亚岛的海岸。

根据先前作出的对五部分的划分，第一节单独构成一部分。

我们在澄清诗歌的基础情调和基础意志时已经多次提及这一节。这一节将我们置于家乡大地的边界上,并且说,诗人的思忖和渴望从进入到曾在者那里去的漫游中被撕扯而出,转向对一种命运的觉知。只有在这种崭新的认知意志和认知必须性中,觉知才会向着那种东西敞开,这种东西在家乡面前——而随即也触及家乡自身——在高高的阿尔卑斯山上发生。因此情况并非是,一种所谓的自然体验——阿尔卑斯山,莱茵河的源头——规定着诗人,以诗性的方式对这些状态和事情"加以利用",将其作为另一种发生事件的象征来使用。这是如何发生的?难道不是这种发生事件已经事先得到了认识,并且作为施加规定者主导并维系着对家乡河水的河流精神的经验!

第一节的内容和任务——道说的开始与经验的立场——在整体上是清晰明确的。通过对预先提出的问题的回答,第一节的主要内容已经得到了澄清。然而尚有一些"细节"需要得到注意,这些细节最终以诗性的方式恰恰始终是决定性的,并且从一开始使塑造成形的这一节获得了它别具一格的位置。

a)狄奥尼索斯作为神性的和人性的存有的见证者

我们的注意力立即转向第一节以及整个诗歌的第一行:"我坐在幽暗的常春藤里"。为什么是常春藤?这和提到的诗人的风景和家乡完全没有特殊关联。常春藤——它的藤蔓错综缠结,带着幽暗的冲力,叶子的绿色持续渴求着生命,又冷静清凉——它是希腊农民最热爱的植物。黑森林的农民们至今仍然在他们的房间里摆有始终鲜嫩、昭示着生命和生长力的常春藤的藤蔓。当室外的大自然冻结在雪、冰和漫漫长夜之际,他们无声地欣喜于那渴求着的生命。

"常春藤"是为狄奥尼索斯所挑选的至爱。荷尔德林乐于将那位半神称为"酒神"①。"常春藤"——希腊语κισσός,而狄奥尼索斯叫做ὁ κισσοφόρος(品达:第二首奥林匹克颂歌,第 31 行②),也径直被称为κισσός。在诗歌《面包与酒》第八、第九节,第 139 至 148 行(全集第四卷,第 125 页),荷尔德林说,神选择了常春藤花冠;与此同时,他在此处给出了一个对存有(存有由狄奥尼索斯的名字得到命名)的本质规定。

<blockquote>
因而我们同样在此思及天神,他们曾经
 于此处存在并在适恰的时间折返,   40
因而歌手同样严肃地歌唱着酒神
 而颂声为古人响起,并非为了虚荣臆想。
</blockquote>

9

<blockquote>
 是的!他们有理由说,他令白天与黑夜和解,
  永恒地引导天空的星辰下降,上升,
  永远欢乐,如同常青云杉的树叶,
</blockquote>

---

① 《莱茵河》,全集第四卷,第 177 页,第 145 行。《面包与酒》,全集第四卷,第 124、125 页,第 123 行及 141 行。

② 《品达诗歌及残篇选编》(Pindari carmina cum fragmentis selectis),奥托·施罗德(Otto Schroeder)编,莱比锡,1908 年,第 13 页。

第一章　半神作为诸神和人类……诗人的使命

> 他热爱树叶,而花冠,他从常春藤上采摘,
> 因为他持留着,亲身将远遁的诸神的踪迹
> 向下带给处在黑暗中的诸神阙失者。

狄奥尼索斯将远遁的诸神的踪迹向下带给诸神阙失者。带来踪迹——将诸神的暗示继续传递给人类,在人类和诸神存有之间的在－中间－存在(In-der-Mitte-sein)。从这种在－中间－存在而来——半神方式的存有——荷尔德林领会了诗人的本质与天职。我们在那首诗歌[我们早先(本书第30页)从这首诗歌当中经验了诗人的任务]《如当节日的时候……》(全集第四卷,第153页,末节)的倒数第二节,找到了对狄奥尼索斯的关键指示(全集第四卷,第152、153页,第43至55行),而这指向了半神(命运)之存有与诗人的天职间一种深刻的关联:

> 共同精神的思想
> 在诗人的灵魂中寂静终结。
>
> 诗人的灵魂被迅速击中,长时间地
> 为无限者所了解,在回忆中
> 颤动着,而诗人的灵魂,被神圣的光线点燃,
> 果实在爱中诞生,诸神和人类的作品
> 见证着诸神与人类的歌唱做成了。
> 因而,如诗人所说,因为她
> 渴望亲眼看见神,神的闪电落向了塞墨勒的房屋

> 而那被神击中者生育了,
> 雷霆的果实,神圣的巴库斯。
>
> 因此大地之子们现在毫无危险地
> 饮用天空之火。

狄奥尼索斯是一个有朽的女人塞墨勒的儿子,她是忒拜的国王卡德摩斯的第四个女儿。在她生育儿子前,这位母亲在父亲宙斯的闪电之火中被烧死。而父亲用清凉的常春藤藤蔓在炙热的火焰前保护了他。因此通过神在有朽的女人中的生育,狄奥尼索斯见证了两者的存有①。他就是(ist)这种处于原始一体性之中的存有。狄奥尼索斯不是众多半神中的一个,他是别具一格的半神。他乃是最野性的、在生育冲动中不可穷竭的生命之肯定,他也是毁灭之最可怕的死亡之否定。他乃是魔性的迷醉力量之至福,同时是迷乱的惊恐之恐怖。他作为另一个而是这一个,也就是说,当他存在的时候,他同时也不存在;当他不存在的时候,他同时存在。而存在对希腊人而言乃是"在场"——παρουσία[在场]。这位半神以在场的方式不在场,以不在场的方式在场。② 在场的不在场者以及不在场的在场者的象征乃是面具。面具是狄奥尼索斯的别具一格的符号,以形而上学-希腊的方式理解:是存在和不存在

---

① 此句中的"生育"和"见证"在原文中是同一个词 zeugen,海德格尔在此发挥了这个词的双重涵义。——译注

② 此句原文为 Anwesend west dieser Halbgott ab, und abwesend west er an。——译注

(在场和不在场)的相互之间源初关联的标志。反过来,作为狄奥尼索斯的这一符号,恰恰也是我们对希腊人的存在经验的解说之真理性的关键证据。

现在瓦尔特·奥托①在他美妙而富有价值的著作《狄奥尼索斯》(Dionysos)(1933)中描绘了狄奥尼索斯的神话和祭仪。奥托同样——当然他没有触及关键性的、形而上学层面的联系——将上述对狄奥尼索斯的面具之本质的解说(我在多年以前借着他在这里所做的有关狄奥尼索斯的演讲的机会告诉了他)吸收入他的著作中了(第85页以下②)。参看作者更伟大的著作《希腊诸神》(Die Götter Griechenlands),1929年第1版,1934年重印第二版。

狄奥尼索斯:纯粹的半神——那种如此这般的存有本质上是不存在(Nichtsein),反之亦然。这位神,这位被称为常春藤佩戴者的神。这首思考和创建着半神之存有的诗歌以"我坐在幽暗的常春藤里"开篇。情况变得清楚的是,诗歌谈到"常春藤"并非偶然,诗人的思考和言说仿佛被作为半神的狄奥尼索斯的存有所彻底围绕和缠结。

然而去思考诗歌的这一开篇,诗歌首行,其重要性远不止于此。诗歌以如下两行结尾:

……远古的混乱

---

① 瓦尔特·奥托(Walter F. Otto,1874—1958):德国古典语文学家,与海德格尔有交往,两人曾经同是尼采全集编委会成员。——译注
② 第3版,法兰克福,1960年,第80页以下。

重新来临。

这是黑夜之存有,是混乱、阴沉的暴力和狂怒——狄奥尼索斯及其祭司们的王国——之统治。我们知道(参见第 147、148 页),荷尔德林在《面包与酒》第七节结尾(全集第四卷,第 124 页,第 123、124 行)提到狄奥尼索斯的祭司们说:

> 但是你说,他们[诗人],犹如酒神的神圣祭司,
> 在神圣的黑夜走遍大地。①

最先和最末一行诗就这样合围住整首诗歌,将诗歌的道说提升入那种为狄奥尼索斯的名字(以狄奥尼索斯的方式)所命名的存有的基础领域。我们知道,经由尼采而做出的对存有的最后、同时也为行将到来者做准备的、西方式解说,同样提到狄奥尼索斯。

b) 阿尔卑斯山脉之切近作为本源之切近

在我们这首诗的第一节中仍需进一步加以注意的东西,涉及对阿尔卑斯山脉的描绘。首先,我们不能将其视为博登湖岸边所望见的风景"全景"。阿尔卑斯山脉邻近于家乡的土地,它是"家园的炉灶"②,家乡大地的施加规定的中心,德国河流中最高贵的一

---

① 方括号中的"诗人"为海德格尔所加。这句诗在我们此前的翻译中为了阅读的可理解性直接译出了指代物"诗人",即翻译为:"但是你说,诗人,犹如酒神的神圣祭司"。——译注

② 炉灶(Herd)在德语中有"发源地、家"的意思。——译注

条的本源处所。"阿尔卑斯山脉"——它的切近乃是对本源的切近,对诗人想要持续与其维系在一起的存有的本质切近。参看《漫游》的开头(全集第四卷,第167页):

> 至福的苏维恩①,我的母亲,
> 即便是你,也同彼处,
> 更光辉的姐妹伦巴第②一样,
> 有上百条小溪流过!
> 而丰茂的树木,开着白花,也有红色的,
> 更幽深的、野性的,满是深绿色的树叶,
> 而瑞士的阿尔卑斯山脉同样洒下阴凉,
> 遮住邻近的你;因为你切近于房屋的炉灶
> 而居住,并且倾听着,
> 泉源如何
> 发端于银色的祭器而潺潺流过,
> 从纯洁的双手倒出,当
>
> 结晶的冰
> 被温暖的光芒触及
> 积雪的山峰
> 被轻柔刺激的光颠覆

---

① 苏维恩(Suevien):施瓦本的古称。——译注
② 伦巴第(Lombarda):位于阿尔卑斯山和波河的意大利北部区域。——译注

> 用最纯洁的水灌溉大地。因此
> 你生来忠诚。切近本源居住者
> 难以离弃处所。
> 而你的孩子们,那些城市, 20
> 在远方闪烁的湖边,
> 在内卡河的草场边,在莱茵河边,
> 它们全都以为,没有
> 更好的可居住的地方了。

"切近本源居住者/难以离弃处所。"(第18、19行)这一真理同时也是将诗歌《漫游》纳入我们所处理的诗歌范围的内在桥梁。这句话包含着本源之思的一种本质完成,这种本源之思稍后将与我们相遭遇(参看《莱茵河》,第46行:"纯然起源者是一个谜")。源初的归属乃是忠诚于存有的基础。对存有的忠诚是一切自行展开的、这样那样存在着的行为举止的前提。反之,谁若轻易地离弃处所,就证明了他并不具有本源,他和其他东西一样只不过是现成的存在。

阿尔卑斯山脉在此所起的作用并非作为象征性的描绘与布景,而是归属于家乡的领域。但它同时也被理解为"天神的城堡"(《莱茵河》,第6行)。诗人由此给出了诗歌所要道出的存有的一种先行解说:首先是诸神之存有——他们在自身中筑就起来的封闭与自足;其次谈到的是"阿尔卑斯山脉的阶梯"(第4行)。这种"阶梯式"的攀上爬下发生在半神所测度与拥据的存有之领域(参看《唯一者》,全集第四卷,第188页,第68、69行:"天神由此/沿阶

第一章 半神作为诸神和人类……诗人的使命　235

而下")。那种自身乃是"踪迹"的存有,是存在者的整体关联之内对道路和存在之方向的遗留下来的指示。

处于诸神、半神和人类之"领域"的存有,当然绝无可能通过对可在这里或那里所遭遇的事件和特性的感知来赢得和获取,相反,只要它源自于决断并在自身中保存着得到决断的状态,那么它就始终仅仅是对急迫的穿行而过和对各个斗争的经受。秘密保存着这样一种存有的本源乃是"由神筑造的城堡"——"却/仍有许多东西对人/坚决保持为秘密"(《莱茵河》,第7、8行)。这里的坚决并非在如下意义上,即人类只可能无所决断地接受它并在他们的此在中运用它,相反,得到决断之物每每只有在从存有之真理角度出发、对存有的带着决断的接纳中才能再次得到把握。因此当主离开了他的门徒们之后,诗歌《帕特莫斯》谈及了主的门徒们(全集第四卷,第193页,第91行以下):

> 他们仍在悲伤,现在
> 已是夜晚,带着震惊,
> 因为男人们,
> 在灵魂中拥有得到伟大决断之物,

只有当我们注意到了所有这一切,才能成功地在其丰富性中把握第一节本质性的、起到先行解说作用的内容,并由此准备好去领会向接下来的内容的过渡。

第14节 第二节诗和第三节诗。莱茵河作为命运。对其本源的倾听和对其使命的接纳

194

我们将第二节至第九节的内容划为第二部分。对整首诗歌的通达取决于对这一部分的理解。尤其是对接下来的一大部分即第十节至第十三节内容的澄清，包括第三部分与第二至第九节的对立关系，以及由此而来第三部分在整首诗歌中的位置，也同样取决于对第二部分的理解。

而我们在一开始想要对这样一件事随即保持清醒的认识，亦即，解释必须依循着一种诗性道说而进行追说与共同道说（nach- und mitsagen）。半神之存有在这样一种诗性道说中得到塑造。这种存有作为中介性的中心在自身中以双重方式联系于诸神与人类，这种存有因而虽有其本己本质却恰恰是一劈为二的。由此持续产生出对于惯常的日常思维而言的障碍和无法理解的东西，而人们却首先想要从日常思维出发来理解诗歌。

首先我们必须注意，我们所触及的并不是一种对河流及其流动的、自成一体的持续性的直观描绘。即使像第二节、第三节开头、第五节和第六节这样专门涉及和描绘莱茵河的诗节，也并非描摹性质。如果我们想要引入一种在描摹性和说明性的诗节之间的区分的话，这其实是困难的，并且最终从根本上讲是扭曲走样的。因为即使是不包含有关河流的直观性内容的那些诗节（第三节第二部分，第七节、第八节、第九节），也并非是对先前诗节中以直观

方式所道出的内容的哲学性探究;毋宁说,它每每是道说的一种延续(Fortgang),或者更好地说,是道说的来回运动(Hin- und Her-gang),这种来回运动本身呈现出所要加以道说的东西具有一种多重性的本质。

a) 论诗性的自然理解与科学性的自然表象的区别

我们知道,河流并不是代表某物的单纯"形象",而是就其自身得到意指,并且家乡的大地也随着河流一同得到意指。但家乡的大地不是某片由我们这个星球上的土地、水流、植物、动物和空气组成的,能够得到精确丈量的区域。这是从地理学到天体物理学的诸自然科学的对象领域的意义上的大地。家乡的大地根本不是近代意义上的"自然"。因为恰恰是自然的形而上学意义,natura[自然],在词语的太初命名力量中的φύσις[自然,涌现],就已经是一种对存在的本质性解释,这种解释与自然科学没有任何关系。源初的、由希腊人展开出来并带入语词中去的自然,在日后被两种陌异的力量祛自然化(denaturiert)了。首先是经由基督教,自然第一次被贬降为"受造物",与此同时被带入一种同超－自然(神恩的领域)的关系当中。接着又经由近代科学,自然被消解在了世界性交通、工业化和特别意义上的机器技术的数学化秩序的力量领域中。这些发生事件复又反弹入对科学本身的理解中,而且不止于自然科学。这些发生事件把人们引向我们今天所拥有的东西:科学作为知识取得和知识传递的组织化活动。这种活动在运行过程中是持守在所谓的自由的客观性的立场上,抑或是单纯否定这种立场,都不改变当今如此这般的科学的形态。这种自称崭新的科学之所以崭新，只不过由于它并不知道自己是多么老旧。它与自然科学①的内在真理完全没有任何关系。

因为当我们现在对我们自己提出这样一个任务，亦即在整体上达成一种"科学"之转变，那么重要的是首先了解这样一点：科学作为整体绝不可能通过科学而得到转变，更不可能通过一些仅仅对科学的教学活动加以改变的措施而得到转变；相反，只有通过另外一种形而上学，亦即一种崭新的存有之基础经验。这种经验内含着的是：首先，真理之本质的转变；其次，工作之本质的转变。这种基础经验必将比希腊人在φύσις[自然，涌现]这个语词和概念中所道出的东西更为源初。

因此如果在此处谈到河流与水，我们就必须将如今有关自然的观念放在一边——如果我们根本上还拥有这样一种观念的话。大地与家乡是以历史性的方式得到提及的。河流是历史性的。因此它不仅仅是一种从自然那里借用过来、有关半神之存有的形象，而是相反：有关这种存有的诗性之思主要先行创造出了去经验处于其所是之中的（亦即历史性的）河流与家乡的条件。因此，诗人并不仅仅是能够，而且是必须交替言说河流与命运。而他此间以河流所指的不是直观性的形象，以命运所指的也不是附加在上面的抽象概念，相反，两者是一个东西，同一个东西。莱茵河是一个命运，而命运只有在这条河流的历史中才生成。任何一种想要切

---

① 根据克劳斯特曼出版社官方网站的指示（www.klostermann.de），此处"自然科学"（naturwissenschaft）一词系释读错误，应为"国家社会主义"（nationalsozialismus）。由于问题具有一定敏感性，该网站特意上传了该页手稿的电子版供查阅。这一错误将在以后的新版中纠正。——译注

第一章　半神作为诸神和人类……诗人的使命　239

分开形象和概念的尝试都必定错失诗性的真理。

眼下的解释循着诗歌小节的顺序。而这部分的最后一节(第九节)将会自发地迫使我们进行一个往回收拢的总结性描述。

b) 第二节诗。对本源的倾听

二

但是今天,在山中,
在银色山巅脚下,
在欢乐的绿意之中,
森林遥视莱茵河
岩石的头颅也　　　　　　　　　　　　　20
向下相隔探视,一整天,在那里
在最寒冷的深渊中
我听见
少年在悲叹,渴望救赎,父母同情地听见他发出呼号,
控诉大地母亲
和生出了他的雷霆之神,
然而
有朽者们逃离了那个位置,
因为半神的暴怒是可怕的,
莱茵河在暗无天日的　　　　　　　　　　30
岩石中翻滚。

根据第一节的内容,诗人不期然地从曾在者以及在那里本质运作着的诸神的迷失中被召唤回来。在如下两者之间的界限上,亦即在自行完成的从远方的道路调转,与几乎不曾表露而出的问题即现在去向哪里之间的界限上,发生着一种形而上学层面的对此在的历史性震动。隐蔽的寻求所包含的未完成之物和未经规定之物由此获得其力量,发出其要求。对自己本身也就是对其使命的预备性的、伟大的环视(Um-sich-blicken)开始了。此在向着所寻求的使命,向保持着它的存有敞开自身。这种存有必然源初地在语词中得到遭遇,并因而在一种倾听中得到觉知。第 16 行以下:

但是今天……在那里
在最寒冷的深渊中
我听见
少年在悲叹,渴望救赎,

α)听的通行样式。诸神之带着怜悯的听与有朽者们的不愿去听

听意味着什么?也许是那种对耳朵可以通达的东西的单纯接受性的获悉?例如,我们听见钟声鸣响,因为响声传到耳边。或者,它是一种随便听听意义上的听,它或多或少无关紧要地让听到的东西拂过,并且随着这种拂过停止去听?抑或者,诗人的这种听乃是猎奇者的侧耳之听,这种猎奇者想要谋得迄今闻所未闻、未曾听取的东西,令人惊奇之物和对别人而言非同一般的东西?抑或

者,这种听毋宁是一种沉溺之听①,它浸淫在听到的东西中,被听到的东西充满并沉醉其中,在一种自我迷失中自我慰藉?这里所指的听不是任何诸如此类或者其他什么通行的样式。那么,这是何种听?

"……我听见/[被抓住的]少年在悲叹,/渴望救赎,"(第22行以下)此处虽则道出了什么被听见,却没有说如何听,听的样式。那为何我们要坚持恰恰去对听的样式加以进一步规定?我们经验到诗人听到的那个什么,这不是完全足够了吗?诚然,如果这里涉及的是随便什么听证者对随便什么事件的报道的话,确认一下所听到的内容也就可以了事了。但此处涉及的乃是诗人之听;此外,在这首诗人道说着他的听的诗歌中,诗人并非唯一一个听者。"父母同情地/听见他……"(第24行以下)少年的父母听见他的控诉和咆哮,他们"同情地"听见他。这些听者的听甚至由此得到了间接的规定。无论如何,同情是一种参与,而且是一种强势的参与。相反,诗性的听却可能只是一种对悲叹的无所参与的随随便便的听,对这种悲叹它始终无能为力。无论如何,听者——一方是诗人,另一方是父母——听到的是"同一之物"。并没有其他听者得到提及。而恰恰提及的那些"有朽者们"(第28行),他们"逃离了"。但这种"逃离"不也同样是一种听吗?诚然,它甚至是一种别具一格的听,亦即不想去听(Nichthörenwollen)、不能去听(Nichthörenkönnen)。因此有三种听者:诸神、有朽者们、诗人。②

---

① 上面的"随便听听"、"侧耳之听"、"沉溺之听"原词分别为 Anhören, Hinhören, Zuhören。——译注

② 注意此处前两者皆为复数形式,后者为单数形式。——译注

诸神的听的样式和有朽者们的听的样式是确定的,而诗人的听的样式不确定,更准确地说:对我们仍然保持为隐蔽。

β)诗人的坚忍之听(受苦)作为对处于其起源中的源初本源的接纳

我们是否可以——在迄今为止所说的有关诗人以及诸神和人类的内容之后——去推测,诗人凭借其听的样式而立身于诸神和人类之间,立身于彼处半神的位置?若果真如此,我们就不能从诸神和人类的听当中计算出诗性之听的样式——仿佛作为一种之间样式(Zwischenart)——,相反,诗人的听必须得到特有规定,我们由此才能出发去对此处诸神和有朽者们的听的样式作出规定。显然,诗人的听的样式要从诗歌整体中获得。然而解释必须旨在事先显明这种听的样式,以便我们能够以恰当的方式与诗人一道去听。因为听与听之间并不相同。许多人听到许多东西,到处去听,用他们听到的所说之物来维持自己的此在,却从未听进去什么;因为,人类必须首先被赋予听的能力(Hörenkönnen),至少是得到培育。

我们现在如何更进一步规定诗性之听的样式?有一个权宜之计。显然,诸神的听,有朽者们的听以及诗人的听针对的是少年亦即河流的悲叹、控诉和咆哮,针对的是可怕的翻滚,半神的暗无天日的暴怒(第二节结尾)。诗性之听既不可能是诸神的听,也不可能是人类的听,后两者最大程度地相互对立。诸神"同情地"听(第27行),有朽者们却逃离了,转身而去,仿佛舍弃了半神。诗人的听既非同情亦非逃离。他的听仅仅由此得到了否定的、反面的规定。如果我们没有从整首诗歌中猜度到听的正面样式,那么我们决不能凭着仅仅否定的标识达到目的。因此,我们现在以正面方式作出的解说,并非来自对同情的听和逃离的听(不听)之间的一种之间样式的否定性计算,而是来自于对诗歌整体性的、真正的真理的先行观视。然而,我们暂且蓄意地持留在否定性的划界的形式中。

诸神"同情地"听(第 27 行);我们将这种听命名为谛听(Erhören)。有朽者们的听是作为没有能力去听(nicht-hören-können)的听;他们的听乃是漏听(Überhören)和想要漏听(Überhörenwollen)。谛听意味着,它应允着它要去倾听的东西,亦即,处在束缚中的暴怒者获得了自由。诸神让在自身中首先被束缚住的本源开始涌流,如此这般的本源由此被转让给了它自身。漏听却从被束缚住的本源那里,继而从本源之一般那里转身而去。有朽者们逃离本源,想要忘记本源,回避本源之可怕,仅仅耽留在已然起源的东西那里,不去思考如此这般的起源本身。如若他们对已然起源者加以考虑,那么,他们便从由本源起源的东西出发来对本源加以说明。效果和用处变成了本源的尺度。本源所受到的重视仅仅等同于此间源起而出的东西;而这是说,根本上本源总是比那种源起而出的东西更少受到重视。有关本源的日常思维独独只知道这些。

诸神那一方的谛听和有朽者们那一方的漏听是本源在其中被听到的两种截然不同的方式。但这两种方式的一致之处在于,两者都将本源委任给它自己本身,尽管其形式不同:一方赋予它以自由,另一方将其遗忘,把它推开。两者各自以其方式让本源涌流。

那一方协助本源之涌流；这一方"任它涌流"，亦即放弃它，并不回到它，调头离去。

但诗人并非神，他无法赋予本源以自由，他的听因此也无法成为一种谛听。而诗人也不只是像日常人那样，他无法以有朽者们的方式去听，亦即他无法想要漏听本源。他的听经受着被束缚住的本源的恐怖。这种经受中的听乃是受苦。然而受苦乃是半神之存在。参看片断十四，第23行以下（全集第四卷，第248页）：

> 因为一个半神或者
> 一个人，
> 　必须依据受苦，来把握一切，
> 　当他独自聆听之际，

在作为受苦的经受着的听之中发生着那种觉知，这种觉知独独与被觉知之物——"现在我思考着半神"（第135行）——作为受苦的命运——，相适恰。因此对本源的经受着的听是一种对尚未涌流的本源的听，那种本源恰恰还被束缚在源起之中，因而作为本源还完全处在自己本身那里——源初的本源。诗人所听的乃是这样一种本源。他的作为经受的听因而乃是对作为如此这般的本源的源初觉知。这种经受着的听首先觉知的是这样一回事，有一种源初的存在在此以支配性的方式运作着。经受着的听倾听着如此这般被束缚住的本源。因此经受着的听首度"设立"起（hinˊstellt）彼处真正所发生的东西，彼处"存在"（ist）的东西。这种有所取得、有所设立的听首度将所听之物带入语词的鸣响之中。它创建着——如同道说。原因在于，道说与听在本质上相互归属，它们共同承载着那种对话的可能性。而我们知道，这种对话构成了我们此在的基础特征（参见第68页以下）。

经受着的听凭借内在的耳朵而持留于近旁。持留于何处的近旁？持留于本源，持留于它的如此这般的涌流，亦即，持留于它真正所是(ist)之物及其方式近旁。经受着的听所听的不是作为单个物的这个或那个，而是去听在所听到的东西中真正持存的是什么，构成其持存的是什么。这样一种听事先就超出偶然之物而悉心听取(heraushört)。作为这样一种先行悉心听取(Im-voraus-heraushören)，经受着的听乃是作诗着的听(das *dichtende* Hören)①。诗人在这种听之中所听到的东西及其方式，在经受中首先发－展(ent-wickelt)②为存有并自行带向语词，而语词复又在将来立于民族之中。这样一种语词在自身中庇藏着有关源初本源的真理。然而，就像仅仅源起而出的本源并非本源，仅仅被束缚住的本源也不是本源。毋宁说，本源的完整本质在于处于其起源中的被束缚住的本源。然而，起源本身首先在整个河流流程的流动之中才成其所是，它并不局限于流程的开始。整个河流流程都归属于本源。只有作为处于其起源（作为已然起源者）中的被束缚住的本源，本源才得到了完全地把握。

---

① dichten 除作诗之外有更广义的创作之义，与希腊词 ποίησις[制作，产出]相通。这里形容词化的 dichtend 一词表明了这种听具有创造性、生成性，不单纯是被动去听现成的东西。——译注

② 海德格尔这里将"发展"(entwickeln)一词拆开，显示了这个词由前缀 ent-（反对）与动词 wickeln(卷绕)构成，拆开后字面意思为从卷绕中展开出来。——译注

这一整体乃是诗人所听到的东西。如果说诸神在其谛听之中让本源涌流,那么与此相对,诗人的听作为经受着的听乃是共同涌流着的、令涌流更进一步摆荡开来的听。河流的整个存在在这种听之中得到源初经验。然而作为经受着的听,它同时也是那种听和道说,这种听和道说有朝一日会对那些首先不愿去听的人们成为不可-绕过的(un-umgänglich),并最终强迫性地把他们吸引到自己身边。

诗人以何种方式听,这一点如今凭此已然足够清晰了。而诗人所觉知到的是什么,其中的本质之物也一道业已向我们显明了。根据第一节我们得知:诗人的思想和道说乃是"对一种命运的觉知"——作为半神之存有的命运。如今变得清楚的是:对于对这种存有的觉知着的理解具有决定性的是,对处于其起源中的源初本源的有所听的认知。对命运之本质的追问即便不是唯一也是本质性的,它是对如此这般的本源之本质的追问。诗歌反复提及本源,这无需惊奇。诚然(第四节,第46、47行):

纯然起源者是一个谜。即便
吟唱也几乎无法将其揭示。

但是吟唱——诗歌——仍然最易于达成这一点。它作为有所裹藏的道说更甚于作为有所揭示的道说,因此它是任何其他东西,唯独不是一种持续的讲述与描写。这首诗歌中的道说形式,诗节顺序的内在构造,可以被视为是属于诗人所创造的作品中最伟大的行列。这种道说只有从源初的听的立场出发才能得到共同道说,反之亦然。

第二节说的是:父母听见了他,暴怒的半神,并且带着同情,亦即他们让他涌流。他现在"是"(ist)源起而出了的。诗人所听到的东西"是"(war)仍然被束缚住的河流的悲叹,在其涌流之前然而又迫切地趋向这种涌流的本源。

c) 第三节诗。本源,本己意志,命运。对使命的接纳

三

自由诞生的莱茵河的声音
是河流之中最为高贵的,
它所希求的有别于他上方的兄弟,
提契诺河与罗纳河
他离开,想要漫游,王者般的灵魂不耐烦地
将他推向亚洲。
在命运面前的愿望
却是懵懂无知的。
最盲目者
却是诸神之子。因为人类知道
他的房屋而动物也知道,
该在何处筑窝,但诸神之子
那了无经验的灵魂被赋予这样的缺,
不知道去向何方。

由于河流已然源起而出,它整个当前的流动现在也已经现身于眼前。从这种当前而来,本源看上去像是一种过去了的东西。所以它在过去的形式中得到谈论:声音"曾是"(第32行),他"曾希求"(第34行),他"离开了"(第36行),灵魂将他"推向了"(第37行)①。

α)在河流流向的翻转中对真正的存有的居有

源初的、先前被束缚住而如今得到解缚的奔涌,在其得到解放的奔涌方向中得到概观。河流在流向上的形态由此显出了某种至关重要的东西。一开始指向东方的流向,在如今库尔②这个地方突然转折,朝向北方遥指德国的疆土。这一折断是对从本源而来在迫切的意志中矗立着的东西的突然背离:向东方去。亚洲、小亚细亚、伊奥尼亚、希腊,这是躁动不安的、巨大而优越的、思考着整个存在的灵魂(亦即王者般的灵魂)渴望从中希求实现的整个古老世界。这不同于经由流向的翻转而被指派给它的另一种东西。从本源而来在源初的意志中矗立着的东西,并非作为东方的东方,而是作为那种存有,河流在其本源中必定独独将这种存有视为是适恰于自己的王者特性的,作为那种东西,这种东西独独能够允诺河流对其本质的实现。此外,不耐烦的漫游者被逼迫着朝向它的这"另一种东西"并非陌生之物,因为根据诗人的意见在古老时代德国族裔已然漫游至彼处。参见《漫游》,第三节(全集第四卷,第

---

① 请注意,在这首诗歌的原本中译中,考虑到诗歌的整体流畅,并未突出过去式的时态。此处依海德格尔的解说而特别翻译为过去式表达。——译注

② 库尔(Chur):瑞士城市,格劳邦顿州(Graubünden)的首府。库尔被认为是瑞士最古老的城市。莱茵河经过库尔后开始往北,朝德国的博登湖方向而去。——译注

167、168页）：

> 但我想要去往高加索山脉！
> 因为我今天在气流中仍然
> 听到说：
> 诗人，宛如燕子，是自由的。
> 在更早先的日子里有一人
> 原本同样信任过我，
> 这是在古老的时代之前
> 父母们，德国族裔，
> 静静地在多瑙河的波浪中前行，
> 在那里与太阳之子一道
> 在夏日，那时他们
> 共同寻觅着阴影
> 来到黑色的大海边；
> 而这被称为好客的
> 并非没有理由。

希腊人自身是一个同宗同源的民族，在自身中具有朝向本源（源初的东西被逼迫向它）、朝向同样的存有的同一种原始冲动。希腊人：迄今为止那树立尺度与等级秩序的民族，无法设想它脱离开西方的历史；但是，如今的历史性此在也无法返回到它那里去，就像河流无法返回其源头。这一源初的河流流向自身发生了弯折。然而这一折断对已然起源者而言并未演变为一种碎裂。如果

250　第二部分　莱茵河

已然起源者仅仅固执于它一开始的流向,并且此后被逼迫入一种纯然的敌对意志之中,折断就必定会演变成碎裂。这样一种敌对意志只会是对单纯愿望的自我固执。这不仅无用,它还首先造成欺骗,以为居有了真正的存有。

> 在命运面前的愿望
> 却是懵懂无知的。
> (第38、39行)

这说的是:在愿望中的单纯僵持,亦即僵持在那样一种奋争之中,这种奋争无法得到实现或者自己并不涉入实现与否的问题,这无能于去接纳如此这般的命运,也根本无法理解在那里迎向它到来的东西是什么。这样一种愿望看起来诚然正是要去把握住源初的使命,但这仅仅是一个假象。这样一种愿望恰恰是那种始终无法将命运承担起来的、对命运的背离。它是那种渺小的执拗,是真正的自立的幻觉,命运经由这种幻觉而被推远了。命运被接纳为存有,并且存在本身自行转变为受苦,为此,无论是对一种愿望的有所愿望的僵持,还是(仅仅带有放弃性质的)限制在每每狭隘而斤斤计较的行动上,都不充分。

β) 诸神的盲目作为使命的丰盈

> 最盲目者
> 却是诸神之子
> (第40、41行)

人们首先会想要紧接着前面的诗句依此方向去理解，亦即，诸神之子最为懵懂无知地面对着命运，因而程度最高地固执于单纯的愿望，并因此在最深的根基处将自己排除在那样一种可能性之外，亦即，将一种命运接纳为自己的存有的基础特征，以命运性的方式去存在的可能性。然而，情况恰恰相反。莱茵河——这位半神——恰恰是一种命运。因此"最盲目者/却是诸神之子"并不可能意味着：诸神之子是完全懵懂无知者，因而完全地、唯一地在空洞的愿望中蜷缩在自身内部。诸神之子恰恰不是如此这般。当然，这绝不排除这样一点，亦即，诸神之子以一种独一无二的坚决主张着他们的本源。因此，随着第40行"最盲目者却……"必定开始了一个全新的、诚然也有点奇怪的思想，这个思想并非应用意义上的对前此诗句的推进，而是通过"却"这个词被放在了前此诗句的对立面上。这个"却"字具有如下意义：最盲目者却当然是诸神之子。然而这一点包含着尚未表达出来的过渡性的、处于背景中的思想；但却不是仅仅愿望者。这一崭新的思想与紧接着的第41行关联在一起：

……因为人类知道
他的房屋而动物也知道……

人类的精通以及处于其各自范围内的动物行为的确定性，表明自己是这样一种无法拥有命运的存有。从中可以明确的是："最盲目者/却是诸神之子"这一思想要说的并不是：诸神之子无法接纳如此这般的命运，情况正相反。命运"却"恰恰对于最为盲目者而言才成为存有。这种盲目的过度并非缺陷,而是在使命方面的丰盈之优势。本源越具有其高度,对本源的坚持就越不是一种偶然的执拗和单纯愿望(这种单纯愿望绝没有办法超出懵懂无知的状态)的单纯凄惨。本源越具有其高度,本己意志①就越具有源初性,亦即越深远、越无所不包。而本己意志独独能提供出阻力,它作为敌对意志创造出一个对立冲突的领域,并因此创造了一个危险的区域,同时也创造了将敌对而行者接纳入对抗意志之中的条件。而这说的是:为一种存有受苦,并因而每每将自己发送到一种命运发送过程之中②,成为命运。

只有自身具有本源性的伟大之物才拥有命运。这种伟大之物诚然会由道路方向的翻转而被折断,但却不会被摧毁。在方向的断裂和折断中伟大之物接纳了使命,并且独独能够根据本源而接纳使命,在受苦中承受使命。因为倘若本源并不持续作为它所是之物源起而出,那么在其开初经行过程中被折断之物同样不会继续流淌,并因而不会再成其为河流。

半神并不知道去向何方。这种不知道去向何方与那种单纯的愿望并无共同之处,因为那种愿望确实知道它所愿望的是什么,但它并不知道它所意求的是什么以及它是否有所意求。与此相反,半神的不知道并非源自一种空洞的手足无措,或者一种无意求的精疲力尽的荒凉,而是源自使命之过剩,尚不能驾驭的能力之尺度缺失。他们的意志乃是过度意志(Überwille)。

* * * *

---

① Eigenwille 在日常德语中的意思是固执,此处根据海德格尔的解说按字面意思翻译。——译注

② 注意"发送"(schicken)和"命运发送过程"(Schickung)的词根联系。——译注

第一章　半神作为诸神和人类……诗人的使命

用小小的算计和手腕来招摇撞骗，对半神来说这是一种太过渺小的东西。他们并不懂得那种渺小的野心，这种野心每天餍足于日常的成功，并通过它的技巧获取能够带来新的饥饿感的崭新需求。他们并没有兴致去和渺小者共同创造历史，抑或去战胜最渺小者。他们并不掌握诡计和曲里拐弯的东西。对他们而言，推动不可避免的日常事物，将它们恰当地进行编排，所有这些必然的、且从本质上讲是必然的事物，都是不熟悉的。他们的灵魂是"了无经验的"（在算计的领域，在对一种不受阻碍的四处通行和一往无前的日常性确保的领域）。因为，半神是从他们的源初本源那里取得他们的目标及其意志与担当，而不是从事物的惯常活动过程，不是从那种浮于表面、任何人都触手可及的东西那里。他们的行动和受苦根本无法在现成事物那里得到确证，现成事物始终是他们的对立面。根本而言，他们的存在的真理无法具有一种适恰的确证，因为如若这样一种东西出现，那么他们的存在就已然丧失了优越性，变成了通常之物，且被弄得渺小了。

在命运面前的懵懂的愿望是那样一种人的风格，他们逐求于算计和一目了然，并把自己的存在置入无所疑问的东西的确切可靠之中。对他们而言，一切追问都是扰乱，因而从一开始就是错误的。答案更加令人舒适因而是真实的，即使答案是对仅仅伪装成问题而出现的问题的回答。愿望以及——与此等同的——在达成了的愿望中的餍足，在命运面前是懵懂的，它并不理解命运。命运只有通过如下方式得到理解，亦即，它作为任务在一种意志中被意求，这种意志的本源始终是一种过度意志。我们对第三节的解说首先就做这么多。

γ）源出于丰盈的半神之缺

现在，当然还需要对第三节结尾的一个词语作出明确澄清，这个词仿佛从一开始就将我们的解说化为泡影。荷尔德林称这一"不知道去向何方"——这种最高的盲目——为"缺"（第44行）。这种缺被赋予半神了无经验的灵魂。但此处的缺并非单纯的错误、瑕疵或者损伤。荷尔德林经常使用的这个词，诚然指的是一种错失，但这种错失总是来自于强大、饱满和丰盈，而非弱小与贫乏。参看《唯一者》（全集第四卷，第188页，第70行以下）：

> 而爱
> 维系于一人。这一次
> 吟唱过多地来自于
> 我自己的心，
> 而我想要用最切近者，将缺
> 补完
> 当我仍然吟唱着另一个。
> 我从未如我所愿，切中
> 尺度。

诗人此处提及的是基督徒的上帝，他提及的方式就仿佛他是"唯一者"（标题）。但他并不是，而诗人必须根据自己的使命"仍然吟唱着另一个"，并由此将缺补完。

近来有这样一种潮流，亦即将荷尔德林表面上对希腊世界的背离,解说为调头转向家乡,转向基督教。就像这个文本位置单单业已证明的,这种解说完全错误。这种解说隶属于如今已经变得如此机敏的护教学,它只还说着尼采式的语言。人们今天还在布道坛上将基督称为领袖(Führer),这不仅仅是谎言,而且比谎言更为恶劣,是对基督的亵渎。真实的、向来独一的领袖在其存有中指向半神之领域。成为领袖(Führersein)是一种命运因而是有限的存有。但是根据尼西亚会议的决定,对于教会教义而言,基督乃是 deus verus ex deo vero[从真神那里来的真神]——consubstantialis patri[与父等同]——ὁμο/ούσιος τῷ πατρί[与父等同],与父本质等同,而不是ὁμοιούσιος[相似],本质相似。但以上仅仅是插入性说明,为了消除当今无所思想的处境下不断增加的概念混乱。

只有提及基督徒的上帝之际,诗人才谈到一种缺。这种缺是对尺度的未曾切中意义上的,而未曾切中是源自于过度和过度意志。更进一步还可对比《诗人天职》一诗的最后两节(全集第四卷,第147页):

> 变得太过智慧,这同样是好的。
> 感谢识得他。然而他无法轻松地单独将其保持,
> 　诗人乐于被推向他人,
> 　　他们由此懂得了相互帮助。　　　　60

> 但男人无畏地在上帝面前寂然一人,
> 　他必须如此,单纯保护着他,
> 　　无需武器也无需

诡计,直到上帝之缺有所帮助。

此处再次涉及与半神的存在具有最内在亲缘性的诗人之道说。这首诗同样在一开始提及狄奥尼索斯,并且在迄今为止未曾论及的方面与《莱茵河》具有一种本质关联。

"……直到上帝之缺有所帮助。"这说的是什么?无论如何,此处的"缺"是上帝之缺,而且这种缺甚至有所帮助和援助。从这一双重规定中已经可以发现,缺同样并不意味着欠缺和单纯的不完满。尽管如此,这个词的意义并非一目了然。在一个草稿中诗人说(全集第四卷,第332页):"而无需名望,也无需武器,只消上帝不缺",而接下来的一句是:"只消上帝始终切近于我们。"这两句的意思是清楚明确的,但并没有帮助我们澄清终稿。而终稿似乎恰恰说出了完全相反的东西。在草稿中说的是:上帝的不缺和切近始终如是,而现在终稿说的是"上帝之缺"有所帮助。海林格拉特在如下意义上理解此处文本(全集第四卷,第331页上方):现在——这是1801/1802年,我们此处的作诗活动的时间——对诗人而言毋宁说是有所帮助的,当神性者并不特别强烈地逼迫他。现在,在诗人"比他所能经受的,更多地受到诸神[逼迫]"[①](1801年12月4日致波林多夫信,全集第五卷,第321页),诸神之缺比起他们的在场而言更加"有所帮助";缺 = 不在场(参见第230、231页)。我认为这一解释是不正确、不可能的,理由有如下两点:

[①] 此句原文为 mehr von den Göttern ward, als er verdauen konnte, 逼迫一词由译者为补足语义所加。——译注

第一章 半神作为诸神和人类……诗人的使命

首先，在荷尔德林那里"缺"指的并不是不在场意义上的缺失，相反，和前面提及的文本及《莱茵河》一样，它的意思独独是：无法切中。其次，海林格拉特的解释完全脱离开了最后两节诗而且首先是整首诗的内在语境脉络。诗人说："变得太过智慧，这同样是好的"（第57行），也就是说，需要一种认识上的过度，这种过度并不仅仅是在"量上"，而且依其样式而言既不同于，也优越于如下那种认识：

一切神性者已然太久地被利用，
　而一切天空之力丧失了，耗尽了，
　　这些良善者，一个狡猾种族
　　　不懂感恩地只图乐趣，这个种族错误地以为有所
认识，

当崇高者为他们犁好了耕地，
　白昼光线和掷雷者，
　　望远镜清楚地窥探着他们，清点并
　　用天上星辰的名字命名。

（《诗人天职》，全集第四卷，第146、147页，第45行以下）

第二章　进一步深化的重述。
　　　诗歌与历史性此在

我们致力于理解荷尔德林作诗活动的进程,这一进程在解释诗歌《莱茵河》第三节之际中断了。我们准备再次接上中断处。但是,为了以合适的方式回到中断处,我们需要有三重准备:

1. 真正的任务必须重新来到我们内在的目光之前。

2. 我们解释诗歌的运动过程的基础特征必须为了我们而再次得到规定。

3. 最后搁置起来的探究活动必须直接再度得到发动。

用简洁而公式化的方式来说,重要的是再次去认识如下三点:1. 整个讲授课的一般性的东西,2. 课时安排的特殊性的东西,3. 最后一课时的细节。眼下我们无法对说过的东西进行完整复述,但此处也不是一个简短汇报。相反,我们以一种更加自由、自成一体的呈现方式来突显本质之物。

第15节　讲授课的任务:移入到诗歌的
　　　力量之域中并开启其现实性

为了诗歌所是之物而在我们的历史性此在中首先再次创造出

空间和位置,这始终是讲授课的目标。这只能以如下方式发生,亦即,我们将自己带入到一首现实的诗歌的力量之域中,并且朝向其现实性而开启我们自身。何以我们为此在这里选择了荷尔德林的诗歌？这一选择不是在众多现成诗人之中进行任意挑选。这一选择是一个历史性的决断。关于这一决断的本质理由有三点需要提及:1. 荷尔德林是诗人之诗人,诗歌之诗人。2. 与此联系在一起的是,荷尔德林是德国人之诗人。3. 因为荷尔德林是如此这般隐蔽而艰难的,是作为德国人之诗人的诗人之诗人,因此他尚未成为包含在我们民族的历史之中的力量。因为他尚且不是,因此他必须去成为。此处一道发生作用的乃是最高的、本真意义上的"政治"(Politik),谁若在此处有所作为,并不必要对所谓"具体政治事务"(das Politische)有所讲论。

a) 对诗歌之本质的创建并将此在建基于诗歌之上。诗歌作为一个民族的元语言

但是诗人之本质存在于何处？荷尔德林本人在其诗歌《追忆》的最后一行诗句中(全集第四卷,第 63 页)给出了回答:

而持存之物,诗人创建。

持存者(das Bleibende)乃是存在者,而存在者经由其存有而存在。诗人是存有的创建者。创建与创建活动(Stiften und Stiftung)[①]在这里包含双重涵义:一方面,创建(Stiften)指的是将尚

[①] 这两个词实际上没有区别,前者是直接将动词作为名词来使用,后者是通过名词化的词尾形式将动词名词化。而海德格尔在下面对这两个词进行了特定的区分。——译注

未存在的东西在其本质中先行筹划而出。这种作为作诗的创建乃是一种道说,就此而言,它同时指的是:将筹划活动带到语词之中——作为道说和得到道说的东西,将道说(die Sage)①设立入一个民族的此在当中,并由此将这种此在首先带向站立,为这种此在建基。(参见《民族之音》,全集第四卷,第一版,第 139 页以下,第二版,第 142 页以下。)另一方面,创建活动(Stiftung)指的是:将那种仿佛是先行得到道说、得到建基的东西作为持续的记忆而进行保存和拯救。这种记忆是对得到开启的存有之本质的记忆。一个民族必须一再以崭新的方式思及这种记忆。②

215　　而以如此方式在诗歌中得到创建的存有,总是包围着存在者整体:诸神、大地、人类以及处于其历史中的人类——作为历史,也就是作为民族。我们现在暂且不对作为创建的诗歌之本质进行更为细致的谈论,而是想要以直观的方式从诗人本人那里去获悉我们所说的东西。对此我们选择了荷尔德林《恩培多克勒》中的一处文本。这篇诗作只是一个残篇。我们拥有这篇诗作在不同阶段的修改本。我们所征引的文本来自第一版第二阶段《恩培多克勒之死》(全集第三卷,第 78、79 页)。维斯塔③的两位女祭司,潘忒亚(Panthea)和瑞亚(Rhea),在西西里岛上亚格里艮(Agrigent)(即恩培多克勒的家乡)的恩培多克勒花园中,谈起了作为思想家和诗人的恩培多克勒。

---

① Sage 在日常德语中是神话、传说之意。——译注
② 注意,此处"思及"(hindenken)和"记忆"(andenken)的词根都是"思"(denken)。——译注
③ 维斯塔(Vesta):罗马神话中的健康和家庭女神。——译注

第二章 进一步深化的重述。诗歌与历史性此在

潘忒亚:
我思考着他——关于他还有
多少可思考的?啊!若我
把握住了他,那会怎样?去成为他本人,这便是
生命,而我们其他人是生命之梦。——
他的朋友帕萨纳斯(Pausanias)也对我讲述了
很多有关他的事情——这位少年每天都
看见他,而约维斯(Jovis)的鹰
并不比帕萨纳斯更为骄傲——我深信这一点。

瑞亚:
亲爱的,我不能去斥责你所说的东西,
但我的灵魂却为之出奇地悲伤
我既和你一样,想要去成为他,
又不想去成为他。在这个岛上你们
都是这样的吗?我们同样
对伟大的男人充满兴趣,而其中之一
现在是雅典女人们的太阳,
索福克勒斯!在所有有朽者之中
少女们最美妙的自然首先向他显现
并将自己作为纯然的纪念
赋予他的灵魂。——————
——每个少女都希望,成为美妙之意念,并乐于
将永远美丽的青春,在它枯萎之前,

拯救入诗人的灵魂中,
她们询问着、思索着,城邦的少女中
谁是在他的灵魂前飘过的,被他称为安提戈涅的,
最温柔的女主角;而当诸神之友
在明朗的节庆日子走入剧院,
我们的额头满是光华,
而我们满心欢喜无忧无虑,
而良善的心在痛苦撕裂的尊崇之中
永不失去自己。——

　　雅典少女们的存有,以"自然",φύσις[自然,涌现]为基础,在索福克勒斯这位诗人面前首度闪耀。他以作诗的方式筹划着这种本质,在得到塑造的典范中将这种本质拯救为持留着的记忆,永远地创建了这种存有。而题为《安提戈涅》的索福克勒斯诗歌,乃是对整个希腊此在的创建,因为作为存有之筹划(扎根与拯救)的诗歌在诸神的样貌面前将人类的此在建基于大地上。诗歌作为对如下可能性的基础的创建而起作用,亦即,人类根本上在他们和诸神之间定居于大地上,而这也就是成为历史性的,能够成为一个民族。定居于这样一个基础上的人类,此后所促进和抓取的东西,可能会算作他的业绩。但他真正的存有——根本上的定居,始终存在于地基上——这种居住却存在于作诗活动之中,并且通过作诗活动而得到建基,也就是说,它是"诗性的"。因此,荷尔德林在那首出自所谓的疯狂时期的诗歌中(这首诗的开头是:"在明媚的蓝色中绽放着/教堂尖塔的金属屋顶"),如此这般谈论着人类的存有

第二章 进一步深化的重述。诗歌与历史性此在

（全集第六卷，第 25 页，第 32、33 行）：

> 充满业绩，然而人诗性地居住
> 在这片大地上。

对通常理智而言，现成之物乃是其显而易见的日常，亦即存在者，现实之物。① 与此相反，诗歌恰恰是构想、虚构的东西②，不现实的东西。但对于认识者以及真正的行动者而言，情况恰恰相反。诗歌作为得到创建的东西乃是现实之物，而所谓的现实之物乃是持续崩解的不现实的东西。

而那种普遍的、必然一再准备好了的对诗歌之本质的颠倒和误解，其真正的基础并不在别处，而在诗歌本身之中。因为诗歌乃是道说性的创建。而荷尔德林将语言认作"最危险的财物"③。存有首先在诗歌中向人类开启自身，并将人类移置入存有之威胁（Seynsbedrohung）中。诗人的源初道说作为创建活动并非随意的发明，而是自行置于诸神的雷霆之下，以便在语词和语词生成过程中接收诸神的暗示，闪电之光芒，并由此将语词连同其整个隐蔽着的踊跃之强力（Sprunggewalt）设置入民族中。

同样这种语言——其中还存在着其他危险性——可能变成单纯说出的东西而搁置在那里，自行脱弃为单纯闲谈，并且作为胡扯

---

① 注意此处"显而易见"（handgreiflich）和"现成之物"（das Vorhandene）在字面上都和"手"（die Hand）有关。——译注
② 德语的 dichten（诗歌创作）一词本身就有虚构的意思。——译注
③ 片段十三，全集第四卷，第 246 页。

而胡作非为起来。如此一来,作诗显现为对语言构造物的制作,看起来就像"一切事务中最清白无辜的"。在一封给母亲的信中①(参见本书第 34 页)荷尔德林——故意坚持这种表象——就是如此称呼作诗的。但就本质而言,语言自身就是最为源初的作诗,在作诗活动中创作出来的狭义的东西——我们将其具体称之为"诗歌"——乃是一个民族的元语言(Ursprache)。这种元语言随后作为散文传布开来,在传布过程中平面化,令诗歌显现为古怪的例外。

如果我们可以在此以哲学的方式更进一步地回溯与沉思作为元作诗(Urdichtung)的语言之本源和本质,我们必定会认识到:语言本身在静默中有其本源。必须首先在静默中有像"存有"那样的东西自行聚集起来,它才能随后作为"世界"被说出来。那种先于世界的(vorweltlich)静默比任何人类力量都要更为强大有力。没有什么人凭自身能够发明语言,也就是说,没有什么人凭自身强大到足以打破那种静默之强力,除非是在神的压迫之下。我们人类总是已经被抛入一种得到说出和言说的言谈中了,并且只还能更多地在这种言说的回撤中保持静默。即便是这种静默也极少达成。只消我们站立于此在之中,我们本身就只是一种对话,并且只能在对话中经验到某种像世界那样的东西。参见第 68 页:

人类已经验许多。

许多天神被提及,

---

① 1799 年 1 月,全集第三卷,第 377 页。

自从我们是一场对话

并能相互倾听。

(《你,和解者……》片段,全集第四卷,第343页)

目前为止,我们从荷尔德林的不同诗歌中征引出来的少量文本已经证实了,他不仅仅是一个诗人,而且是诗人之诗人。他以崭新的方式创建了诗歌本身的本质。人们可能会抱有这样的看法,认为一个仿佛"对"(über)作诗活动而进行作诗的诗人,是一个迟来者。他属于那样一个时代,在这个时代中一切富有创造力的直接性都消失不见了。病态的反思在那个时代甚至深远地蔓延到诗歌中,以至于诗歌只还对作诗活动进行作诗,并因此始终围绕自己本身旋转。这样一种想法是最为现代的。然而,一切现代的东西,在它只还展露在日光之前,就都总已经是过时的了。

实际上,荷尔德林作为诗人之诗人,并非因为他后补性地对自己进行反思,并且将他的作诗活动弄成自己本身的对象;相反,他将诗歌以及自己本身一道收回入诗歌的源初本质中,令这种源初本质的力量可得经验,并进而以崭新的方式在创建中远远地先于其时代而筹划(vorauswirft)了这种本质。荷尔德林对诗人作诗并不是因为他的创作活动缺乏其他更有价值的对象,而是源自那样一种必然性之丰盈,亦即先于其他一切东西地首先再度将此在建基于诗歌之上。作为诗人之诗人他并非迟来者,而是早先者。而作为这样一个早先者他总是太过遥远地先行着,即使到了今天他也仍然是太早的。各个时代的当今事物总是在他身边呼啸而过,并且安然于它们的沾沾自喜,所有东西在这种沾沾自喜中都被

视为已然得到了决断。参见哀歌《面包与酒》,第七节(全集第四卷,第 123、124 页):

> 但是朋友啊!我们来得太迟。诸神诚然还活着,
> 却在我们的头顶之上,在高处的另一世界。　　　110
> 在那里他们无限地活动着,看起来对我们是否活着
> 留意甚少,天神却大力保护我们。
> 因为一个脆弱的器皿并不总有能力把握住他们,
> 人类只偶尔能够承受神性的丰盈。
> 生命因而就是他们的一个梦。但错误
> 有所助益,就像一次瞌睡,急迫与黑夜令人强壮,
> 直到英雄在金属摇篮中充分成长,
> 心灵携带着力量,像从前那样,与天神肖似。
> 在雷鸣中他们到来。此间我常思忖
> 不如睡去,也好过没有同伴地活着,
> 期候着,在此期间该做什么,说什么,
> 我不知道,贫困的时代诗人何为?
> 但是你说,诗人,犹如酒神的神圣祭司,
> 在神圣的黑夜走遍大地。

b) 荷尔德林作为将来的、德国的存有之诗人

作为这一诗人之诗人,荷尔德林具有一个独一无二的历史性地位和使命。我们以此来领会这种地位和使命:他是德国人之诗人。然而,克洛普施托克和赫尔德,歌德和席勒,诺瓦利斯和克莱

斯特,艾兴多夫和莫里克①,斯特凡·格奥尔格和里尔克②同样是德国诗人,同样属于德国人。但这并不是我们的意思。德国人之诗人并非主格第二格,而是宾格第二格③:诗人,首先对德国人进行作诗的诗人④。然而其他诗人不也以他们的方式吟唱并道说了德国之本质吗?当然,——而荷尔德林却在别具一格的意义上是诗人,亦即,他是德国的存有的创建者。原因在于,他以最为深远的方式筹划了德国的存有,先行而远远地将德国的存有筹划入最为深远的将来。他能够打开这一最具将来性的深远之域(diese zukünftigste Weite),因为他从诸神的拒绝和逼涌的最深邃的急迫之经验中取得了打开的钥匙。

倘若人们如今处处指出荷尔德林诗歌中的祖国并由此推荐这位诗人,这将极为美妙。但情况并非如此。祖国和其他主题一样始终只是其诗歌中的特殊内容。更进一步地,倘若人们强调,荷尔德林如何从对希腊世界的太过独一的赞颂中,从对德国人的表面的咒骂中走出,转向日耳曼式的东西,这将是正确无误的。但情况同样不是这样。尤其不恰当的是,人们此间想要让人相信,这种对希腊世界一定程度的背离意味着转向基督教。因为恰恰是那首标

---

① 莫里克(Eduard Mörike,1804—1875):德国诗人、小说家、翻译家。——译注

② 里尔克是奥地利人,海德格尔将其算作德国诗人。——译注

③ 德语的第二格即属格,表示从属关系,分为主格第二格(genitivus subiectivus)和宾格第二格(genitivus obiectivus)。前者意味着属格前面的成分隶属于属格,后者意味着属格隶属于属格前面的成分。——译注

④ 原文为"der Dichter, der die Deutschen erst dichtet"。海德格尔这里更强调 dichten 中的创造性一面,即荷尔德林通过他的诗歌创作创建了德国人之为德国人的本质。或可意译为:"首先将德国人以诗歌方式创造出来的诗人"。——译注

题为《唯一者》的后期诗歌（全集第四卷，第 186 页以下，以及第 231 页以下）——基督作为唯一者在其中被提及——想要说的是，基督并非唯一者。这首诗毋宁说的是，严肃对待久已发生的诸神之逃遁，从这种严肃出发以崭新的方式去猜度诸神之到来，共同参与到筑造活动中为诸神的再度生成做好准备，并由此改造大地和国土。事关宏旨的并不是祖国作为单独的诗歌内容，而是我们民族的历史性真理，是我们的民族在我们的此在的巨大困境中能够为自己赢得何种地位。而我们的此在应该再次与诸神冒险①，从而创造出一个历史性的世界。

一切将基督教和异教对立起来的诸如此类的做法此处都思考得过于短浅了，它无能于去追赶荷尔德林以诗性的方式先行于这两者所筹划的作为德国人的本质的东西。因此，任何一种试图将荷尔德林的诗歌安置在古典主义或浪漫派，抑或两者之间的尝试，都同样必定失败。作为诗人之诗人，荷尔德林乃是将来的德国人之诗人，并且以独一的方式是这种诗人。

同样因为如此，只还存在一种独一无二的必然性，去让这位诗人及其诗歌成为我们历史性此在的力量。此处涉及的东西完全不同于那样一些，比如，把太少人知道的诗人搞得更出名，拯救得到错误认识的诗人，抑或对其直接加以政治利用。这些都是喧嚷的事物，它们在已经实行的精神科学的一体化②之后在接下来几年

---

① "与诸神冒险"原文为 mit den Göttern wagen，英译 venture the gods。——译注

② 海德格尔这里提到的"一体化"（Gleichschaltung）是产生自 1933 年的纳粹用语，指消灭多元性，将所有社会、文化和政治生活统一在纳粹意识形态之中。——译注

一定会大量被提供给我们。

　　荷尔德林的诗歌既不是为每个人,也不是为美学家。荷尔德林是那样一些相关之人的宣告者和呼唤者,这些人自身被置入这样一种天职中,亦即,作为建设者参与到对世界的崭新建设。只有诗歌先于世界而首先成为世界之本质的一种力量之际,并且这种诗歌将自身塑造为具有思想性的、追问着的认识的那种强硬和坚决,这一历史性的世界才可能生成。

　　而我们仍然缺乏诗歌。这却只是较小的急迫。更大的急迫在于,我们在某些地方拥有的并非诗歌,而是一种悉心培育的文学;在于人们能够写出优秀的小说,有时还能创作出一首成功的诗歌,甚至在内容上与时俱进。这恰恰是把我们关在诗歌的力量域之外的东西。我们因此以为,我们拥有了诗歌,而拥有诗歌这样的东西可以像比如说拥有人造丝和类似的东西一般。我们以为,诗歌会随着时代一道自发产生,无需民族首先冒险返回到其此在的最内在的急迫中,从而首先为它的诗歌创造出空间和产生回响的可能。我们以为,真正的诗歌有朝一日会被提供给我们,无需首先把我们自己交付给恐惧和被弃。而尽管有基督教和教会,恐惧和被弃仍然全面威胁着西方此在,并且持续将它推向深渊边缘。

　　我们必须突入荷尔德林诗歌的力量之域,即便只是为了在那里首先为那样一种准备做好准备,即准备着如此这般的——作为每一个伟大的、历史性的精神世界的本质力量——诗歌的出现。

　　迄今为止所说的东西兴许足以去澄清,为何我们在以思想性-哲学性的方式致力于令诗歌之本质的力量产生力量（Ermächtigung）①之际，选择了荷尔德林。但在这一选择范围内我们又做了一次选择：我们集中在后期、最伟大时期的颂歌那里，并随即从对诗歌《日耳曼尼亚》的解释开始。由此，我们从对一般之物的沉思转向了对特殊之物的标举。当然，其目的是，再一次确保我们解释活动的基础特征。

第16节　从《日耳曼尼亚》出发的解释活动的基础特征

a) 基础情调的本质。《日耳曼尼亚》中男人的思想与沉思在诗歌《莱茵河》中得到塑造

事关宏旨的是，通过对《日耳曼尼亚》开始两节半诗歌（第1至38行）的解释，去规定和赢得如我们所说的"形而上学之位置"。诗人就从这一位置而来道说了他的诗歌。这一任务内含着对诗歌的基础情调的展开。我们必须让基础情调之本质远离一切心理学的错误解释，远离任何在思谋中将其贬低为单纯的所谓情感。基础情调之本质从四个角度以正面的方式限定着我们：

1. 基础情调将我们移离到存在者的边界上并将我们置入到与诸神的关联之中，无论这种关联是朝向还是背离。

---

① Ermächtigung 的日常意思为授权、授予权力，此处指令某物产生力量，英译 empower。——译注

2. 基础情调将我们移出并同时在移离中将我们移入同大地与家乡的生长起来的关联之中。基础情调总同时是移离和移入着的。作为这样一种基础情调它开启了

3. 作为一个起贯通性支配作用的领域的，作为世界之统一性的存在者整体。

4. 基础情调将我们的此在委任给存有，此在从而必定接纳、塑造、承载着存有。

移离－移入着并且开启－委任着的基础情调，调谐着诗人的道说性筹划。而这种如此得到调谐的道说复又规定了处于存在者中的此在的发生着的绽出性直临。

我们将诗歌《日耳曼尼亚》立于后期颂歌体诗歌的中心位置，并以此为中心将所有出自这一时期的创作组织起来。这首诗歌的基础情调乃是：神圣哀恸、但又预备着的窘迫。哀恸——我们将其理解为，一种巨大痛苦所蕴含的单纯的良善之心明眼亮的优越性①。它是"神圣的"，在荷尔德林那里其意义也就是：纯然不自利的。它并没有僵化为绝望，也没有自我丧失在一种对业已消失了的东西的无度沉溺中。神圣的哀恸是一种自行敞开的窘迫，它直面逃遁了的诸神，保存着他们的逃遁并企盼来临者。窘迫建基于一种准备，准备去接纳作为大地和家乡之真理的来临者。

因此《日耳曼尼亚》第三节（全集第四卷，第182页，第33行以下）是这样开始的：

---

① 此句原文 die hellsichtige Überlegenheit der einfachen Güte eines großen Schmerzes，英译本译为 the lucid superiority of the simple goodness of a grave pain.——译注

> 已然绿意盎然，在更为荒凉的时代之序幕中
> 一片田野为他们得到培育，礼物已经备好
> 为了牺牲餐，而山谷与河流
> 环绕着先知式的山脉，广阔开放，
> 于是男人要放眼望向东方
> 那里的万千变化激动着他。

我们对诗歌的解释在此（第38行）中断。我们已经抵达了男人所在的位置，——男人就是被万千变化所激动着的诗人自己。在继续解释这首诗之前，重要的是更为明确地去经验男人的沉思和思考，将如下一回事提升到认识之中，亦即，这个经验着古老诸神的逃遁和来临中的诸神的逼涌的男人，思考着什么，如何思考。

诗歌《莱茵河》谈及了这个男人的这种思考。更好地说：诗歌《莱茵河》在道说中塑造了这种思考本身。而这首诗的标题已经宣告了它与《日耳曼尼亚》的直接关联。这种关联当然不是指，在这首诗之中一种仅仅是特殊的东西，亦即德国土地上的一条河流，得到了风景方面的、诗意的描绘。《莱茵河》——这首诗属于荷尔德林的"河流诗"。河流是"家乡的河水"(《日耳曼尼亚》，第4行)，随其流淌一道"心中的爱发出哀怨"(第5行)。河流在原本无路的大地上创造出了通道和界限。自诸神逃遁以来大地就变得无路了。人类无法找到道路，也没有诸神直接指示道路。但在潺潺的、自我确证着的河流的行进中，一种命运自行完成了，土地和大地自行产生了界限和形态，对于人类而言家乡生成了，并且对于民族而言由此生成了真理。并非偶然的是，一首标题为《民族之音》的诗歌(我

们有两个版本),在其开篇接续了河流之思(全集第四卷,第139页和142页,两个版本的第一节是相同的):

你是神的声音,我如此相信,
　在神圣的青春之时;的确,我现在仍要这样说!
　　对我们的智慧无所关心
　　　河流同样潺潺流淌,然而

谁不爱这些河流? 而它们一再激动着
　我的心,我远远听见那些消逝者
　　充满预感者,虽非我的轨道
　　　却更为确然地急忙奔向大海。

因为自我遗忘,太过预备好去完成
　诸神的愿望,过于乐意去抓住
　　有朽之物而开放的眼睛一度
　　　漫步于自己的小径,

最短的轨道返回万物之中,河流同样
　向下坠落,它寻觅安宁,奇异的渴望
　　对抗着它的意志
　　　在礁石间将无所操控者

撕扯拉拽向深渊,

> 几乎无法从大地中升起,同一天
>
> 云彩已然离开紫色高空
>
> 在哭泣中返回到出生地。 20

b) 半神之思

但为何在荷尔德林的河流诗中恰恰挑选了《莱茵河》？这首诗第十节的开头道出了原因:"现在我思考着半神"(全集第四卷,第176页,第135行)。凭这句话我们切中了整首诗围绕其旋转的轴心。因此,在进行解释之前,重要的是在细节上首先去澄清,当诗人说:"现在我思考着半神"时,他的意思是什么,他所意求的是什么。这一思想并非从第十节才开始,相反,此处只是那一思想的间歇处,这一思想构成了整首诗歌的作诗活动。我们通过对四个问题和一个前导问题的回答来弄清这一点。

前导问题:这到底是怎样一种思想？当然是一种诗人之思想,一种源初的、有所筹划的创建。半神并非在那里凭空被构想出来,他们也不是作为在某处现成存在的东西而被发现,并随后根据他们的性质而得到思考。他们的本质是以作诗的方式得到筹划、开启和道说的。在这样一种道说中宣告出思想着的诗人和作诗着的思想家之间的源初归属以及同等的急迫。

第一个问题:诗人之思想在此活动在何种领域中？"半神"——我们可以说,这是处于人类和诸神之间的"之间物"(Zwischenwesen)。但半神之本质并不能从这两个边界出发被计算出来。因为诸神已然逃遁,而人类是谁,我们并不知晓。在对人类是谁的追问中,我们超出人类进行追问,并且必然因此思及超人者。在对诸神的追问中,这种追问总是掉落到诸神之下,我们在那里思及亚神者。超人者和亚神者是同一的。真正决定性的追问触及的正是这个一。它之所以具有决定性是因为,它在人类和诸神之间创造了给出尺度的区分,开启了裂口。思考半神意味着:源自于源初的中心,朝向大地、面向诸神进行思考。

第二个问题:这种对半神的思考由什么东西引发和逼迫?诗人立身于家乡的边界。他的思绪从那里一直延伸向远方,同时不期然地从这种延伸中被召唤回家乡的大地。家乡大地之急迫塑造了其思想的样式和方向,其唯独重要的事情是寻觅民族之真理。在诗歌中大地才首先成为大地,地方风土才首先成为地方风土。

第三个问题:半神着眼于什么而得到思考?着眼于其存有;而存有乃是"命运"。"命运"因而是这首诗的基础词语,它在多处关键性的位置出现。根据其所包含的本质丰富性,这个词具有多重涵义。解释活动在此应当让我们得以更为清晰地观看。命运意义上的存有的基础特征乃是受苦,这种受苦是在如下涵义上,即作为一切伟大激情之本源的创造性受苦。

第四个问题:在这种诗人之思想中起着支配性作用的是何种基础情调?情况表明:是和《日耳曼尼亚》中相同的基础情调。但这种相同是诗性之相同,亦即,以一种源初崭新的形态,而不是外在转运。当诗人"思考着半神"时,他思考的是"一种命运"(第11行)。这种命运不是作为单个者,作为特殊情况,而是作为处于其独一无二性中的独一无二者。诗人正是由此切中了其本质。

我们在一种完全特定的"逻辑学"的长久统治下,习惯于去认为,本质处处是"一般之物",规则和法则。19世纪所具有的混乱之一是，人们以为，为了成为一门正当的科学，亦即像数学和自然科学那样，历史科学（历史的一次性进程作为对象被摆到它面前）必须去寻求一般之物和符合法则的东西。比如说斯宾格勒，包括所有历史之"形态学"和"类型学"都完全是在这一方向上进行思考的。历史认识的对象既非作为孤立的东西的单个者，也不是一般之物和规则，而是作为独一无二者的单个者。独一无二性乃是伟大之物的本质，但同样也是卑贱之物、沉沦之物的非本质（Unwesen）。独一无二性是历史之本质的形态与对象性（Gegenständlichkeit）。经验和追问独一无二性其本身就是一种认识的完全独一无二的立场。独一无二之物的共处样式，其世界特征，乃是孤独。孤独并不造成隔绝或者施以排除，孤独出离而深入到那种源初的统一之中，没有任何共同体达到过这种统一。我们仍然过度地用自然科学（特别是生物学以及受生物学所规定的社会学）的范畴来思考一切历史。

　　通过共同体来打破单个者的个体性并以另一种方式为其建基，这迫切需要。但是，无论共同体还是单个者，倘若它们不寻觅其真理的独一无二性并在其中确认其意志，那么它们都始终停留在错误之中。历史性此在的独一无二性乃是命运。诗人在他的诗歌《莱茵河》中思考着这样一种命运。

　　对诗性道说之基础方向的这一先行标示，现在必须得到充实并通过具体的解释而得到规定。

第17节　具体的解释。莱茵河作为半神

a）第一节诗：与狄奥尼索斯的关联。阿尔卑斯山脉
第二节诗：处于其本源中的莱茵河

现在事关宏旨的是立即接上前面一个课时所探究的东西。在进行具体解释之前，我们事先交代了对诗歌《莱茵河》的划分。我们将其分为五个部分：1. 第一节；2. 第二至第九节；3. 第十至第十三节；4. 第十四节；5. 第十五节。

对第一节的解释已经做出了。首先：诗人提及"常春藤"——"巴库斯的叶子"（斯图加特版全集第四卷，第116页，第52行）。诗歌第一句提及狄奥尼索斯；最后一句，"远古的混乱"，忆及同样的东西。这种与疯狂的、面具式的半神（对他而言死就是生，生就是死）的关联，笼罩着整首诗歌。第二：对"阿尔卑斯山脉"（第4行）的解说：它不是生动的风景描绘，而是波澜壮阔地拾级而下，诸神的城堡，耸入光明的山巅，在它的怀里深深庇藏着幽暗的峡谷。

第二至第十三节是决定性的段落，对整首诗的理解取决于对这部分的解释。第二节在本源中思考着河流。"本源"（第94行）——对作为命运的存有的一个本质规定。有三种觉知本源、面向本源的方式，它们分别是诸神的、人类的、和诗人的：诸神令处于束缚中的咆哮者涌流，并且在让涌流（Springenlassen）中将本源以及在本源中向前翻滚着的使命托付（überlassen）给咆哮者。人类无法聆听这种怒号与咆哮，他们逃遁了。作为命运的存有是非同

寻常者，过于宏大之物，对所有渺小者和算计者而言任何时候都是棘手的。

　　独独诗人有能力完成那种听，这种听坚守在本源近旁，在坚守中听取本源之本质，并将听到的东西庇藏入诗性词语中那持留着的东西。然而这种坚守着本源的听，不仅仅在其起源中以作诗的方式思考着本源，它同时还将本源作为一种已然起源者进行思考。因此在第三节中，已然源起而出的河流的整个流向先行得到了概观。而本质之物，如今对于正要去创建的半神之存有而言的本质之物，得到了观视。

b）第三节诗。半神作为最盲目者。半神之缺

　　河流的流向——从本源出发向着东方，希腊人的土地——突然间中断而折向北方，德国的土地，就像荷尔德林在另一首河流诗《伊斯特河》（多瑙河下游）中说的那样（全集第四卷，第221页，第48、49行）：

　　　　莱茵河从旁边
　　　　一路离去。

　　随着这种从源初方向的偏离，某种像对抗意志（Gegenwille）一样的东西进入了河流，而河流必须对付这一对抗意志。"在命运面前的愿望／却是懵懂无知的。"（第38、39行）这说的是：单纯的愿望锁闭于这样一种存有面前。单纯的愿望也许能够带来固执，但却不能带来意志，而唯独在意志中一种对抗意志才能得到领会和把握。

"最盲目者/却是诸神之子。"(第40、41行)这句诗不是对先前内容的推进和完成,仿佛诸神之子就是那些程度最高地只知道愿望的人。第40行中的"却"表明了与先前内容的对立①。诚然,诸神之子在命运面前比起只知道在愿望之空洞中蹒跚的人是更加盲目的。但他们作为最盲目者不是因为缺乏,而是源自意志的过度。他们不知道去向哪里,因为他们的过度意志并不能依据现成之物而得到直接测度。他们意求的东西,绝不能经由现成之物而得到确证。这种现成之物总是反对着他们。通常的人类在他们的所作所为的日常性中辨认自己。同样,动物在本能中获得其行为的持续超出的可靠性。但是对于半神、最盲目者而言,那种缺却被赋予他们了无经验的灵魂。

我们问:这里的"缺"(第44行)是什么意思?为了澄清这一点,我们援引了《诗人天职》一诗的最后两节(全集第四卷,第147页):

> 变得太过智慧,这同样是好的。
> 　感谢识得他。然而他无法轻松地单独将其保持,
> 　　诗人乐于被推向他人,
> 　　　他们由此懂得了相互帮助。　　　　　　60

> 但男人无畏地在上帝面前寂然一人,
> 　他必须如此,单纯保护着他,
> 　　无需武器也无需

---

① 请注意,在中译中"却"字出现在第41行,与原文有差异。——译注

诡计，直到上帝之缺有所帮助。

然而，这一处看上去更为晦涩。海林格拉特通过援引这个文本的一份草稿，将此处的"缺"理解为不在此存在、"不在场"意义上的"缺少"。我们认为，这一解释是不正确的，也是不可能的。我们表明了这一点。（参看本书第209页以下）

我们已经（在第212页上）指出了《诗人天职》中的一处，其中说道（全集第四卷，第146、147页，第45行以下）：

> 一切神性者已然太久地被利用，
> 　而一切天空之力丧失了，耗尽了，
> 　　这些良善者，一个狡猾种族
> 　　　不懂感恩地只图乐趣，这个种族错误地以为有所认识，
>
> 当崇高者为他们犁好了耕地，
> 　白昼光线和掷雷者，　　　　　　　　　　　　　　50
> 　　望远镜清楚地窥探着他们，清点并
> 　　　用天上星辰的名字命名。

这种认识基于狡猾和算计。它只不过是狡黠的（findig）并且只能找到（findet）这样一种东西，这种东西有利于他并提升他自己的所为。① 广泛传播的是这样一种认识，这种认识在它想要去

---

① 注意此处"狡黠的"（findig）与"找到"（finden）有字面关联。——译注

认识的时候躲避到标准和数字中,躲避到它放置在自己和事物之间的机器和设备中。尽管有望远镜和用于远视的最精巧的机械装置,最终看见的却无非仍是它所臣服在面前的它自己的狡猾。这种认识之愚蠢,尽管取得了成功,却始终是一种软弱无能;尽管它盲从地惊奇于每天都被视为是永不过时的东西,却始终是一种臆想。

> ……因为托付给作诗者去操心和服务的
> 是另一种东西!
> (《诗人天职》,全集第四卷,第 145 页,第 12、13 行)

参看《泰坦》(全集第四卷,第 210 页,第 62 页以下):

> 但是你们同样感受到
> 另外一种样式。
> 因为在尺度下
> 同样需要粗糙之物
> 精纯者能够由此认识自己。

诗人必须坚守在依其样式和标准而言是另外一种不同的认识和道说中,"无畏"(《诗人天职》,第 61 行)而"孤独地"(第 62 行)面向神。在那里无需诡计和武器。对他而言唯一的保护乃是单纯。这说的是:对抗只是潮水般涌来的繁多的优越性,持守之简单的确切性,持守于总是超过-尺度的(über-mäßig)①天职的一个方向上。它是源自于简单的没有其他做法的不退却。而这样一种单纯当然是最为艰难的东西。"然而他无法轻松地单独将其保持"(第58行)。诗人驻留在这种单纯的确切性中,只消他的道说(而这总是同样必然意味着切中和错失),发源于神性的使命的过度("他必须如此",第61行)——"直到,上帝之缺产生帮助"(第64行)。要强调的并非上帝之缺,而是上帝之缺。这说的是:只要缺是一种上帝之缺。由此,这里"上帝之缺"指的是什么就一目了然了。不是上帝的不在场,而是在场——上帝所宣示的使命的未曾止息。这种使命在对它的接纳过程中总是缺和错失,但并非出于弱小,而是源自对具有压倒性威力的东西的必须承当(Tragenmüssen des Übermächtigen)。但正是"直到",亦即一直到缺是来自于上帝的缺,才存在对天职的忠诚,即便这种天职就其作品而言是失败的。

……但是许多东西

需要保存。而急需的乃是忠诚。

(《成熟的,潜入火焰……》,全集第四卷,第71页,第13、14行)

这几行的意思完全与海林格拉特试图读出来的相反。根据他的解释,第61行至64行呈现为不押韵的诗句:男人,诗人,无畏地

---

① übermäßig 的日常意思是过度的,海德格尔此处将此词分写,显出了其词根 über(超过)和 mäßig(适度的、平常的。词根为名词 das Maß,尺度之意)。此处依字面翻译。这个词与下面的名词形式 das Übermaß(过度)形成呼应。——译注

"在上帝面前寂然一人",只要上帝是不在场的。但是——人们可能会反驳说——我们的解说难道不是最令人感到奇怪的吗？首先,海林格拉特所援引的草稿中的这个地方(全集第四卷,第 332 页),其意思明确无误地与我们在终稿中找到的东西相反。草稿中说"只消上帝不缺",亦即"只消上帝始终切近于我们"。在草稿中这是无可争议的。然而,我们从先前所说的内容得知(本书第 53、54 页),并且我们还会稍后再一次清楚地看到,在荷尔德林那里,草稿和最终的定型之间存在多大的距离,甚至对立。草稿常常只是一种提示,而终稿被超越和提升到了诗性之物的状态,后者总是令人感到奇怪的。对此我们可以参照在把诗歌《盲目的歌者》(全集第四卷,第 57 页以下)改写为《喀戎》(全集第四卷,第 65 页以下)的过程中可以发现的这种意志。无论是令人感到奇怪的东西,还是援引草稿中的相应文本都不能成为反对我们的解说的论据,情况完全相反。

我们回到我们的诗歌《莱茵河》。这首诗提到"缺"(第 44 行),这种缺"被赋予"半神了无经验的灵魂。海林格拉特将这个词解释为"不在场",这在此是不知所谓的。同时,这个地方现在也确证了:缺对半神而言是一种神性之缺,而非他们所造成和犯下的错误;相反,缺是半神之本源的天赋①,亦即上帝之缺。

因此第三节谈及轨道的急转,谈及半神一开始的意志。这种意志不是在一种不中断的本己意志中的单纯的不中断的流动,相反,恰恰是中断创造出了抗阻,缺的可能性,以及在对本源的受苦和承受中的克服的必然性。

---

① 此处天赋(Mitgift)一词的日常意思为嫁妆。——译注

这节诗给出了对作为半神之存有的命运的本质环节的先行观视。对日常思维的理解力而言,这样一种存有始终不可通达。日常思维想要把一切都统一在一起。哪里出现了束缚和断裂,它就在那里立即只看到缺乏。然而对于命运性的存有而言,它们却是其伟大的优越之处和前提条件。

c) 经由一个对抗意志的突入而对存有的引发性-受苦

在对半神的诗性思考中,第三节是一个序幕。真正的游戏①从第四节开始,并且一直延伸到第九节。在急速的中断,同时又对决定性的东西的把握中,第四节开始了(全集第四卷,第173页):

> 纯然起源者是一个谜。即便
> 吟唱也几乎无法将其揭示。

"纯然起源者"在其本源之中是一个谜,正因为如此它处于其整体性的存有中。这一存有随后成为已然起源者。秘密之广度同样延伸到已然起源者那里,而不是延伸到自行产生的"所从何来"。我们无法计算出这一所从何来来自其他哪个地方。"纯然起源者"乃是秘密。只有在这种纯然起源者本身中,本源才每每完全作为本源而存在(ist)。本源不会作为一种自成一体的起始而被离弃或被超过;河流在其流动中流出的东西,在任何地点都属于其流动

---

① 注意此处序幕(Vorspiel)和游戏(Spiel)的词根相关性。Spiel 一词也可以更宽泛地理解为活动。——译注

的东西,这就是本源。

> ……就像泉源追随着河流,
> 他也朝向那里思考,
> (《盲目的歌者》,全集第四卷,第58页,第34、35行)

因此,中断之处同样不是孤立的位置,不是突然出现的外在的河流流向的单纯变化(这种变化就像很快又完成了的事件一样);相反,它是对抗着源初河流意志的一种对抗意志的突入。① 只有面对这种对抗意志,本源才进入到急迫中并由此面向自己本身。倘若没有这种对抗意志(它令本己意志逆势而起,不断回流向自身),那就会是泉源的单纯外流、外展,泉源的持续奔流。只有当已然源起而出的本源必须面对阻抗而为自己开辟道路,河流之存在才会成为一种命运,一种引发性受苦意义上的受苦。但这种受苦指的并非单纯被动的被它物击中,而是作为在受苦中首先通过斗争而赢得并创造出存有的引发性-受苦(Er-leiden)。作为命运的存有并不把本源当作后盾,仿佛本源作为一种一度被宣示的东西,被指派的东西,作为无法改变的单纯"命运"(Los),作为使命,单纯地压倒了后来之物的使命;相反,对断裂的经受以及离开断裂而进入到本源中去的返回意志,标记了作为命运的存有。然而所有这一切都一道归属于纯然起源者之秘密。事关宏旨的是去揭示

---

① 注意此处"中断之处"(Bruchstelle)与"突入"(Einbruch)具有字面联系。——译注

这一存有的秘密。

谁若仅仅将谜作为所谓无可把捉的东西而驱逐到"非理性之物"中,谁就不仅没有解开它,而且没有把它作为谜来把握和对待。诚然,随着这样一种推开,会出现在秘密面前不去触碰、保持敬畏的假象。但实际上那是一种全无所谓,这种无所谓将谜变得平庸,将其交给无度的猜测和蜂拥而至的意见的任意性。与此相对,吟唱——诗歌——的任务是去揭示纯然起源者。如若作诗是伟大而货真价实的,那么它必定会在这件事情上失败。但它却恰恰由此在最严格的道说意志的最高激情中,结结实实地撞上那不可道说之物。作诗始终只能"几乎无法"(第47行)在其无蔽中去把握纯然起源者。诗人去进行这种把握只是因为急迫并且源自于急迫。而这正是为什么,诗歌恰恰必须去发动这种揭示,以至于,这种揭示成为了诗歌最初与最终的任务。

但是,为何只有吟唱才能揭示半神的这种存有?

第18节　对作诗活动之形而上学的插入性考察

我们首先完成了对第三节的细节解释。紧要之处是对"缺"一词的恰切解说。参看《告别》(全集第四卷,第30页,第9行):

但世界沉思思考的是另一种缺

"缺"的意思并非不在场意义上的"缺",缺也不是指单纯缺乏和缺点意义上的"错误"。缺指的是错－失(Ver-fehlen)①。此中具有一种切中之意志以及随之而来的对赋予目标者的先行联结。但这种错－失并非无法抵达，落后于目标意义上的无法触及，而是过度－射击(Über-schießen)、过度－渴求(Über-Drang)意义上的错失。且这种错失不是一次性的，而是一种立场。缺——源自过度丰盈与超过－尺度(Über-Maß)的错失，它从诸神而来突袭半神。因此缺可以被称为：上帝之缺，来自于过度的使命的(这种使命由诸神所委任)、由过度射击带来的错失。"缺"一词的这种意义不能仅仅从其他诗歌那里得到阐述，它只能首先从我们的诗歌《莱茵河》之整体出发才能得到证明。

然而——当我们指向这一诗歌整体，那就好像是尝试通过更加晦涩的东西来澄清晦涩的东西。因为我们会一再地绝望，绝望于真正进入到这首诗歌的力量之域中的成功可能。我们甚至必定会绝望。倘若失败的原因仅仅是外在的，亦即，一方面源于我们的无能和准备的不足，另一方面源于诗歌的内容的晦暗不明和纠结缠绕，那么，这些原因有朝一日可以轻易地被别人所消除。但是，失败的原因是本质性的，问题不在于具体的一首诗歌，而在于整个的作诗活动；问题在于我们并不识得这一作诗活动的形而上学位置。而这种作诗活动想要在存在之整体中开启一个作诗的崭新空间，作诗活动所发生的地点和处所之可能性由此才能得到道说和倾听。

---

① "缺"(fehlen)和"错失"(verfehlen)具有词根关联，海德格尔通过分写 ver-fehlen 揭示了这一点。——译注

问题并不在于我们始终只以错误的方式来进行把握,从而未曾抵达它,而是我们从一开始就以造成迷误的方式站立在作诗活动面前。实际上我们根本没有站立起来,而是误入迷途。这种误入迷途甚至阻碍我们仅仅以恰当的方式去对失败加以澄清。因此,实际上最货真价实的东西总还是对通达之可能性的绝望意志(Verzweifelnwollen),因为我们由此保存着距离和间距而没有沉沦于真实切近的假象之中。对作品、力量和诸神的切近不在于熟悉、亲近和突入。切近的伟大性并非根据距离的小而衡量自身,而是根据遥远之宽广深远(Weite der Ferne),以及这种宽广深远的纯然清澈可见性。我们只能将那种东西带向站立,这种东西我们能够令其释放入如此这般的遥远之中。我们罕于具备这种释放的能力,以至于我们能够保有的事物很少,而多数东西只不过是在一种持续的轮替中踉跄。

当诗歌《莱茵河》"思考"并以诗性的方式创建着半神之存有,它就是在以思想的方式对诗歌之本质加以作诗。但就半神之存有乃是命运而言,命运性的东西也必定对诗歌和诗人的存有加以规定。

当诗歌之本质作为对我们而言以开端性的方式将自身范围划定为对存有的创建之际,诗歌以及在诗歌中得到创建的东西的完全本质才在对创建活动之存有的敞开中,亦即,在对诗歌之存有的基础的建基中,首先开启自身。而这样一种其本身以创建着存有(seynsstiftendes)的方式而本质运作的存有,只能在存在之整体的本质中得到建基。而包含在如此这般的存有之本质中的,乃是将它往回朝向自己本身的创建性筹划。存有让诗歌源起而出,从而以源初的方式在其中找到自己,并由此在诗歌中以自行锁闭的方式将自己作为秘密开启出来。

存有整体必须在这种对半神(亦即处于诸神和人类之间的存有之中心)之存有的作诗中揭示自身。

第三章　纯然起源者作为存有之中心中的争执

第19节　第四节诗。纯然起源者之谜与诗歌的本源

四

纯然起源者是一个谜。即便
吟唱也几乎无法将其揭示。因为
你如何开端,你就将如何保持,
急迫和培育
诚然作用许多,能力最大的却
是诞生,
以及迎向新生者的
光线。
但是,像莱茵河那样,从合宜的高处起源,
终其一生
保持为自由

> 并独独实现心中的愿望，
>
> 那样一人又在哪里。
>
> 像莱茵河一样，
>
> 从神圣子宫中幸运地出生？ 60

我们的解释停留于第四节的开始。"纯然起源者是一个谜。即便/吟唱也几乎无法将其揭示。"这两行诗在语词音调的塑造方面就已然非同寻常了。"一个谜"——在前面的诗句之后，这个词是怎样高耸而出[①]——"是纯然起源者"——所有前面的诗句是怎样凝结在了这个词之中。"即便"——这个词怎样光秃秃地在这一行的结尾径直保持为开放。"吟唱也几乎无法"——这几个词怎样亲密无间又以向上攀升之势排列在一起——"将其揭示"——它怎样下落并平息在谦和自足的安宁中。然而荷尔德林的每一行诗都是如此这般的，如果我们并非寻求斑斓音调，而是从其真理之丰富性而来，从音调和意义并未分裂之处，来倾听它们的话。

第十节的开头，"现在我思考着半神"，在道说的中间段启亮了它的计划和要求。同样，第四节开头从这首诗的整个空间而来进行言说。因此，如果我们不冒险作出这样的努力，从现在抵达的位置出发，通过一种先行的解释来确保对整体的观视轨道，所有接下来对这首诗歌的努力尝试就将立刻变得多余。我已经事先给出了少量一些诗句的内在构造，以此作为外在辅助（参见本书第 237、

[①] 按原诗语序，"一个谜"（Ein Räthsel）一词是第四节第一行的第一个词。——译注

238 页)。它们应当引导接下来的解释并在解释中得到充实。

"纯然起源者是一个谜。即便/吟唱也几乎无法将其揭示。"(第 46、47 行)此处提及四重具有内在关联的内容:1. 纯然起源者;2. 纯然起源者作为秘密;3. 吟唱,亦即诗歌;4. 诗歌作为对纯然起源者之秘密的几乎-无法-揭示(Kaum-enthüllen-dürfen)。这是对下面一回事的提示,即,对诗歌的道说同时交织在这首涉及"河流"的诗歌中。我们根据所说的这四点内容来实施我们的解释,以此深化这两行诗句的诗性真理。

a) 本源与已然源起而出的施行规定的诸力量及其在纯然起源者之本质中的敌对性

重要的是,我们从一开始就确定纯然起源者的完整概念。这个概念将如下两点结合在一起:1. 如此这般的本源,亦即起源者从中源起而出的那种东西。2. 已然起源者本身,它如何作为已然起源者而存在(ist)。在纯然起源者之中,本源连同已然源起而出这回事必定在它们施行规定的诸力量的纯净不杂中展开自身。①然而只消这些力量依其本质在自身中又对抗着自身而进入到对抗中,那么这种对抗必定作为纯然的对抗而自行展开为最高的敌对

---

① 这里的用词比较拗口,中译和原词的对应关系为,"纯然起源者"(Reinentsprungene,英译 which has purely sprung forth),"起源者"(das Entspringende,英译 that which springs forth),"已然起源者"(das Entsprungene,英译 which has sprung forth),"已然源起而出"(das Entsprungensein,英译 having sprung forth)。下同,请读者特别留意。——译注

性（Feindseligkeit）。但是，由于敌对性作为至福（Seligkeit）①构成了存有的一体性，这种一体性也必定赢得了，或者更好地说是保持了，至高的纯粹性。

本源作为本源和已然源起而出隶属于纯然起源者，这一点可以容易地从我们的诗歌中得到阐明，无论是从这里所处理诗句的之前内容，还是之后内容。之前内容是除开引入性的第一节之外的第二和第三节。第二节涉及作为本源的本源；在那里被称为"父母"（第27行），亦即大地母亲和掷雷者（宙斯）。接下来的第三节是对作为已然起源者的河流的道说。河流之存有受到开初流向之中断的规定。因为在流向的偏离中，一种对抗意志对抗着起源者而支配性地运作着，起源者因而将自己显示为这样一种东西，它不知道往哪里去。诚然，这种不知道并非由于单纯的无能，而是依据本源的过度威力。

我们这里的诗句紧接着的第四节同样提到了本源的这种作为本源和已然源起而出的双重性。然而此处的本源并不仅仅是处于自身中的本源，它更本质性地着眼于已然起源者而得到考察。"你如何开端，你就将如何保持"（第48行），纯粹的本源并不是那种东西，它简单地从自身中释放出他物，并将它自身转让给它；相反，本源是那种开端，其力量始终跃过已然起源者，在对已然起源者的先行－跳跃中经受着它，并因此在对持留之物的建基中存在于当前；这种存在于当前并非作为仅仅从先前而来的作用之继续，而是作

---

① 注意此处"敌对性"（Feindseligkeit）和"至福"（Seligkeit）之间的字面关联，中译未能显明。——译注

为先行跳跃者①。它因而作为开端同时是施加规定的终点,亦即真正的目标。

α) 纯粹本源之诸力量间的对抗:诞生与光线

因此,这样一种本源作为先行包括着一切已然起源者的东西,"能力"最大(第50行以下):

……能力最大的却

是诞生,

以及迎向新生者的

光线。

包含在如此这般的本源中的是:诞生与光线。诞生在此指的是从母腹锁闭着的黑暗而来的起源,"大地母亲"(第二节,第25行)。我们在这里回想起了《日耳曼尼亚》中的诗句,这首我们由之出发且意图向之而去的诗歌:"万物……之母"(第76行)——"人们通常称其为遮蔽者"(第77行)。它是源初意义上的遮蔽者(die Verborgene),因为它就是遮蔽本身(die Verborgenheit),是母腹的让事物沉落的锁闭性。因此荷尔德林对它使用了一个非同寻常的词语,以明确诗性的方式道说而出:它乃是那种东西,这种东西

---

① 此处的"跃过"(überspringt)、"先行-跳跃"(vor-springend)和"先行跳跃者"(Vorausspringende)与之前的"起源者"(das Entspringende)、"已然起源者"(das Entsprungene)和"本源"(Ursprung)的词根都是springen(跳跃)。——译注

"承载着深渊"(第76行)。(海林格拉特合理地从 a 稿中采纳了这个词,而在雷克拉姆版,同样地在青克纳格尔版和岛屿版中,没有这个词。)

诞生——这指的是:作为建基着的深渊的本源并非全部意义上的本源,它只是本源的一种力量;另外一种力量乃是"光线"(第52行)。光线迎向新生者,对立性的起源之方向由此在光线中起支配作用。光线此处指的不仅仅是与黑暗对立的随便什么光明和光亮,相反,如同"诞生"呼应于第二节的"大地母亲"一样,"光线"呼应着"掷雷者"。光线是闪电。雷霆,闪电,雷暴对荷尔德林而言是那种东西,在其中不仅仅呈报出一种神性之物,而且神之本质还在其中敞开出来。参看1801年12月4日致波林多夫的信(全集第五卷,第321行):

> 噢朋友啊!世界比往常更加明亮地铺展在我面前,也更加严肃!发生的事情令我欢喜,我是欢喜的,就像在夏日'古老神圣的父用镇静的手从赤云之中震动着赐福的闪电'。因为在所有我能从神那里观看到的事物中间,这一标志对我而言已然成了被拣选者。

在光线中起源者接纳了光明观视的可能性,亦即那种本质之观视,一种伟大意志之丰盈在其中对抗性地压迫着形态生成的过程。而形态就是内在的、将自身带向站立的界限之赋予;同时也是到黑暗中去的进入。在这种黑暗中形态就像进入到已经得到克服的重力那样锁闭着自身。而黑暗本身在界限的光明构造中诚然并

没有丧失它无所约束的特性,但却得到了注意。参看《泰坦》(全集第四卷,第 210 页,第 68 行以下):

> 而震动一切者
> 攫入深处
> 事物变得具有活力,他们认为
> 天神向下
> 直抵死者并充满强力地
> 在无所约束的深渊中
> 在察觉万物的深渊中破晓。

本源之诸力量,大地－雷霆(诞生－光线),乃是纯粹本源之诸力量,而正因为如此它们远非各自孤立。当人们单独去思考大地和诸神的时候,就会以为它们是孤立的。但真理恰恰相反:这些力量越纯粹,它们的交互关联就越具有本质性,亦即越具有必然性。这种纯粹本源正是半神之本源。半神的起源和将来之间的拱形张力并没有在它的存有中,在牵绊和混合中停留在半道上。当然,在惯常人类那里我们也还能看到一种诞生和光线之间的必然的交互关联的微弱反光。在那里,同样还模糊又顽固地保持着单纯的诞生,保持着一种缺乏光明观视的单纯沸腾,以及对合乎本质的东西和同本质相敌对的东西的法则赋予。同样,离开了诞生的那种压迫而又锁闭着的力量,光线始终单薄而空疏,轻浮如儿戏。本源越是纯粹,本源之诸力量间的对抗就越是纯粹,越是无条件。对抗越是隐蔽,对抗的本源性就越是真切。

β）在已然源起而出中的急迫与培育的相反而动性。纯然起源者的本质构造的图式

但纯然起源者并非单单从自身包含两个方向的本源中得到规定，而是从持留着的已然源起而出的方式出发一道得到规定。本源是首要之物。因为一方面，没有本源根本就没有已然起源者可以存在；另一方面，在纯粹的本源中开端先行包括了将来之物。诞生和光线确实能力"最大"（第50行），但急迫和培育（die Not und die Zucht）同样作用"许多"（第49行）。所有第三节中以源初流向的偏离所表明的东西，都与此相应。

在急迫中每每存在着逼迫、界限，没有出路和困窘，它由此迫使人们去做出决断，抑或将决断放弃，逃避那种向着崭新道路而去的逼迫。成为已然起源者（Entsprungenes-sein）意义上的已然源起而出（Entsprungen）说的是，经受住这样一种急迫。从本源这一方面来看，急迫乃是一种掉落而下的东西（ein Zufallendes）——但并非偶然（zufällig）①——，因为急迫作为迫使着的急迫总是每每为已然起源者创造出一种转向，并由此为那种保持为仅仅-流动（Nur-Verströmen）的尝试创造出规定性。只要我们根本上在其对纯然起源者的本质归属中去把握急迫，急迫就是必然之物的基础。② 但急迫并不单单每每对抗着本源之诸力量中的一个，而

---

① 注意此处掉落而下的东西（ein Zufallendes）和偶然的（zufällig）之间的字面关联。——译注

② 此处"急迫"（Not）与"必然之物"（Notwendigen）在字根上是同源的。——译注

245 总是对抗着本源本身，对抗着处于其本己的对抗之一体性中的两种力量。

在已然源起而出中，培育与急迫一道同时起作用。培育与作为逼迫和界限的急迫不同，它把一种内在的驯服和约束带入到有所作用的、进行创造的塑形活动本身中。培育诚然也像急迫一样趋近于本源，但它并不像急迫那样进行强迫，相反，它通过将本源之过度意志接合入法则中，并特意将法则作为其最本己之物融合在本源之过度意志中，恰恰令本源之过度意志变得自由。

培育也同样对抗着整个本源。但其方式是，如同本源之诸力量在自身中是相反而动的，急迫和培育也同样如此——只要我们把急迫把握为外在的培育，把培育把握为内在的急迫。而此间，外在指的是没有自由的东西、无所约束的东西，内在指的是自由之物、带来约束者。而这种在自身中相反而动的诞生和光线，急迫和培育，在纯然起源者的整个存在中却反对着自己而处于对抗中。在这种相互交叉的相反而动性（Gegenstrebigkeit）之中，源初的敌对起着支配作用。但是，因为敌对并非对立者之间的分崩离析，而是源初的统一，敌对因而具有一种至福的特征——"敌对－至福"（Feind-seligkeit）①——，如果我们可以将相互对立而又相互趋向的这种矛盾的意义指派给这个词的话。

在这样一条分析之路上，我们能够获得荷尔德林将其称之为纯然起源者（在这种纯然起源者中内含着诗歌《莱茵河》以诗性方

---

① Feindseligkeit 这个词此前译为"敌对性"，这里依据海德格尔的解说，将其拆解开来的形式译为"敌对－至福"。——译注

式思考了的半神之存有)的本质构造的图式。

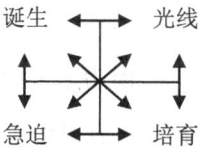

但纯然起源者是一个"谜"。我们由此来到作为秘密的纯然起源者这里。然而从根本上讲,纯然起源者的秘密特征并非第二位的东西,相反,谜因素包含在纯然起源者的内在本质中。因此我们无法凭着上面所画出的图式(诞生－光线－急迫－培育)来猜测这种存有,也决不能对其进行说明。恰恰当我们理解了这种存有之际,我们才首先从一开始就并不想要去进行说明。

在对认识和认知的普遍见解中,说明和理解作为同样的东西被归置到一起。得到说明了的东西被视为是被弄得可理解的且已经得到了理解的东西。有时候人们在说明和理解之间设定了一种程度上的差异。人们把说明把握为对物体性的东西的理解,而把理解把握为针对灵魂－精神性的东西的说明。与此相反,我把理解视为是说明的本质对立面,而把说明视为理解的必然的非－本质(Un-wesen)。对某物进行说明(erklären)指的是：将某物回溯到这样一种东西,这种东西对我们而言是清楚的(klar)①。而此处清楚的意思是我们可掌握的、称手的。一切说明都总是这种进入到我们所熟识之物中去的出路。我们每天在这种熟识之物中获得平静,我们每时每刻都直接掌握着这种我们业已认识了的熟识之

---

① 注意"清楚"(klar)和"说明"(erklären)具有词根关联。从字面上看,说明的意思就是使某物变得清楚。——译注

物。因此，找到一种说明总是令人感到满意的。这种令人满意是在不费劲的占有和举动所产生的平静和不受扰乱意义上。因此说明总是具有那种贬低的特征，因为它把得到说明的东西回溯到任何人都熟识的东西的层面上（参看黑格尔从他的立场出发的论述，《精神现象学》，第 128 页①）。哪里有什么东西得到了说明，那里也就没有了什么东西需要去进行理解。严格说来，在那里理解既没有位置也没有居住权。真正讲来——着眼于它的源初本质——理解乃是对不可说明之物的认知。这并不是说它要说明这种东西从而将得到说明的东西清除，而是，理解恰恰让不可说明之物作为如此这般的不可说明之物站立。因此，去理解一个谜并不意味着将谜破解（enträtseln），而是相反：将谜作为那种东西释放出来，为了这种谜，面对这种谜，我们并不识得在日常的、计算性的支配意义上的办法（Rat）②。我们越是源初地进行理解，如此这般的未经说明之物和不可说明之物就越是深远、越是无所掩盖。

　　总结：我们尝试解释第四节开头的两行诗。对它们的启明能够带来一道穿透整个接下来的诗歌的光明轨道。我们提及四重内容：1. 纯然起源者；2. 纯然起源者作为秘密；3. 吟唱，亦即诗歌；4. 诗歌作为对纯然起源者之秘密的几乎‑无法‑揭示。就此处提及了诗歌本身而言，在道说着"河流"的诗歌中交织着对作诗活动的作诗。

---

　　① 第 4 版，第 136 页。《黑格尔全集》，诞辰纪念版，格罗克纳编，第 2 卷，斯图加特，1964 年。

　　② 注意"将谜破解"（enträtseln）、"办法"（Rat）和"谜"（Rätsel）之间的字面关联。——译注

1. 有关纯然起源者:本质性的事情是事先去把握完整的概念。这包括:首先,本源作为起源者从中源起而出的本源;其次,处于其已然源起而出中的已然起源者本身。这双重内容从紧接在前面的两节诗出发得到证明。第二节涉及的是本源之为本源;在那里提及了父母:大地母亲和掷雷者(宙斯)。第三节提及作为已然起源者的河流,提及开初流向的中断。第四节再度接续并总结了这两重内容。本源之一般(Ursprung überhaupt)乃是:"你如何开端,你就将如何保持"(第48行)。

开端跃过已然起源者,它在先行跳跃中经受着持留之物,从其终结而来包含着持留之物,并由此同时成为它的目标。这样一种本源能力最大。诞生和光线包含在它之中。诞生指的是:从母腹的锁闭性而来的起源。但这只是本源的一种力量;另一种力量乃是光线。这种光线不是随便什么光亮,而是闪电——神,形态生成之伟大意志的本质之观视。两者之间存在必然的交互关联。

但这首先只是纯然起源者(这能力最大者)的一个方面。急迫与培育同样作用许多。急迫——逼迫——没有出路,它强迫着作出决断,抑或搁置决断,逃避决断。急迫对抗着两种本源之力量。培育——与施加限制的逼迫不同——是从内部开始产生的驯服和约束,对法则的吸收融化。它也同样对抗着整个本源。

就像诞生和光线在自身中是相反而动的那样,急迫和培育亦复如是。一种相互交叉的相反而动性就这样在纯然起源者中起着支配作用。一种源初的敌对,它因此也是一种源初的一体性,这种一体性具有敌对-至福的特征。

2. 有关谜:我们并不是想要借助画出来的有关半神之存有的

图式来说明它，而是进行理解，将其作为秘密释放出来。我们将说明和理解视为本质对立。说明的意思是：回溯到熟识之物，回溯到我们已知的东西，将其往回组织入其中。哪里有什么东西得到了说明，那里也就没有什么东西要进行理解。一切看起来都仿佛业已得到了理解。说明是理解的非本质。因此理解谜不是说将谜破解，而是恰恰去确认不可说明之物，并因此赢获一种真正的认知的方式。

b)"亲密性"作为纯然起源者之诸力量间的源初一体性，作为这种存有的秘密

为纯然起源者所画的图式并非对此进行说明，相反，它只是把我们带到理解的能够接近的最远之边缘。这种理解首先实现为在那样一种一体性中的站立，这种一体性是敌对－至福的诸力量的相互的对抗性之一体性。在诸力量的对抗中并不仅仅是一种力量将自己置于与另一种力量的反对中，而是，任何一种力量都试图解除另一种力量（entmachten），其方式是，它意图移置另一方并将自己置于另一方之前，阻挡它、遮蔽它。因此敌对性乃是一种相互的遮蔽，一种在自身中支配性运作着的遮蔽性的发生。当我们在其至福亦即一体性中去把握对抗性的东西、敌对性的东西，而不是将它们消解为组成部分并最终仍然想要从某处出发来计算它们，我们就将自己释放到这种遮蔽性之中。但这种敌对性的东西的一体性并非空洞、外在的一体性，我们凭借这种一体性仅仅将难以驾驭的东西统统关闭在合围起来的领域中。这样一种一体性在任何时候都处于得到统一的东西之外，对得到统一的东西而言是偶

然的。

与此相对,源初一体性是那种东西,它在让起源(Entspringenlassen)中并且作为这种让起源产生统一作用,同时由此将处于其本质之诸力量的敌对性中的已然起源者保持为相互分离。这种源初的、因而是独一无二的统一作用乃是那种支配性运作着的一体性。当荷尔德林提及这种一体性的时候,他用"亲密性"(Innigkeit)一词来加以命名。对我们而言,"亲密性"这个词指的不过是一种特别动人的、诚挚意义上的单个的情感气氛。对荷尔德林而言,这个词乃是形而上学层面的基础词语,因而完全远离任何浪漫的多愁善感。即便在这个词用以代表此在之情调的地方也同样如此。荷尔德林曾将希腊人称为"亲密的民族"(《爱琴海群岛》,全集第四卷,第91页,第90行)。在之前的语境关联中(本书第116页以下)我们已经先行指出了"亲密性"一词以及这个词所意指的东西,并将它的涵义联系于赫拉克利特的ἕν[一]和ἁρμονία[和谐,谐响](本书第124页)。这个词独独可以与之相比较,但也只不过是比较而已,绝非与之等同。原因并不仅仅是因为荷尔德林处于另一个时代;他所命名为亲密性的东西,无论如何同样根本上不同于他同时代人的所思,比如说,不同于黑格尔的绝对者(Absoluten)的概念。荷尔德林凭借这个得到崭新道说的词语亲密性所命名的东西,在一种诗性的命名中得到命名,更好地说:通过命名而成为它所是之物。亲密性乃是那种源初的一体性,这种一体性是纯然起源者的诸力量间的敌对性的一体性。它是包含在这种存有中的秘密。纯然起源者绝不只是就某个角度而言,在其存有的某一个层次中是不可说的。它彻彻底底地始终保持为谜。亲密性不是因为其他东西无法穿透它才具有一种秘密的性质，相反，它在自身中作为秘密而本质运作着。秘密只有在亲密性以支配性方式运作之处才存在。然而当这种秘密作为如此这般的秘密得到命名和道说之际，它就变得敞开。而对其敞开性的揭示恰恰是不－想－进行说明（Nicht-erklären-wollen），是将其理解为自行遮蔽着的遮蔽性。对秘密加以理解诚然是一种揭示，却是那样一种恰恰尚且可以在吟唱中，在诗歌中得到完成的揭示。

那么现在处于其本质中的诗歌如何对待这一任务？它和秘密，和纯然起源者的关联是怎样的？对这种秘密的诗性揭示只能是一种对诗歌而言的特殊任务。当诗歌本身触及它自己的边界，并由此在其能力范围内承担自己本身之际，它才在必要时不得不去承担这一任务。我们由此来到第三个问题，亦即追问吟唱的本质，诗歌的本质。

c）诗歌作为在对亲密性的建基性开启中，对存有的创建

从某个角度来看，对这个问题的回答已经出现在了就第1、第2个问题所说的东西中：对纯然起源者之秘密的揭示，乃是作为诗歌的诗歌的独一无二的、真正的任务。秘密不是随便什么谜，秘密乃是亲密性。但亲密性乃是存有本身，是对抗着的诸力量的敌对－至福。在这种敌对性中诸神与大地，人类与所有作为都需要得到决断。作为存有之创建的作诗乃是对亲密性的建基性开启，而这说的无非是：作诗本质而言乃是对秘密的几乎－无法－揭示。这种揭示不是赋予一些特殊诗人的特殊任务，仿佛他们为自己选

择了一个特殊的对象。毋宁说：这种对纯然起源者之秘密的几乎－无法－揭示之任务，纯粹就是这一诗性的任务（der dichterische Auftrag schlechthin），是唯一的任务。因此，一切其他自称是诗歌，并且在某种程度上也的确是诗歌的东西，总是仅仅退居于这种创建性的道说身后。如果诗歌之本质需要得到规定，那么它必定像任何一种对历史的本质性创造活动一样，总是从最远的边界而来得到把握。进行本质规定的尺度只有在那里才能找到，亦即在创造者超出其能力而加以承担之处。在那些边界上，创造者们，同样也包括诗人们，知道对他们而言并不现成存在什么对象，他们必须首先将存有创建起来。因此，艺术、诗歌、哲学的对象到底是什么，这样的问题已经从根本上提歪了，成为无穷的混乱的源头。出于这样的原因，人们不仅不能"制造"创造者，而且也不能为他们设立任何任务，哪怕仅仅是提出建议。人们不能期待他们"将我们时代的灵魂层面的内容带入诗歌形式"，因为这是对诗人的一种非诗性的无理要求。谁若是诗人，谁就不会听从这样的要求，并且把完成这样一种委托的工作交付给作家，仅仅在这个意义上这种要求才是无危险的。

　　因此，人们也决不能从每每属于当今时代的东西出发直接说出，某人是否是创造者；人们最多能够说的是，他不是创造者。无论如何，一个诗人——如今——，"将我们时代的灵魂层面的内容写成诗"的诗人，不是创造者。原因不在于这种内容是某种被认为无关紧要的东西，也不在于诗歌的形式和对这种形式的掌握是不充分的，而是因为，这样一种诗歌创作并非创建行为，而只是——作为诗歌形式的报道——同报刊撰稿人的行为在程度上有所区别而已。在这种诗歌形式的报道行为中,总是每每现成的东西,而非历史性的东西,为那样一些人提供一种其他地方所没有的支撑与基础,这些人没有那种独独从有待创建的存有那里而来的必须(Müssen)。

换言之:对秘密的几乎-无法-揭示恰恰是一种对纯然起源者的、持续生长着的揭示之必须(Enthüllen*müssen*)。为何?答案只有在我们现在在启明诗歌之本质的过程中迈出关键性一步时才能找到,亦即,再次去追问这样的问题:从诗歌角度而言,作为存有之创建的诗歌建基于何处?我们预先以公式的方式作出回答:作为存有之创建的诗歌,其本源与它所真正创建而出的东西的本源是一样的,由于这个原因也仅仅由于这个原因,诗歌有能力同样去道说存有,甚至必须这样做。

然而,我们此处并不是在其纯粹思想上的形而上学层面的整体关联中,去展开有关作为存有之创建的诗歌的本源与基础的追问,而是从作为诗人之诗人的荷尔德林的诗歌出发。而这也只是在解释我们的诗歌《莱茵河》的限度中。此间我们必定会越出这首诗歌的框架而深入到这种作诗活动的更深远的领域之中。我们在此首先想要回到那首从一开始就给予我们诗人和作诗活动之本质以指引的诗歌。那首没有标题的诗歌是这样开头的:"如当节日的时候,一个农夫/出发去看望田野"。当我们接下来比迄今为止所提及的东西更加本质性地深入到一种澄清活动中去的时候,这一切也还远离于一种以思想和诗歌的方式塑造起来的、因而独独共同起着作用的解释。前三节是这样的(全集第四卷,第151、152页):

如当节日的时候,一个农夫
清晨时分,出发去看望田野,当
闷热的黑夜迸发出清冷的闪电之际
整整一天,遥遥地还隆响着雷霆,
河水落回河岸,
土地青翠欲滴
天空令人喜乐的雨水
洒落在葡萄树上
小树林在宁静的阳光下闪烁:

同样地,你们处于适宜气候中　　　　　　　　　10
不单单是主宰者,还有令人惊叹
无所不在,强大,圣美的自然
在轻柔怀抱中培育你们。
因此当自然在年岁中偶有沉睡模样
在天空、在植物或在民众中,
诗人也黯然神伤,
他们显得孤独,却总在预感。
因为在预感中自然本身也安宁。

但现在正破晓!我期候着,看到它到来
我所见的,神圣者就是我的词语。　　　　　　　20
因为自然,自然本身,比季节更古老
并且逾越东、西方的诸神,

> 自然现在已随武器之音苏醒,
> 而从天穹高处直抵幽幽深渊
> 遵循牢不可破的法则,一如既往地,源出于神圣的混沌,
> 澎湃激情再度感到自身焕然一新,
> 那创造一切者。①

第一节是诗性道说之最纯粹的简单性的纯粹奇迹。即便仅仅是最为轻柔的解说尝试也立刻显得像是一个过失,显得多余。然而此处比其他地方,甚至比第一眼看上去是荷尔德林最晦涩的那些诗歌,更加需要解释。什么时候注定要为德国人创造这样一种解释,我们并不知晓。我们此处所给出的,仅仅是指引、尝试,且首先是防御。

循着这一方向我们要说的是:第一节给出的不是对自然过程的诗意描绘,不是对一种乡间情调的描写。因此它也不是像一种直观性的导论那样的东西,用以进入在此之后不可直观的、抽象的诗歌的思想内容。所道说的内容并不是一种比拟,一个"形象",一种"比喻",尽管诗歌是这样开头的:"如当……"。而第二节这样继续:"同样地,你们……"。但是,这里用外部自然的物质状况来比附处于诗人精神中的灵魂体验,倘若这不是比拟,那到底世界上什么才是"诗意比拟"呢?

我们首先要附带回问一句:究竟是谁保证我们"诗意比拟"这

---

① 据孙周兴译文而有所修正,参见海德格尔:《荷尔德林诗的阐释》,孙周兴译,北京:商务印书馆,2002年,第55页以下。——译注

个概念不已经是对诗性道说的误解的结果？传统的诗学，就像逻辑学和语法一样，难道不是源自无能于去掌握诗歌的本质？让我们仔细看看当今的文学研究的可疑的工具，我们看到的是老朽诗学的残片，它们在改头换面中（即便在内容上也发生了改变）胡作非为。前不久人们还在寻觅通过精神分析而得到的诗歌的底层基础，如今则充斥着民族性、血和土，而这一切都黏连着老朽了的东西。

"诗意比拟"——最终这是一个多么非诗性的概念！但人们忙于写书，忙于创编新的杂志，忙于文学选集的编辑，忙于不要迟来，以至于没有时间去做这样的追问。整个一生都可能投入这些活动，甚至整个一代人的工作。的确！只要我们没有提出这样一些问题，如今对自称将要出现的"英雄式的科学"（heroischen Wissenschaft）的谈论就只是闲谈而已。

对……的诗意比拟，什么和什么进行比拟呢？自然中的过程比拟精神上的体验。此处的自然是什么意思，精神是什么意思？如今我们是以基督教的方式思考两者的，即使这两者长久以来具有一种世俗化的意义。但如果我们以我们想要的方式来思考这些概念，当诗人说，自然本身教育了诗人时，这里的比拟是什么意思？荷尔德林在此处以及在整首诗歌中提及的自然，并不是景色之自然；自然也不是精神和历史的对立领域。用我们苍白又贫乏的说法，此处的自然是"一般之物"，却不是生物学-有机物的世界观以之终结和开始的原始糊浆、原始泥沼和过度沸腾。自然乃是无所不包的全体。但是这一说法远离任何自然主义，也同样远离任何精神主义。"自然"——荷尔德林对此说了什么？第三节，第21、

22行(全集第四卷,第151页):

因为她[自然],她本身,比季节更古老①
并且逾越东、西方的诸神,

我们可能会想到希腊人的φύσις[自然,涌现]。我们也的确可以这样做,假设我们充分理解和猜知这一φύσις[自然,涌现]。然而——即便这也并不足够。荷尔德林代表的并非希腊世界,而是德国人的将来。没有人能够帮助我们进入其中,如果我们不自己做好动身的准备,并且此间首先去经验和承认,我们尚且缺乏任何准备去开启这一漫游的旅程。

我们这首诗歌的首节以及这首诗歌本身并不是对自然的描绘,不是比拟。此处根本没有就其他东西说些什么。这种诗歌之道说其自身乃是存有之欢呼,是在对它的风暴的渴望中存有的欢呼着的宁静。这种道说不是包含着一种意义和深层意义的语词外壳,相反,它本身,如其被道出的那样,乃是存有之支配性运作。诚然,这种道说在初次见到的、惯常的眼光中正是一首诗歌——被印出来,复刻在许多纸页上,在这里那里可以进行阅读的东西。所有这一些都只是表象,当然,它们是存有本身的必然表象,是这里所道出的道说之表象,得到道说却又未经道说地处于民族之中。这种道说不只是现成存在于民族的图书室、书店和印刷厂里,而且处

---

① 方括号中的"自然"为海德格尔所加。这句诗在我们此前的翻译中为了阅读的可理解性直接译出了指代物"自然",即翻译为:"因为自然,自然本身,比季节更古老"。请读者注意。——译注

于民族之语言的最内在的中心,处于那样的语言之中,这种语言是历史性此在的核心。正因为如此,它才是、且能够是交流的外壳与包装。这种语言仍然以隐蔽的方式乃是那样一条河流,存有在这条河流中并且作为这条河流而创建起自己本身。正因为如此,这种语言才能够每天覆盖住它处于其流动之深处的本己道说而汩汩淌流或隆隆而过。

然而,且让我们仍然从外部停留在诗歌的表象上,来注意一下以罗列的方式所指出的这些东西:闷热的黑夜(第3行),宁静的阳光(第9行),迸发的闪电(第3行),林立的树林(第9行),青翠生长的土地和远处消退的雷霆。此处本质运作着大地和掷雷者,它们不同于诞生和光线,它们是本源之诸力量。它们处于短暂的谐响中,这种谐响通过把万物联结入其本己的支配性运作之中而消解了万物。这是一种至福,这种至福真正而言却仅仅是敌对性:亲密性本身,存有。这些力量乃是为了起源者的本源之"适宜气候"(第10行),是同样包含着急迫和培育,但却"不单单是主宰者……培育"(第11、12行)的诸力量。一切教育都建基于进入到本源中去的被吸纳而入。万物都仅仅在诸力量本身的对抗中,在自然的亲密性中,存在(ist)。而作为诗性道说,而非仅仅处于这种诗性道说中的自然的亲密性本身,是对反而动的,因为道说产生自"在天空和大地之间在民众中漫游"(第42行)的"暴风雨"(第39行)。诗歌之道说产生自存有,但仅仅是为了在自身中保存这种存有,并由此"为两者作见证"(第49行),为诸神和人类。纯然起源者、秘密、亲密性,就作为诸神和人类的中心而本质运作着。

诗歌之道说作为发生活动乃是令诸神和人类解放入他们的使

命中的东西。倘若没有这种道说，万物都必定迷乱于神圣荒野之黑暗，并在"天空之火的灼热财富"中"耗尽"自身。（参看《泰坦》，全集第四卷，第 208 页，第 23 行以下）诗歌乃是对"存有之诸力量的敌对性"的开启："自然现在已随武器之音苏醒"（第 23 行）。存有之敌对性爆发开来，爆发自最深远宽广的对抗："从天穹高处直抵幽幽深渊"（第 24 行）。然而在两者的对抗性中，对万物的创造活动，创建活动，"再度感到自身"，再度来到自身并进入其一体性当中。在创建中，作为这种创建，存有本身的亲密性以支配性的方式运作着。

作诗乃是作为如此这般的存有的基础发生。它创建着存有，并且必须去创建存有，因为它作为创建活动无非是自然本身的武器之音，无非是在语词中将自己带向自己本身的存有。作诗活动作为创建，作为那种并不拥有对象也绝不仅仅歌－颂（be-singt）现成者的创造活动，始终是一种预感，一种期候，一种眼望其到来。诗歌乃是这种所预感之物的语词，是作为语词的所预感之物本身。因为存有作为敌对性本质运作着，它仿佛有时在民众中沉睡。至福看上去就如同平静无扰的安宁，而安宁乃是运动之不在场的假象。此处的运动指的是敌对之物的运动，武器之音的相互交叉的剑的运动。但实际上，这种安宁作为至福乃是敌对性。因此，着眼于对抗及其一体性，对这种安宁的尚且锁闭着的认识，一会儿更加偏向准备好了的，一会儿更加偏向充满意义且可被觉知的，一会儿又像完全消失了一样。然而存有本身，自然，作为这种亲密性始终是"预感着的"（第 18 行）。预感是那种激动人心的－克制着的情调。秘密在其中作为如此这般的秘密而开启自身，扩展至它所有的广度,却又将自身收叠为一。在那里,无所约束的东西在其约束之中呈报出自身。

因为诗人并非与作为对象的自然相联系,而是"自然"作为存有在道说中自己创建自己,诗人之道说作为自然的自身－道说(das Sich-selbst-sagen der Natur)便与自然一道归属于相同的道说之本质。因此,关于诗人们说的是:他们"总在预感"。他们的道说不是一个孤立个体的得到解放的创造,不是以制作为目标,也不是着眼于如下角度来评估这种制作,亦即诗人的"个性"在所创造出来的东西中是否以及在多大程度上实现了自身。诗人"总在预感"。此中界划出了作诗活动的本质。而这说的是:源初地接合入作为如此这般的存有的亲密性之中。这种预感不是闲庭信步的预测,或者对突然产生的想法的单纯尝试,而是"遵循牢不可破的法则,一如既往地"(第25行)。诗人总在预感,这并非要说:他们乃是诗人,除此之外也还预感,而是:他们乃是这种始终进行预感之人,与存有本身一道预感,仅仅就此而言他们才成为诗人,才是诗人。作为存有之创建的作诗乃是源初的法则赋予,其方式是,作为如此这般的法则根本不露面,一切却自行接合入了嵌合(dem Fug sich fügt)之中。

此处的这些指引必定足以启亮我们的第三个问题,亦即有关处于与存有(这种存有在诗歌中创建自身)的关联中的诗歌之本源的追问。诗歌的可能性与必然性建基于被理解为"自然"(亲密性)的存有本身的本质中。对诗歌之本质及其在存有中的"位置"的奋争,占据了荷尔德林最伟大的创造活动的时段。为了赋予我们民族的诗歌以一个崭新开端,我们必须事先将那种诗性的助跑投入到这种斗争的范围内,荷尔德林想要在这种诗性助跑中以"恩培多克勒"的形象来对诗人和思想家进行作诗。当然,诗剧《恩培多克勒》只是残篇,但我们忘记了,在像《日耳曼尼亚》或《莱茵河》这样的诗歌中,以最高程度的纯粹性而得到塑造的东西正是诗剧《恩培多克勒》所寻求的东西。我们必须仅仅事先将这些诗歌的立于自身的纯粹性把握为得到道说的亲密性。这也意味着:将其把握为像一种"神圣的混乱"那样与我们相对而立的、最高程度的敌对和对抗。如果我们具备了衡量本质而言的简单性的恰当尺度,并且不把这种尺度和一种廉价的、一目了然的可理解性搞在一起,就能清理出这种神圣的混乱的头绪。

现在事关宏旨的是去追踪诗歌本身。这种诗歌作为对纯然起源者之秘密的几乎-无法-揭示而存在。

d) 处于其对存有之本质的源初归属中的河流与诗人。作诗作为秘密之几乎-无法-揭示

在我们踏上这条道路之前,还有本质性的一点需要提及。得到道说的乃是莱茵河。这种道说乃是关乎半神的诗性思想。半神的本质在于内守并经受处于诸神和人类之间的存有之中心,那个存在者整体在它之中并为了它而打开自身的中心。创造者们本身包含在这些半神之中,而诗人们包含在这些创造者之中。诗人之存有建基于"自然"(作为如此这般的存有),后者在诗歌中源初地道说着自己本身。

然而河流并非代表半神的一个意象,河流是河流本身,就像河流将土地创建为土地和民族的家园。然而,只要民族的这种居住

和此在存在着,它们就是诗性的。在诗歌中,民族之历史的轨道和边界得到了源初开辟。这是河流的本质。这种流动作为本源的已然源起而出乃是纯然起源者。

河流是河流,半神是半神,诗人是诗人。但河流和诗人这两者就其本质而言都归属于对一个历史性民族的居住和此在的创建。河流与诗人在对存有之本质的源初归属中是同一者,只要存有作为历史并因此同样作为狭义上的自然显现而出。但是此处,在荷尔德林被委任以创建我们的存有的任务处,纯然起源者,河流与半神的源初本质,必须首先得到道说。这种道说乃是几乎－无法－揭示。我们知道:纯然起源者的最内在的本质乃是作为源起而出(Entspringen)和已然源起而出(Entsprungensein)的本源的自身敌对的叠合。因此对河流的道说从一开始就不可以是一种简单连续的讲述,从河流的产生,到它流经的过程,并最终汇入大海。这会是对一种自然现象的诗意描绘,却并非荷尔德林此处被委任的作诗活动。

如果我们对这首诗歌中的某些东西有所预感,我们就必须期候着,处于源起而出和已然源起而出的敌对性中的纯然起源者自行展开出来。诗节顺序自身就是敌对性的,但不止如此;敌对性的如此这般的出现,会提升为两者之间最高程度的争执;而在这种争执中,最亲密的亲密性最终必定会开启自身。在这种亲密性之道说着的开启中,半神的纯然起源者之存有,存有本身的中心,随之得到了诗性创建。

现在——在这种对整体的观视轨道内——我们需要尝试对接下来的诗节作出总体勾勒,不是作为一种草草掠过的内容提示,完全相反：我们试图亲身接近诗歌的基础特征，接近这种关乎亲密性的道说。对解释而言这意味着：我们追踪诗节的敌对－至福，这种敌对－至福是自身提升着、并交互地将自身推往高处的敌对－至福。对此需要回想一下早先业已表明的对诗节的划分：第一节；第二至第九节；第十至第十三节；第十四节；第十五节。然而这只是辅助。谁有能力立身于这首诗歌的至纯的简单性之中，谁就无需这样一种"编号"。让我们跟随接下来的诗节一直到下一个大的划分处，亦即第十节。

第20节　第五至第九节诗。处于源起而出与已然源起而出的矛盾中的纯然起源者，其本质的展开

a) 第五节诗。纯然起源者的已然源起而出。源初的地方风土从河流精神中的生成

在第四节中，亦即在道说着纯然起源者之整体，以及道说着对这种纯然起源者之整体的道说之处，这种道说本身仍然是从第54行开始的：

> 但是，像莱茵河那样，从合宜的高处起源，
> 终其一生
> 保持为自由
> 并独独实现心中的愿望，

第三章 纯然起源者作为存有之中心中的争执 317

那样一人又在哪里。
像莱茵河一样,
从神圣子宫中幸运地出生? 60

对这样一种本源的幸运之物的赞美,"合宜的高处"(第58行),幸运的纯粹自由与至福,从这种自由与至福而来一切都必定会成功;在那里根本完全无法去问及,是否在这种至高的恩宠中(这样一种本源在那里赐予一切),有什么东西可能会发展为不幸与相反之物。因此,在谐响着的对立中,与这种纯然起源者之本源的恩宠共同而行的,乃是纯然起源者的已然源起而出,后者在第五节中得到了道说(全集第四卷,第174页):

五

因此欢呼是他的词语。
他并不像其他孩子一样,喜欢
在襁褓中哭泣;
因为哪里河岸首先
朝向他那边蠕动,弯曲,
并且在渴望中缠绕着他,
渴求去牵引并保护
无所深思者
用自己的牙齿,在大笑中
他撕碎了蛇并且扑向 70
猎物,而如果

> 一个更巨大者,没有迅即驯服他,
> 令他生长,他必会如闪电般,
> 把大地劈开,而森林会像被施以魔法者一样
> 随他飞去,群山共同沉落。

一种已然起源者的——处于其存有中的——"欢呼"(第61行),一种泛滥起来的爆发,对大地的肆意撕扯与劈开,对大地的施魔,河岸最初的、野性的构形;河流唤醒了森林与共同沉落着的山脉。此处发生着源初的地方风土从河流精神中的生成。

b) 第六节诗。经由神而对半神与创造者的约束。河流作为人类之居住的建基者

然而,在纯然起源者的这种幸运的、发出欢呼的存有中如今出现了第一个"但是"。第六节(全集第四卷,第174、175页):

> 六
>
> 但是一位神想要替神子们节省下
> 迅疾的生命并微笑着,
> 当众河流无节制地,
> 却又被神圣的阿尔卑斯山阻挡,
> 在深处,如那莱茵河一般,朝他发怒。
> 在这样的锻炉中
> 所有纯净者也得到锻打,
> 那么美,就像莱茵河,

当莱茵河离开群山之后,

在德国的国土上静静蜿蜒

如此满足,止住了渴念

在良善的忙碌中,当他筑造着国土

父亲莱茵河,哺育着亲爱的孩子

在他创建的各个城市。

"但是一位神想要替神子们节省下/迅疾的生命并微笑着","一位神"——不是随便什么神,而是:就像此处的本源是一种神性的本源一样,彼处的神已然先行有所把握,而他想要节省下迅疾。神的这种先行把握着的侵入(vorgreifende Übergriff)乃是以有所保留的阻拦的形态出现的本源之力量。

这个"节省"(sparen)是荷尔德林的一个本质词语。它具有双重涵义,其中之一是"免-除"(er-sparen),为某人免除某事,通过这种方式不打扰到他,爱护他。因为源自神性者的本源始终将人置于过度、野性的流淌以及随之而来的毁败的危险中。这种危险得到免除,其方式是,神同时在源初的、神性的使命中,在保管和保存的意义上进行节省。神在源起而出之物的自我意求着的狂暴中投入一种延迟。本源之力量因而如此对抗着已然起源者的不受限制的踊跃而出①;它得到了对迅疾的节省。通过这样一种节省,已然源起而出之中的一个领域被省出来,在这个领域中已然起源者

---

① 注意"踊跃而出"(Losspringen)与"已然起源者"(Entsprungenen)的词根都是"跳跃"(springen)。——译注

本身被设置入界限,它有所停留,并被锻打成至纯的形态。这种作为有所免除的、省下意义上的节省,属于神与半神及创造者之关联的本质。在诗歌《和解者,你从未相信……》中我们直接听到了这种关联(全集第四卷,第163页,第28行以下):

> 它受到了预先规定。而神微笑着
> 当河流持续不停却受到他的山脉的阻挡
> 对他愤怒相向在坚硬如铁的河岸中发出咆哮,　　　30
> 深邃无比,那里没有白昼去命名那些埋葬者。
> 噢,你一直,保持着一切,同样如此将我
> 保持并为我省下飘然欲飞的灵魂,

作为这种约束性的阻拦的培育,就这样进入到已然起源者的本己力量中。然而其方式是,这种培育本身作为一种有所创造的培育产生了界限、尺度和持续性。因此第六节第83行说:"那么美,就像莱茵河……"。河流现在为土地创造出了可定居、可交通往来、得到塑形的空间以及划定界限的处所,为民族创造出了可开垦的土地,并维系着它直接的此在。河流不是一股仅仅流经人类所在之处所的水流,相反,它的流淌,作为形塑土地的流淌,才首先创造出了为人类居住进行建基的可能性。河流是一个创建者和诗人,这并非在比喻意义上,而是作为它自身。

因此现在,纯然起源者显现为得到阻拦的,在这样一种阻拦中自持着、并如此才得到了培育、有所创造的纯然起源者。纯然起源者在与起初幸运而野性的欢呼以及向前撕扯的对抗中被带向完

成。"在德国国土上如此满足"显现为本源和已然源起而出之间的完成了的谐响。

c) 第七节诗。处于本源中的存有的内立性作为有所创造的自我制约的条件。半神之存有中的敌对性

第七节由此开始,与前面内容形成鲜明对立(全集第四卷,第175页):

> 七
>
> 但是他从未,从未忘记它。　　　　　　　　　　90
> 因为居所必定消逝,
> 法规,人类的日子
> 将变得不成形象　　　　　　　　　　　　　265
> 在这样一个人可能忘记本源
> 以及青春的纯然音调之前。
> 它是谁,首先把
> 爱之纽带毁坏
> 把它们做成绳索?
> 凭着他们自己的权利
> 当然还凭着天空之火　　　　　　　　　　　100
> 这些反抗者发出讥讽,之后
> 才蔑视有朽者的道路
> 而选择鲁莽冒失之物
> 力求与诸神相等同。

已然起源者的存在恰恰如今在这种谐响中背向自己本身，并且跃回到本源之中。如果已然源起而出能够遗忘其本源的话，它也就不会是纯然起源者的这样一种已然源起而出了。如果河流不先于一切地持续源起而出的话，河流又如何成为河流，如何流淌？流淌完全每每就是一种有所创造的流淌——筑造着，养育着，建基着。在这样一种作品（Werk）中发生着制约。这种自我满足不是退却到一种普遍的安心与无忧无虑中。它也不是一度被强加的东西（这种东西作为无法改变之物被简单接受下来）的单纯行进到底。在纯然起源者的这种存有的范围内，宿命意义上的命运并不具有其位置。对起初泛滥着的意志的约束并没有扼杀这种意志，远远没有扼杀以至于，恰恰因为得到约束的东西现在被抛回到了它自身，它才必定好好地认识了它的起源。在有所创造的自我制约的本质中存在着这么一回事，亦即，它将限制作为限制而接纳下来，并且自己一道参与对限制的设置，也就是设置为对它的本质的限制。限制恰恰通过约束而将无约束的东西推出来，这种无约束的东西不仅是一般意义上的，而且是作为那种东西，这种东西作为制约的起初及始终的条件甚至必定得到了保存和主张。处于本源中的存有的内立性（Inständigkeit）必须首先想要去经受一切，即使经由这种返回到本源中去的意志，一切已然建基的东西、已然筑造的东西都会消逝不见。这些东西必定会分崩离析，倘若它们离开了本源，并想要独独作为一种无根的制作活动的孤立结果苟延残喘。

通过先前的解释我们知道（本书第 36、183、217 页）："……人诗性地居住/在这片大地上"①。只有当诗性之物本身始终只在本源中本质运作着,"永不遗忘"(第 90 行)本源之际,它才始终具有力量。

因此,来自于得到约束的已然源起而出且并不将其放弃的纯然起源者,始终将自身驱赶回它的本源之中,并因此在自己本身中展开出对抗性。在土地上的自我满足的至福,恰恰当它保持为河流的泉源般的流淌之际,就根本而言乃是被推向极端的敌对性。然而,当河流如此这般地想要在潜隐地流动中回到本源,它也同时再度调头离开了它的使命——敌对地对抗着这个使命。它在对本源的意求中,在这样一种敌对性中甚至对抗着本源之诸力量。而另一方面,恰恰是这些本源力量——大地与神——让它源起而出,并且规定着已然源起而出。正是这些本源力量根本上将敌对性置入纯然起源者的本质之中,而这种敌对性现在反过来对抗着它们——对抗着作为本源力量而将它们的已然起源者联结入最亲密的纽带中的本源力量。因此在第七节,第 96 行以下,出现了貌似毫无准备、现在看来却是不可避免的问题:

> 它是谁,首先把
> 爱之纽带毁坏
> 把它们做成绳索?

它是这样的问题,这个问题为我们打开了纯然起源者的全然

---

① 《在明媚的蓝色中……》,全集第六卷,第 25 页,第 32、33 行。

的谜团性质。这个问题必定反感于这样一点，亦即，创造性的东西是敌对性，而独独是争执在争执中生成了伟大之物。我们由此触及了在诗歌《和平》中同样鲜明而几乎以反叛的方式提升起来的问题（全集第四卷，第137页，第24行以下）：

>　　谁令其开始？谁带来了诅咒？不是在今天
>　　　　也不是从昨天而来，而他们首先
>　　　　　　丧失了尺度，我们的父亲们
>　　　　　　　　并不知道，而他们的精神推动着他们。

纯然起源者必须为了它的已然源起而出（Entsprungensein）之故要求起源。这种意志成为了对抗着本源力量的对立意志，这些本源力量意求着已然源起而出（Entsprungensein）的使命。然而对抗着本源力量的对立意志乃是这样一种意志，它企图跨越源初的不对等（参看第104行和120行）的界限。在纯然起源者本身中本质运作着的敌对性，将纯然起源者驱遣入对抗着诸神的放肆与抗拒之中，同时也驱遣入对人类的道路的蔑视之中。这便是半神之存有。存有之中心于是看上去显得——同时敌对于两方。但这种敌对独独是为了源初地保存与诸神和人类的关联，与本源的关联，以及与在已然源起而出之中所创造出来的东西的关联。

如今我们预感到，这些半神在多大程度上是最盲目者——因为他们想要看见其他生灵无法看到的东西，因为他们过多地拥有一只眼睛：对本源的观视。这样一种观视不是没有约束的视见与回视，而是对一种源初联系的完成。这种在本源本身中得到建基的半神之本质的敌对性,发展为放肆,独独为了保存本源之故,——这便是缺。

d) 第八节诗。诸神的至福作为处于半神之存有中的敌对性的隐蔽基础

我们可能会想,现在对纯然起源者的谜团性质的解释已经足够了。但诗人现在才冒险去道说最深奥的秘密,并在几乎-无法-揭示中逗留了片刻(全集第四卷,第175、176页):

八

但是诸神餍足于
自己的不朽,而天神们需要
一种事物,
那就是英雄和人类
以及其他有朽者们。因为
至福者经由自己感觉不到什么,
必定有一个他者
以诸神的名义
参与感觉,
如果这样说是允许的话;然而他们的法庭
乃是,他把他自己的房屋
摧毁并像对待仇敌一样咒骂
至爱者并把父亲和孩子
埋葬在废墟之中,

> 如果有人,想要,像他们一样,并且无法
> 忍受不对等,这狂热者。 120

此处矗立着几乎是散文形式的句子:"如果这样说/是允许的话"(第111、112行)。然而这些句子是纯然诗性的,虽则它们可能会成为最表面的社会交往的措辞。它们是诗性的,因为它们从一种诗性的基础情调的最高尺度而来得到了道说。

在我们河流诗的内部我们处在哪个位置?不在久已源起而出的河流那里,或者更好地说:同样也在那里,并因此同时也在本源之中。纯然起源者的这种道说将我们撕扯出又撕扯回本源——撕扯入对本源之本源的道说中,并由此首先来到完全的秘密面前。

这节诗的开头是彻底陡直的——非常荷尔德林,仿佛前面杳然无物——以对诸神的道说开始。因为诸神在其至福中无法凭自己感觉到什么,必须有一个他者参与感觉,作为如此这般的存在者才能在这样一种感觉中开启自身。这些他者就是半神。诸神的至福是半神之存有的必然性的隐蔽基础。然而这种存有乃是敌对性,是对抗着诸神的放肆。这种暴动(Aufruhr)的本源乃是诸神的至福。诗人的道说由此触及了处于存在者整体之本质中的最亲密的对抗性。

我们同时从中获悉了第八节和前面几节之间的内在共属。第四节涉及源起而出;第五节涉及得到解缚的已然源起而出;与此相对,第六节涉及处于其约束和自我满足中的已然源起而出。第七节:已然起源者必然返回到作为起源者的自身——返回到本源——,因此在自身中具有敌对性。不仅是在自身中,甚至由于自

身中具有敌对性而对抗着本源及其诸力量。第八节:本源力量本身,最高程度的至福的存有,这种至福在自身中需要着最高程度的敌对性。

诗人的思想凭着这第八节攀升至了西方思想(而这同时意味着存有)的最高耸而又最孤独的巅峰。我们认识到,在这样一种巅峰上创造者们比邻而居,每个创造者都处于他自己的山上而又被深渊分隔开来。在如今所抵达的巅峰上,荷尔德林与我们西方历史之开端的思想家们比邻而居,并非因为荷尔德林依赖于他们,而是因为他以开端性的方式成为了一个开端者(Anfänger)——对那样一个开端的开端者,这一开端如今长时间地在未曾开端中等待着被赋予力量。

荷尔德林在第八节以诗性的方式所思考的东西,乃是处于存有之本质中的最高程度的值得追问性。这种存有在我们的历史中开启自身,但却更经常、更持续地受到了埋没。迄今为止的形而上学的本质,它追问的方式,它的概念,并不足以对这个问题发起追问。即便一种对西方思想和作诗的开端的史学式回忆,也只不过是辅助,只消我们没有将对存有的追问作为我们的问题、作为将来的问题而加以追问,没有冒险出离而进入到值得追问的东西的陌异性中。

倘若我们认为,荷尔德林自己在一种轻松的诗歌的激昂振奋中,一下子向上荡入到了这节诗乃至整首诗歌的道说之高峰的话,这同样是错的。幸运的是,我们拥有在塑造这一节的本质内容的过程中的草稿。通过对草稿和终稿的比较,我们能够获悉有关这种最高程度的诗性的道说之必须(Sagenmüssen)的攀升过程的斜度。从形式上看,我们拥有一些情况相似的不同修改稿,就像比如说在《帕特莫斯》第一节那里的情况(参看本书第 53、54 节)。就像在那里一样,此处对工作作坊的察见不是因为好奇,而是为了不拿太过渺小的尺度来测度诗性创造的内在暴力,并对这些诗节的陌异和罕见有些许预感。让我们用以下草稿来和第八节,第 105—114 行的内容作对比(全集第四卷,第 349 页):

> 因为他们准确无误地行走,往前直视
> 从开始到预先规定好的终点
> 而行动和意志在他们那里
> 总是获胜并且始终一致。
> 因此至福者自己并不去感觉,
> 而他们的欢乐乃是
> 人类的道说和言谈。
> 在不安中诞生,他们在远远的预感中
> 使心灵在居于高处者的幸福中得到舒缓。
> 诸神热爱这一点;然而他们的法庭……

两个版本都涉及诸神之存有及其与人类之存有的关系。两个版本之间巨大的、本质性的距离直接跃入眼帘。草稿仍然完全停留在一种对神性的存有的、以人类方式所同感着的描写的领域中,人类的存有仿佛简单地被置于这种神性的存有近旁。对于人类的存有诸神感到高兴,而人类则在神性的存有面前平静着他们的心。在终稿中一切都是不同的,一切都出离而被置入陌异的东西和矛盾的东西中。更具体的指引应当对两个版本之间的差异进行澄清，这些更具体的指引包括：1. 联系于对诸神之存有的标示，2. 着眼于诸神同人类的关联。

关于第 1 点：草稿更进一步地将诸神之存有描写为：至福。这种描写是一种说明。至福就好像是意志与行动间谐响的结果；至福的：没有错误，始终是胜利和相同的。与此相反，终稿以简短而又不在场的方式说：他们满足于自己的不朽。这种存有并未得到描写，相反：通过对作为过度充足的不朽的命名，这种存有完全被置入并置回到自身之中——在隐蔽中，而在这种隐蔽和锁闭中至福者们的在自身中本质运作着的无所需求进入到光亮中。此处，至福并不显现为谐响的内在结果，而是显现为一种极端的对抗性的基础。由此，至福者们与人类的关系与草稿相比同样得到了完全不同地理解。诚然，在两个版本中都提到，至福者们无法感觉它们自己的存有，但即便此处也存在一种差异。在草稿中只是描写道：至福者们在意志和行动方面处于谐响中，以至于它们自己无法感觉它。此处只是一种确认，并且这种无法感觉是完全的谐响的结果。终稿则严格而本质性地说："他们经由自己感觉不到什么"①。这种丰盈甚至将他们锁闭于存在者之外。但是，这种至高的自我满足以及这种源自于丰盈的锁闭性，乃是他们需要一个他者这回事的原因。

关于第 2 点：相应的，诸神与人类的关系现在得到了不同理

---

① 原诗实际上是"至福者经由自己感觉不到什么"，海德格尔这里的引用略有差异。——译注

解。似乎继续以描写的方式,草稿仅仅是说:"而他们的快乐乃是/人类的道说与言谈"。这一个软弱无力的"而"(Doch)字表现的只是一种外在连接。① 诸神现在再次有所感觉,亦即感觉到快乐,而在诗歌本身中并未谈及这种感觉,因为他们经由自己恰恰感觉不到什么。因此也不存在这样一种感觉能够规定与人类的关联。相反,与他者的关联的必然性现在首先需要说明理由,虽则需要和需求的根据已经被移置入了无所需求的过度以及无所感觉之中。并不是单纯描写性的"而"(doch)实行了向着人类的过渡,而是一种说明理由的"因为"(Denn weil)。参看《哥伦布》(全集第四卷,第264页,第47行以下):

  因为常常,当

  天神们变得

  过于孤单,以至于他们

  单独地相互团结在一起……

但这种思想如此地非同寻常,以至于诗人插入道:"如果这样说/是允许的话"(第 111、112 行)。与此相应的同样还有从人类角度来看的诸神与人类之间的关系;在草稿中似乎具有一种谐响,人类以此平静着他们的心;而终稿令半神们的此在成为必要,半神们在其本质中承载着敌对性并被驱遣入放肆之中。

  如果我们注意到这一切,那么第 114 行的过渡就不像海林格

---

 ① doch 在德语中表示一种语气比较弱的转折。——译注

拉特认为的那样（全集第四卷，第347页）是生硬的。它远非生硬，严格而言，此处根本不存在朝向另外一种东西的过渡。那已然得到道说的东西只需被思考到底，亦即，在被需要者们、半神们的本质中所包含着的东西。这些半神们在对本源的返回意志中并不想要和诸神一道"忍受不对等"（第119、120行）①。因此半神们必定因为他们神性的本源而在放肆之中崩溃，而诸神本身必定击碎他们所需要的半神们。

因此在道说的最为巨大的严酷中，争执（Streit）被移置入存有本身的基础之中。但这种源初的敌对性是最真实的亲密性，对于这种亲密性，我们当然不能用人类情感的标准去进行评估，而且首先是：不允许这样去做。因为纯然起源者的这种本源乃是彻底的秘密。即便在纯然起源者在其已然源起而出中自满自足之处，这种秘密也始终保持着。

如果我们想要在其顺序中，而这意味着在其与先前诗节的关联中，恰当地理解接下来的第九节的话，这一点就需要得到注意。

e）第九节诗。限制作为在本源之无约束性中的持留

九

因此对他而言，他寻找到了

---

① 此诗句原文为"无法/忍受不对等"（nicht / Ungleiches dulden），此处因语法和译文流畅之故将否定词 nicht 移到引号外面进行翻译。——译注

332　第二部分　莱茵河

> 一种赐福的命运，
> 在那里，漫游
> 和受苦的记忆在安全的河岸
> 仍甜蜜地澎湃作响，
> 在这里和那里
> 他欢喜地眺望向边界，
> 神在出生之际
> 为他划定了这些边界以便居留。
> 然后他休憩，幸福自足，　　　　　　　　　　　130
> 因为所有他想要的东西，
> 天神，由他自己合围着
> 无所促迫，微笑着
> 如今，他休憩，这大胆者。

274　　如果现在,在纯然起源者从其最为隐蔽的本源而来得到命名的地方,已然源起而出再一次并最终在极端的广度中,被置于与这种纯然起源者(作为自足的存有(参看第六节第二部分))的对抗中的话,这只不过是应合于诗性道说的最内在的意志。如果我们只是想要如此来倾听这节诗,仿佛现在一切都消融在了单纯的至福和安宁中,那么这就跌落到了对整体的没有指望的误解里。我们会纯粹计算性地根据第九节的内容,从产生自河流之存有的东西出发来规定河流的存有。此外,我们还会遗忘了这样一回事,承载并规定着如此这般的生成、在其中始终本质运作着的东西,恰恰就是本源。而我们只需注意一下:这节诗的最后一个词将如此自足的河流称为"大胆者"(第134行)。激情没有被浇灭乃至否定,而只是得到了约束。本源没有被遗忘,而是被保存在了作品中。这种极其自足的命运并不意味着,现在半神之存有已经将自己拯救入一种在感到舒适并在抵达了的东西中休憩意义上的有限性。因为惯常的有限之物以如下方式区分于真正的有限之物,亦即,前者完全看不到它的边界(Grenzen),并且在这种无所视见的边界内自我遗失在平均性的东西和没有根基的东西中,最终偶然地在某个地方停止。但真正的限制(Begrenzung)始终将界限作为界限(Schranke)来经验,这种限制只存在(ist)于是其所是的约束之中;它接合入边界,这种边界乃是作为在本源的无约束性中的持留。"坚固的河岸"是完好的,一切都处在谐响中,但这仅仅是因为天神"无所促迫"(第133行)。而培育和急迫已经变得如此具有压迫性,以至于即便是无约束性之约束(Bändigung der Unbändigkeit)也被接纳到了至福的自足的情调之中。这是真正的边界之设立(Grenzsetzung)。

真正的边界与形态,得到源初筑造和建基的东西,只在其伟大和简单中作为有所克制的放肆,作为本源的过度涌流的自负之自-持(An-sich-halten)而本质运作着。亲密性——纯然起源者的本质——乃是敌对性的争执的克制。在这样一种争执中,内守于诸神和人类之间的存在的中心被争得,亦即得到痛苦遭受。作为命运的存有只存在于这样一种痛苦遭受(Erleiden)①规定着激情并成为此在的基础情调之处。

---

① 注意这个词在之前被翻译为"引发性受苦"。——译注

在第四节到第九节，纯然起源者，半神们的存有，在其本质中得到道说。它作为源起而出与已然源起而出之间的矛盾而本质运作着。成为河流意味着，将这种矛盾展开入最高程度的敌对性，并将这种敌对性作为亲密性加以保存，内立于亲密性之中。第九节由此得到了理解。

第21节　第十至第十三节诗。从诸神与人类而来思考半神之存有

"现在我思考着半神"（第135行）——这意味着，现在，在所有这一切都透彻思考过以后，在往回思考入纯然起源者的本质的一体性之后，思想抵达了这一所思，现在半神才得到了思考。关于诗人在此所思考的东西，关于这种存有，他提到说，他必须真正地去加以认识（第136行）。为何？因为他对它的渴求存在着，因为他作为诗人的使命无非是进入到创造者们（他们立身于诸神和人类之间）之此在中去的被抛。半神的存有现在真正得到了筹划，以诗性的方式得到了创建。

然而诗歌尚未结束。因此我们在解释的一开始就说，将第十节引入的这句诗，乃是整个诗歌的枢纽。此中意味着：认为随着第十节才开始了对半神的思考，与认为随着所思之物得到实现的第十节这种思想停止了，都同样错误。相反，现在，在诗人以诗性的方式开展了半神存在（Halbgöttersein）的本质之际，他才能让它完全地本质运作起来。对于解释而言，出现了这样的问题，已然来到了自身的、对半神之存有的思想现在如何完全实现自身？接下来

的内容显然并非对先前内容的重复,而是带来了某些不同的东西。然而——现在还剩下什么不同的可能性,去思考半神的这种之间存在(Zwischensein)?答案在根本上是简单的:如果不是从之间本身的中心出发,就从之间所横跨之处,从貌似的两端出发。但这并不意味着,现在诸神和人类单独得到了思考;在诗歌《莱茵河》的整体中,始终并且仅仅得到思考的乃是半神。然而仍然存在着以更加充实的方式去思考半神之存有的可能性:或者仅仅从诸神出发,或者仅仅从人类出发。如此得到思考的东西复又在自身中进入到对抗运动(Widerspiel)中。这整个的对抗运动最终成为第二至第九节的对立运动(Gegenspiel)。当我们以此方式来把握接下来第十到第十三节的四节,这也就同样照亮了第十四与第十五节。

a) 第十节诗。对持留于神性本源中的陌异者的追问

十

现在我思考着半神
而我必认识珍爱者,
因为他们的生命常常如此
激动着我渴望的胸膛。
但是谁的灵魂,
像卢梭,像你那样不可征服,
坚强忍耐,
有更可靠的感官
去倾听甜蜜的礼物,

140

> 去如此言说,他像酒神一样
>
> 从神圣的丰盈而来,愚笨而神圣地
>
> ——无法则地令最纯粹者的语言
>
> 为良善者所理解,但又合理地
>
> 用盲目性来打击无所敬重者
>
> 这些亵渎的奴仆,我该如何称呼这陌生者?

当现在所触及的对半神之本质的所思被展开在这样的方向上的时候,亦即,半神不是什么同时半神却又得以显现而出的方式,随第十节就开始了对半神之存有的思考。半神真正的本质,之间存在,通过这种衬显才间接变得可见,而处于其完全的不可比较性中的秘密也得到了揭示。

这一第十节——从139行直到这一节结尾第149行——在其语言形态中,乃是以一种独一无二的问题形态出现的一段独一无二的关节(Fuge)。在这一节的结尾有一个问号。注意这一点越发重要起来,因为荷尔德林在对标点符号的使用中是完全"任意"处理的,亦即,从某种非诗歌性的标点符号用法来看而显得任意。这种标点符号用法对于通用语言而言可能是重要的。与此相反,荷尔德林的任意是对其诗性道说的不曾道出的法则的联结。在诗歌的15节中只有1节也还用问号结尾。那就是标志性的第四节,在那里开始了对纯然起源者的追问,并以对本源的恩宠的指引开始。但是,就像语法所称的那样,这个问题真正而言是一个修辞性问题,因为答案就存在于问题所指向的东西,存在于纯然起源者的本质之中,因为这一本质在紧接着的第五至第九节得到了展开。

与此相反,作为第十节而提出的真正的问题并没有得到回答。这一节所谈论的东西,仅仅是一个问题,始终只是问题。这个问题是对陌生者的追问。谁是这个陌生者和始终陌生者?在这节诗中出现了名字"卢梭"。我们知道,他的名字事后才出现在荷尔德林的朋友海因泽①的名字所在的地方。第十一节第 163 行的词"在比尔湖"②同样是事后的添加,这个添加在对卢梭住地的指示中关联于对卢梭的提及。因此,对这节诗的源初解释必须避免与卢梭产生关联,相反,只有从这节诗的意义出发才能理解,诗人为何能够在此同样提及卢梭。

"我该如何称呼这陌生者?"(第 149 行)——此处的命名复又是在对此处得到追问的存有的源初创建。诗人提到了这样一种东西,这种东西"愚笨而神圣地"(第 145 行)"倾听与言说",是"一无法则的"(第 146 行)。这并非与法则相矛盾,而是无需法则,"从神圣的丰盈而来"(第 144 行),言说着"最纯粹者的语言"(第 146 行),令它"为良善者所理解"(第 147 行),并击倒"这些亵渎的奴仆"(第 149 行)。

这些在此处的追问中提到的存在者,不是诸神,而是神性者,仅仅从这种丰盈而来"愚笨而神圣地"。它是这样一种东西,这种东西在神性者中有其本源,并在仅仅持留在这种本源中的过程中,使这种神性的本源流淌而出。但这种东西并非真正的已然起源者,亦即从诸神的这种存有当中逃跑出来的东西,乃至对抗着诸神

---

① 海因泽(Johann Jakob Wilhelm Heinse, 1746—1803):德国作家、教师和图书管理员。荷尔德林的著名长诗《面包与酒》是题献给海因泽的。——译注
② 比尔湖(Bielersee,法语 Lac de Bienne):瑞士境内的一个湖泊。——译注

的反叛者。它不是真正的半神，不是之间（对这种之间而言对抗性乃是其本质），而是与诸神和存有之一般——自然——的持续、不间断的谐响。

这样一种源初的、在其自然性（Natürlichkeit）中不间断的存有，引发了对卢梭及其学说的思考。此间需要考虑到的是，当时的时代——大约康德和德国观念论的时代——看待卢梭的方式完全不同于我们今天。然而所有这一切在此都并非最为重要。最为重要的独独是这样一点：这样一种仅仅与神相亲密（gottinnig）的存有的可能性向诗人——正是在对半神之存有的思考中——迎面而来。但这保持为一个问题。而这意味着：半神的存有连同诗人本身的存有始终隔绝在此之外。得到追问的人乃是一个陌生者，而诗人恰恰所知晓的乃是半神（这节诗的开头）。

海林格拉特处在对这一文本的错误解说中。陌生者并没有得到规定，紧接下来的内容，"大地之子"（第 150 行），也不是对这个问题的回答。"陌生者"、"大地之子"和半神也完全不是同一者。恰恰相反：重要的正是去道说这三者之间的区别。海林格拉特误解了整首诗的基本内容。

b) 第十一节诗。处于与人类的无所-操心的关联中的半神之存有

十一

　　大地之子，就像母亲一样，　　　　　　　　150
　　满怀爱意，他们，幸运者，同样

无所辛劳地接纳,万物。
因此这也令有朽之人
感到惊讶和恐惧,
当他思考着
用爱的双臂
将其置于肩膀的天空,
以及欢乐的负担;
往往对他似乎最好的是
在那里被几乎彻底遗忘, 160
那里光线并不燃烧,
在森林的阴影中
在比尔湖新鲜的草场上,
无忧无虑地,
初学者一般,在夜莺身边学习发声。

与有所追问的第十节形成鲜明对比,第十一节开头无所疑问地径直在道说中提到"大地之子"。那便是人类。这意味着,半神的之间存在现在从它另一"端"出发得到看待。人类的此在并没有单独得到描绘,这是绝不可能的,而是在对半神之存有的可怕(Furchtbarkeit)的、始终起着主导作用的面对和背对之中得到提及。从这个角度出发来看,人类是"无所辛劳者"。更鲜明地说:他们"同样"(第151行)是无所辛劳的,其方式就像那个陌生者。那个陌生者凭借"更可靠的感官"(第142行)径直令神性者流淌而出,并在令其流淌而出的同时恰恰逗留在它之中。这个陌生者和人类一样，以各自不同的方式承载着与处于其存有中的诸神的关联。这同样包括"大地之子"，因为大地也是一个女神。

然而这些各不相同的神性者——陌生者和人类——他们本身绝非诸神。但他们也同样不是半神，因为半神的存有从之间而来获得规定。半神是这种之间，而那些神性者各自只是处于一边，因而只是保留着一种同神性者的关联。他们由此引起了是半神（Halbgötterseyn）的假象，诗人因而必须提到他们。这说的是：他们并非简单地仅仅作为相反可能性（Gegenmöglichkeiten）而得到提及，作为那样一些可能性，这些可能性与半神之存有无所关涉也无所损害。相反：因为半神存在（Halbgottsein）说的是之间－存有（Zwischen-Seyn），因此这种之间－存有本身始终处于这样的危险中，亦即想要去成为其中的一方或者另一方。而半神存在于这两方之间。半神本身从一端被驱赶到另一端，而且是通过自己本身，以便无须去成为这种之间的可怕之物，同时却又保存神性者的使命以及与神性者的关联。然而，他们作为这种之间却始终是他者。去成为始终的他者是他们的本质，这里始终的他者（der immer Andere）是在一种多重涵义上；首先，是诸神所需要的他者；其次，是作为这种他者却不同于那个陌生者；最后，也不同于人类。

"因此这也令有朽之人／感到惊讶和恐惧，"（第153、154行）当有朽的男人面临这样一回事，亦即，他诚然是人类却也是承载着天空之重负的他者，巨大的惶恐（Angst）就会侵袭他；恐惧惊动了他。但是，为了保存使命，他应当去往何处？除了"那里光线并不燃烧"（第161行）的地方还有何处？那里诸神的闪电并不打击与击倒(参看《如当节日的时候……》,全集第四卷,第153页,第56行以下)。另一方面,去往那个地方,那里神性者无所疑问地、愚笨地在纯粹的丰盈中自行流淌而出——在比尔湖——,这也就是说,去往那个陌生者的存有之中:不是之间——而是"无忧无虑地"(第164行),不是必须去创造,而是可以仅仅去学习,像初学者一样。参看全集第四卷,第240页:

> 噢我宁愿,像孩子一样!
> 我,像夜莺一样,要为我的极乐
> 唱一首无忧无虑的歌!

以及全集第四卷,第278页:

> 你在何方?天空的信使!我的眼睛
> 只是徒然地在早晨醒来,将来
> 冰冷地向我吹来,啊!颤栗的心
> 无歌地掩蔽在胸中。

对半神而言,最好的东西似乎是在无所-操心(Sorglosigkeit)①中遗忘自己;远离操心,亦即远离此在的本质基础。此在根据这种本质基础而被抛入存有者(das Seyende)之中,以便在

---

① 此处名词形式的"无所操心"(Sorglosigkeit),与上面诗句中形容词形式的"无忧无虑"(sorglos)用词一致,中译因语境之故而做了不同处理。而《莱茵河》第十一节中"无忧无虑地"一词的原文是 sorglosarm。——译注

筹划中开启存有者，将其置入到作品中并由此接纳存有。操心（die Sorge）这个词对我们而言乃是代表着此在的形而上学层面的基础本质的名字。这个词的意思，既远离于忧郁和忙碌，也远离于英雄式的庸人的貌似优越于操心的"强劲"①。日常生活实际上是无所－操心的，因为日常生活只是把操心向外移置入操劳（Besorgen）和操－持（Für-sorge）中②，并由此遮蔽了它的本质。因为此在就本质而言乃是操心，它的日常生活，虽则有忧虑之事，却恰恰作为这些忧虑之事而必定是无所－操心的。

因为半神不得不成为纯然起源者意义上的之间，他们恰恰可能会将自己拯救入陌生者的那种存有的壮丽，以及忙碌而欢乐、无所操心的人类的存有中。在那里"爱恋者……／仍是他们过去之所是"（第186、187行），在那里不会像在之间那样从爱之纽带中做出绳索（第97、98行），在那里"命运获得了片刻的／平衡"（第182、183行），而且在那里不会像在之间并且作为之间那样，命运是其根本所是之物：纯然起源者的存有——作为敌对性之亲密性。

c) 第十二与十三节诗。人类与诸神的婚礼，黑夜的不可避免

但这种壮丽——"人类与诸神的婚礼"——并不是之间的对立

---

① 此句原文为 sorgeüberlegene „Gewaltigkeit" der heroischen Biedermänner。——译注

② 在《存在与时间》中，海德格尔用 Besorgen 和 Fürsorge 分别表示此在对物的操心方式和对人的操心方式。海德格尔在此仿佛借机对《存在与时间》做了反思。——译注

可能性的那种一体性,它只不过是一种转瞬即逝的片刻,

> 在友好的光线
> 沉落而黑夜到来之前。
> (第193、194行)

此处还接着第十二和第十三节(全集第四卷,第178、179页):

十二

> 而它是壮丽的,从神圣睡眠中
> 复活,从森林的清凉中
> 觉醒,在目下傍晚
> 迎面走向更柔和的光线,
> 当他筑造了群山
> 划出了河流的道路,
> 之后他微笑着
> 用它的气流,像船帆一样
> 引导人类忙碌的生命
> 那呼吸匮乏的生命,
> 如今同样休憩着,塑造者
> 向着女学徒,寻觅更多的善
> 而非恶,
> 白日朝向如今的大地。

十三

然后人类和诸神庆祝婚礼　　　　　　　　　　180
所有有生命的东西都在庆祝，
而命运获得了片刻的
平衡。
而逃亡者寻找着避难所，
勇敢者则寻找着甜蜜的小憩，
但爱恋者
仍是他们过去之所是；他们
在家，那里鲜花享受着
无害的炽热，而精神环绕并吹拂着
昏黑的树木，但是未经和解者　　　　　　　　　190
发生了转变而双手
急于伸出，
在友好的光线
沉落而黑夜到来之前。

随着这种不可避免的东西，我们所划分的第十到第十三节的这个部分结束了。黑夜再次到来，这意味着：一种必然性，亦即去成为之间，去接住闪电的光线，并将闪电光芒的刺眼与尖锐转化为一种柔和、宁静的亮光，在这种亮光中人类能够完成其此在。在这种之间中不存在平衡，因为任何一种平衡都想要填充之间的内在裂隙，想要取消敌对性，使其成为一种单纯的至福，不论是进入到那个陌生者的愚笨中去,还是进入到人类的安宁中。但是单纯的至福抢夺了亲密性的所有可能,因为亲密性只作为最高程度的、极端的争执之对抗性才本质运作。

纯然起源者之秘密的整个丰盈,现在才在此公开出来,亦即这样的现在,它作为之间被置入到从四面冲击着它的可能性当中,并一再想要在一段时间内出离于它自己的可怕性而将自身拯救入这些可能性中。

现在在吟唱中几乎无法得到揭示的半神得到了思考,半神之存有——命运——以诗性方式得到了创建。这些得到道说的东西被置入民族之语言的中心。只有一个历史性的民族才是一个真正的民族。然而只有一个民族从存有之中心的基础中发生出来,只有之间在此存在,只有半神,创造者,引发着作为历史的这种发生,一个民族才是历史性的。只有当共同体了解如下一点,而这意味着对此有所意求,一个历史性民族作为民族才能成为共同体,亦即,只有当那些他者作为他者冒险并承受他们的他者之存在(Anderssein),作为历史性的共同体才能存在。然而他者的他者之存在的必然性并不是给任何渺小的固执己见者和虚荣者,给只不过是闷闷不乐者和无所产出者(他们把自己单纯的离群索居已然视为是一种成就)的特许证。去成为他者的必然性,仅仅来自于急迫,并且是为了现实的创造者们(这些创造者们之所以是现实的乃是因为他们植根于已然起作用的作品的基础之中)的急迫。

第22节 第十四节诗。对秘密的守持。建基于思想家之作诗中的诗人的思想

十四

然而对一些人而言这匆忙

经过,另一些人

更长久地守持着它。

永恒的诸神

在任何时候都充满了生命;但是否直到死亡

一个人同样能够

在记忆中保留那最好的事物,

他随后便体验到至高者。

每个人有他的尺度。

因为承受不幸

是艰难的,更艰难的却是承受幸福。

一个智者却能够

从正午直到午夜

又到白日破晓

在会饮上始终保持清明。

"然而对一些人而言这匆忙/经过,另一些人/更长久地守持着它。"因为半神之存有在秘密中是隐蔽着的,因此它依其本质乃是

遮蔽者,即便它被提及并得到道说。而且正是因为它被提及并得到了道说,它才始终难以把捉也更加难以去守持。但是,因为作为得到道说的东西之秘密,必定立于历史性民族的此在之中(倘若这种此在从存有之中心而来规定着自身),守持才因此属于秘密本身的秘密特征。因此对河流的道说,对半神的有所建基的存有的道说,才首先在第十四节进入其结尾。

秘密,存有之中心,不是什么随随便便的东西,因而也不是任何人都可以用同样方式去把握的东西。在对这样一种遮蔽者之无蔽的守持中,"每个人有他的尺度"(第203行)。并不仅仅是因为在与其他人的差别中,每个人与秘密的遥远程度各不相同;毋宁说,本质性的尺度的特性在于,惯常的衡量方向在此是根本错误的。在惯常判断中,艰难的东西、最艰难的东西总是一种不幸,相反,幸福承受起来是最为容易的。因为人们貌似根本无须去加以承受,不如说是幸福本身承受着人。但实际上,"更艰难的是承受幸福"。实际上,亦即从存有的中心和本质出发去加以衡量,幸福乃是(如若它达成的话)去成为纯然起源者,去引发作为敌对性的至福,并经受它直至它成为亲密性。

惯常的判断是如此地不理解,承受幸福要比不幸更加艰难。同样,在涉及至福之际,惯常的意志所指向的方向是如此的错误。它问:要成为至福的,我必须做些什么?而对这个问题的回答是(如果这个回答切中真实之物的话),将这个问题作为错误而加以拒斥。与此同时,这对惯常判断而言也始终是奇怪的。尼采曾触及过这一关联,他针对"要成为至福的,我必须做些什么?"的问题说:"对此我并不清楚,但是我告诉你:去成为至福的,然后去做你乐意做的事情。"①去成为至福的！就是如此,而这揭示了那样一种存有的彻底的无所支持和无-条件(Ungestütztheit und Unbedingtheit),这种存有是在灼热黑夜的沉醉与白日的固定形象间的之间。为了在一之中,在其共属性之中去承受这两者,重要的是"始终保持清明"(第209行)。"一个智者却能够"(第206行)。这种清明是在真正的认知中,在本质性的思想中,亲自、单独创造出来的。圆环已然闭合。诗人要求着思想家。诗人的思想——现在我思考着半神——将自身建基于思想家的作诗之中。

第23节　第十五节诗。诗人作为他者

十五

在冷杉下酷热的小径或　　　　　　　　　　　　　　210
被包裹在橡树的阴影中
在钢铁中,我的辛克莱尔！神会对你显现抑或
在云层中,你认识他,正值青春时,你认识,
良善的力量而主的微笑
从未向你隐藏
在白昼,当
生机盎然者

---

① 《尼采全集》(Nietzsche WW),第12卷,遗作,莱比锡,1919年,第三版,第285页。

在狂热和串联中闪现或者也在

黑夜,当万物无秩序地

混合在一起而远古的混乱 220

重新来临。

　　诗性-思想性的认知的亲密性,赋予我们以那种对存有的了解。这种存有始终足够强大,能够成为与神相遇的地点,无论他是在炎热的小径上、在大地的黑暗中显现,还是在云层中,在闪电中显现;无论他在一切都得到串联的白昼显现,还是在"远古的混乱"重新来临的黑夜显现(第221行)。

　　结尾诗节道说着这一点。它直接对着诗人的朋友言说。在第二至第十三节发生的事情是,诗人必须去觉知一种命运,河流的命运,其方式是,他必须以诗性的方式思考成为-命运(Schicksalsein)这件事意味着什么。第十四节从这样一种思想中撤出,回到了直接的历史性的此在中,这一此在提出了有关对一种如此得到开启的存有的保存方式的问题。然而结尾诗节进入到诗性此在本身的更加狭窄也最为亲密的圈子中。它向着朋友言说。它将其作为将来者和认知者中的一个来赞美。这种赞美是那样一个人的一种战战兢兢、默然无言的思想。这个人懂得,他是那些人中的一个,这些人不知道去往哪里,他的灵魂被赋予了缺,因为他注定要去成为一个有朽的男人,同时却是一个他者。

　　在结尾诗节,诗人将自己拯救入朋友的牢靠而平和的此在中,并间接而默然无言地说出了,他自己相反是谁——他者。

第 24 节　荷尔德林诗歌的形而上学位置

a) 日耳曼尼亚的历史性使命

我们对荷尔德林诗作《日耳曼尼亚》的解释在这首诗歌的那样一个位置上转向了诗歌《莱茵河》,这个位置提到万千变化激动着男人(第三节,第 38 行)。现在我们知道了这个男人是谁:那样一个人,他必须坚守在存有之中心,以便在这个位置上接纳与诸神的相遇,并由此创建人类在大地上的居住,创建人类的历史。然而历史每每总是这一民族的独一无二的历史,此处亦即这一诗人的民族,日耳曼尼亚的历史。当我们知道,而且只要我们知道,男人依其本质是谁,我们就触及了我们所寻觅的东西:荷尔德林诗歌的形而上学位置。那是存在本身的中心,半神之存有,男人的、我们的诗人的存有。我们回想一下这位诗人对自己说的东西(《如当节日的时候……》,全集第四卷,第 151 页,第 19、20 行):

> 但现在正破晓!我期候着,看到它到来
> 我所见的,神圣者就是我的词语。

他所看见、听见并塑造入语词中的事物,乃是诗歌《日耳曼尼亚》以及我们一再返回向它的作诗的整个区域。诗歌《日耳曼尼亚》中的男人,作为如此这般的诗人,看见雄鹰,

> 因为诗人
> 必须紧守雄鹰,
> 他们因而
> 不用自己的感官去愤怒地解说
>
> (《出自泰坦范围内的动机》,全集第四卷,第217页,第60行以下)

雄鹰是神的使者。诗人看见女孩"藏匿于森林与盛开的罂粟中"(《日耳曼尼亚》,第65行),那是大地母亲的女儿;一片国土——德国国土。诗人看到,雄鹰如何寻觅着女孩;诗人听到,雄鹰如何快速认出她,大声呼唤她(全集第四卷,第183页,第62行以下):

> "你就是那个,被拣选的
> "热爱着万物,你已然足够强大
> "去承受一种沉重的幸福。

那种沉重承受的幸福被委任给这片国土上的民族:去成为一个之间,一个中心,历史由这种中心而来并在这种中心之中得到建基。而这只能以如下方式发生,亦即,这个民族自己建基并创建它的此在,也就是说,首先再次源初地对存有加以命名,以诗性的-思想性的方式进行创建。因此雄鹰的任务和消息在对那三重命名的要求中达到高潮,这种命名必须由这片国土及其民众,而这意味着首先由它的创造者们来完成。需要得到命名的——在进行源初创建的道说和认知中再度得到开启——一方面是母亲,大地本身。但在这种诗性的命名中"远逝的神性者"(第100行)与将来者一道鸣响:历史站立起来了。只有从这两者中此在才赢获"时间之中心"(第103行)——真正的对反而动性(Gegenwendigkeit)①。它并非总是仅仅现存的现在和现在之物,最切近的东西,相反,时间的中心乃是最后者,只有当最后者在创建和建基中生成时,它才存在。这片土地的本质在那种历史性的此在中,并且作为历史性的此在而发现并完成自身。"无所需求者"(第107行与108行)的那种谐响才存在,即便只是片刻。这种无所需求者满足于他们自己的至福,他们是诸神(大地与天空),他们与无所-需求者(Unbedürftigen)亦即民众在一起,只要民众再次创造了人类和诸神庆祝婚礼的节日。

因此这片国土,它的民众,亦即德国的历史性的此在,具有这样一种样式,它"不带武装地将建议"给予"各国国王与各民族"(第111、112行)。这里的不带武装,就像先前(本书第17页以下)已经解说过的那样,指的不是放下武器、软弱,或者逃避斗争。这种"不带武装"指的是那种历史性的伟大,它不再需要防御和防卫,它通过此-在(Da-sein)获取胜利。因为此-在通过起作用的站立-于-自身中(In-sich-stehen)将存在者如其所是地带向显现。不是好为人师、吹毛求疵的建议和指示——而是那种对诸道路的最强有力、最直接的指示。这种指示产生的方式是,诸道路得到行

---

① 根据克劳斯特曼出版社官方网站的指示(www.klostermann.de),此处"对反而动性"(Gegenwendigkeit)一词系释读错误,应为"当前性"(Gegenwärtig)。这一错误将在以后的新版中纠正。——译注

走，此在为自己建基。

诗人指的不是那些诗人和思想家的那个德国，像世界其他地方对他们所做的想象和希望那样：单纯的空想家和一无所知者，他们在关键性的事情上容易被劝动，成为其他人的笑柄；相反，是那种作诗和思想，它突破而入于存有之深渊，不自满于一种普遍的世界理性的平浅水域；是那种作诗和思想，它在作品中以崭新而开端性的方式将存在者带向显现、带向站立。

b) 希腊此在与德国此在的本质对立。天赋之物和交与的任务间对抗着的亲密性

但是诗人同样知道：这一"时间之中心"（第103行），这一当前，首先在大地的基础上，从真正的起源和得到创造性把握的将来中产生。只有德国本质的自由和内立（Inständigkeit）被争得，这种时间之中心才会生成。

此外，诗人还首先知道的是，"自由地运用民族性的东西（如他所言）"，这乃是最为艰难之事。荷尔德林谈及这一点是在那封我们业已多次引用、致他的朋友波林多夫的信中。这封信写于1801年12月4日，在他漫游至法国前夕，半年以后他作为一个被阿波罗击中的人——被光明的过度所切中的人——从法国返回家乡。而《日耳曼尼亚》以及《莱茵河》这两首诗，恰好写于这封信的同一年。这封信说道（全集第五卷，第319、320页）：

要学习去自由地运用民族性的东西对我们而言是最为艰难的。而如我所相信的，呈现的清晰性对我们而言恰恰原本

291　是如此自然，就像天空之火之于希腊人。正是由于这个原因，希腊人更需要在美妙的激情方面（这种美妙的激情你同样具有）被胜过，而不是在那种荷马式的精神之当前和呈现之天赋方面。

这听起来是一个悖论。但是我将再次主张这一点，并且自由地将它交由你去检验和运用，真正民族性的东西，其优势将会在教化的进步过程中一再减弱。因此希腊人越来越不再是神圣热情的大师，因为那对他们而言是与生俱来的；相反，从荷马开始，他们在呈现之天赋方面取得优势，因为这个非凡的人激情澎湃，足以为它的阿波罗王国夺取西方的、朱诺式的冷静，并因此真正地将陌生之物化为己有。在我们这里情况截然相反。因此，独独从希腊式的杰出中抽象出艺术规则，这同样是危险的。我对此苦苦钻研了很久，现在知道了，除开在希腊人那里和在我们这里必定是最高之物的东西，亦即活生生的关系和技巧，我们不可和他们拥有一样的东西。但是本己之物必须像陌生之物那样好好得到学习。因此希腊人之于我们是不可或缺的。只是我们不能在我们的本己之物、民族性的东西方面跟随他们，因为，就像说过的那样，对本己之物的自由运用是最为艰难的。

此处我们必须放弃做一种深入的解释。但有三点不可忽略，这三点简略概括如下：

1. 诗人的本质目光看到了与德国人之此在本质对立的、希腊人的此在之本质。诗人具备看到这种本质关联的慧眼，因为它从急迫之基础而来经验到存有整体。包含在一个历史性此在的本质中的东西是：首先，被存有整体所击中；其次，在对存有者（Seyenden）的有所作用的呈现中，能够把握住存有（das Fassenkönnen des Seyns）。被击中："天空之火"；能够把握："呈现的清晰性"。

两者各自以不同的方式被分配给一个向着历史而得到规定的民族，但却始终以这样的方式，亦即一种是与生俱来的（天赋），另一种是交与的任务——需要斗争而得。历史性的使命始终是，将天赋之物，"民族性的东西"，转化进交与的任务当中："对民族性的东西的自由运用"，亦即创造出一个游戏空间，民族性的东西在其中能够自由地生成为历史。单纯民族性的东西，一无所是，或者只不过是现成之物，而非历史。但民族性的东西——天赋之物——是历史性此在（也就是对民族性的东西的自由运用）的必要条件，尽管并非充分条件。而这却是"最为艰难的"。参看全集第四卷，第264页：

> 你向精灵　　表明
> 应该走了，
> 就像当初？因为他们想要创建
> 一个艺术的王国。但此间
> 祖国之物被他们
> 错过了而希腊
> 最美者，不幸地走向了毁灭。
> 现在的情形
> 多半已然不同。

希腊人所天赋的东西乃是：对天空之火的激动人心的切近，被存有之暴力（die Gewalt des Seyns）所击中。他们被交与的任务是在对作品的斗争性产出中，对无所约束的东西的约束，去进行把握，带－向－站立（Zum-Stand-bringen）。

德国人所天赋的东西乃是：把握能力，对领域和框架的预备和计划，赋予秩序直到有所组织。他们被交与的任务乃是被存有所击中。

对一个民族而言，各自最为艰难之物——"自由运用中的民族性的东西"——，只有在为各自被交与的任务，亦即为创造自由运用的可能性之条件而斗争之际，才能被争得。在这种斗争中，并且只有在这种斗争中，一个历史性民族才能触及它的最高之物。由于希腊人被交与的任务是对渴求着威临之物的激情的自由运用，因此他们的最高之物是从这种斗争而来归给他们的：这种最高之物亦即将存有接合（Fügung）入作品的接缝（Fuge）之中（参看1936年夏季讲课：接合与体系①）。相反，当我们将把握能力的天赋设置入作品中，其方式是，这种把握将自身联结、规定并接合入存有之接缝中。当把握能力并未将自身颠倒为自己的目的，并仅仅在自己的能力中打转的时候，我们的最高之物就会生成。只有需要为此进行斗争的东西以及经过斗争而得到的东西，而非仅仅本己之物，才是最高之物的保证和允诺。因为天赋之物和交与的任务，每每以各自不同的方式被分配给希腊人和德国人，因此德国人恰

---

① 《谢林关于人类自由的本质的著作（1809年）》，法伊克（H. Feick）编，图宾根，1971年。

恰在他们的本己之物中决不会胜过希腊人的最高之物。这便是"悖论性的东西"。当我们投身于希腊人的斗争之中（却是在相反的前线上），我们不会成为希腊人，而是德国人。

2. 因此这封信明确地表明了，这一有关希腊此在的最深邃、最亲密的德国宣示者，其希腊世界是何种情形：无关乎人文主义和古典主义，无关乎浪漫派和狂热入迷。创造者的最高自由将他置入极端的对立性当中。但这也是唯一真正的联结入希腊人那里、那种开端的本源性。

真正的重演来自于源初的转化。单纯的模仿和更新的意志始终仅仅导向对一种不曾克服的依赖性的迷惑人心的绝对化。

3. 荷尔德林在此视为历史性此在之本质的东西，天赋之物与交与的任务之间对抗着的亲密性，尼采以狄奥尼索斯和阿波罗的名义再度发现，但不像荷尔德林那样具有一种如此这般的纯粹性和简单性；因为此间尼采必须去穿越所有那些灾难性的东西，这些东西随着叔本华、达尔文、瓦格纳、德国经济繁荣年代①这些名字而得到显示。更不用说那最具灾难性的东西了，亦即后世和当今的尼采解说在各个方向上从中所搞出来的事物。

我们的历史时刻已然敲响了。我们必须将天赋之物首先再次加以纯粹地保存，却仅仅是为了把握并领会交与的任务，亦即为了它而先行、彻底地追问我们自己。存有之暴力必须为了把握能力

---

① 德国经济繁荣年代（Gründerjahre），指1871年至1873年德国工业化取得巨大发展的时期。这是青年尼采发表其第一部著作《悲剧的诞生》的时期。——译注

之故而首先再度、实际地成为问题。

我们这种对荷尔德林诗歌的理解努力以他的话开始：

> 对于至高者我欲沉默不言。
> 禁果，如同桂冠，却
> 最是祖国。但每一个人
> 终会将其品尝。

这种理解努力以荷尔德林的话结束：

> 要学习去自由地运用民族性的东西对我们而言是最为艰难的。

编 者 后 记

此处所重新呈现的讲授课原本在1934/35年冬季学期在弗莱堡大学以两课时的进度进行。弗里茨·海德格尔先生(Fritz Heidegger)在马丁·海德格尔的委托下制作了第一个副本,并随后与马丁·海德格尔一道进行了校对。根据海德格尔拟定的全集编纂方针,副本和手稿由编者重新进行校对,在此过程中副本里未得顾及的段落被加入到了文本当中。这包括被打上括号的句子,在原稿中位于右侧的补充,以及单张纸条上的笔记。

讲授课的文本经过海德格尔的完整修订。根据他的指示,一些关键词展开为了完整句子,冗赘的词语被删除,所有的复述和总结都得到保留。编者尤其注意的是,将海德格尔有关"Seyn"[存有]和"Sein"[存在]的写法以正确的方式标示清楚。然而从事实出发有理由推测,作者并没有前后一致地贯彻两者之间的区分,因此将"i"误写为"y"或者相反,是可能的。文本中前后之间的相互指涉大部分由编者添加。

根据海德格尔对全集第二部分的编纂所做的规定,连续写作的文本需要详细地切分出章节。这既包括段落与段落之间,也包括加上标题的各个章节。这种章节切分有助于对文本的学术研究,但它并没有因此使读者免去将讲授课(讲授课包含着严格的、整体关联着的思想路径)作为整体来把握的辛劳。

双引号(" ")用以表示标题以及对文本的直接引用,单引号(' ')表示对语词(概念和言说方式)的强调以及间接引用。① 引文中出现的方括号用以标示海德格尔的解释。

在为付印稿而做的文本修订工作中,弗里德里希－W.冯·海尔曼(Friedrich-W. v. Herrmann)教授和哈特穆特·蒂特延(Hartmut Tietjen)博士助益良多。在此我对他们致以衷心的感谢。感谢克劳斯·诺伊格鲍尔(Klaus Neugebauer)先生在校对过程中提供的帮助。

苏珊·齐格勒(Susanne Ziegler)

1979 年 10 月

---

① 出于中文阅读习惯中译本并未做此区分。——译注

荷尔德林作品列表

《爱琴海群岛》Archipelagus
《被缚的河流》Der gefesselte Strom
《成熟的，潜入火焰……》Reif sind, in Feuer getaucht...
《出自泰坦范围内的动机》Aus dem Motivkreis der Titanen
《大地母亲》Der Mutter Erde
《恩培多克勒的根据》Grund zum Empedokles
《恩培多克勒之死》Der Tod des Empedokles
《返乡》Heimkunft
《告别》Der Abschied
《哥伦布》Kolomb
《和解者，你从未相信……》Versöhnender, der du nimmergeglaubt...
《和平》Der Frieden
《记忆》Mnemosyne
《喀戎》Chiron
《莱茵河》Der Rhein
《流逝中的生成》Das Werden im Vergehen
《卢梭》Rousseau
《论阿喀琉斯之二》Über Achill II
《论诗歌精神的操作方式》Über die Verfahrungsweise des poëtischen Geistes
《漫游》Die Wanderung
《盲目的歌者》Der blinde Sänger
《美茵河》Der Main
《面包与酒》Brod und Wein
《民族之音》Stimme des Volks
《内卡河》Der Nekar
《内卡河宁静的支流》friedlich die Arme des Nekars
《帕特莫斯》Patmos
《片段三》Bruchstück 3
《片段四：哦大地母亲！》Bruchstück 4, O Mutter Erde!
《片段十二》Bruchstück 12
《片段十三》Bruchstück 13
《片段十四》Bruchstück 14
《片段十七》Bruchstück 17
《片段十八：提尼安岛》Bruchstück 18, Tinian
《片段二十七》Bruchstück 27
《生命之半》Hälfte des Lebens
《生气勃勃者》Das Belebende
《诗人天职》Dichterberuf

《索福克勒斯》Sophokles
《泰坦》Die Titanen
《惟一者》Der Einzige
《许佩里翁》Hyperion
《伊斯特河》Der Ister
《在多瑙河的源头》Am Quell der Donau
《在明媚的蓝色中……》In lieblicher Bläue...
《箴言九》Aphorismus 9
《致德国人》An die Deutschen
《追忆》Andenken

《日耳曼尼亚》、《莱茵河》原文[①]

GERMANIEN

I

Nicht sie, die Seeligen, die erschienen sind,
Die Götterbilder in dem alten Lande,
Sie darf ich ja nicht rufen mehr, wenn aber
Ihr heimatlichen Wasser! jezt mit euch
Des Herzens Liebe klagt, was will es anders
Das Heiligtrauernde? Denn voll Erwartung liegt
Das Land und als in heissen Tagen
Herabgesenkt, umschattet heut
Ihr Sehnenden! uns ahnungsvoll ein Himmel.
Voll ist er von Verheissungen und scheint
Mir drohend auch, doch will ich bei ihm bleiben,
Und rükwärts soll die Seele mir nicht fliehn

---

① 据海德格尔在本讲稿中引用的版本。——译注

Zu euch, Vergangene! die zu lieb mir sind.

Denn euer schönes Angesicht zu sehn,

Als wärs, wie sonst, ich fürcht' es, tödlich ists

Und kaum erlaubt, Gestorbene zu weken.

II

Entflohene Götter! auch ihr, ihr gegenwärtigen, damals

Wahrhaftiger, ihr hattet eure Zeiten!

Nichts läugnen will ich hier und nichts erbitten.

Denn wenn es aus ist, und der Tag erloschen,   20

Wohl trifts den Priester erst, doch liebend folgt

Der Tempel und das Bild ihm auch und seine Sitte

Zum dunkeln Land und keines mag noch scheinen.

Nur als von Grabesflammen, ziehet dann

Ein goldner Rauch, die Sage drob hinüber,

Und dämmert jezt uns Zweifelnden um das Haupt,

Und keiner weiss, wie ihm geschieht. Er fühlt

Die Schatten derer, so gewesen sind,

Die Alten, so die Erde neubesuchen.

Denn die da kommen sollen, drängen uns,   30

Und länger säumt von Göttermenschen

Die heilige Schaar nicht mehr im blauen Himmel.

III

Schon grünet ja, im Vorspiel rauherer Zeit
Für sie erzogen das Feld, bereitet ist die Gaabe
Zum Opfermahl und Thal und Ströme sind
Weitoffen um prophetische Berge,
Dass schauen mag bis in den Orient
Der Mann und ihn von dort der Wandlungen viele bewegen.
Vom Äther aber fällt
Das treue Bild und Göttersprüche reegnen   40
Unzählbare von ihm, und es tönt im innersten Haine.
Und der Adler, der vom Indus kömmt,
Und über des Parnassos
Beschneite Gipfel fliegt, hoch über den Opferhügeln
Italias, und frohe Beute sucht
Dem Vater, nicht wie sonst, geübter im Fluge
Der Alte, jauchzend überschwingt er
Zulezt die Alpen und sieht die vielgearteten Länder.

IV

Die Priesterin, die stillste Tochter Gottes,
Sie, die zu gern in tiefer Einfalt schweigt,   50
Sie suchet er, die offnen Auges schaute,

Als wüsste sie es nicht, jüngst da ein Sturm
Todtdrohend über ihrem Haupt ertönte;
Es ahnete das Kind ein Besseres,
Und endlich ward ein Staunen weit im Himmel
Weil Eines grossan Glauben, wie sie selbst,
Die seegnende, die Macht der Höhe sei;
Drum sandten sie den Boten, der, sie schnell erkennend,
Denkt lächelnd so: Dich, unzerbrechliche, muss
Ein ander Wort erprüfen und ruft es laut, 60
Der Jugendliche, nach Germania schauend:
„Du bist es, auserwählt
„Allliebend und ein schweres Glük
„Bist du zu tragen stark geworden.

V

Seit damals, da im Walde verstekt und blühendem Mohn
Voll süssen Schlummers, trunkene, meiner du
Nicht achtetest, lang, ehe noch auch Geringere fühlten
Der Jungfrau Stolz, und staunten, wess du wärst und woher,
Doch du es selbst nicht wusstest. Ich miskannte dich nicht,
Und heimlich, da du träumtest, liess ich 70

Am Mittag scheidend dir ein Freundeszeichen,

Die Blume des Mundes zurük und du redetest einsam.

Doch Fülle der goldenen Worte sandtest du auch

Glückseelige! mit den Strömen und sie quillen unerschöpflich

In die Gegenden all. Denn fast, wie der heiligen,

Die Mutter ist von allem, und den Abgrund trägt

Die Verborgene sonst genannt von Menschen,

So ist von Lieben und Leiden

Und voll von Ahnungen dir

Und voll von Frieden der Busen.   80

VI

O trinke Morgenlüfte,

Biss dass du offen bist,

Und nenne, was vor Augen dir ist,

Nicht länger darf Geheimniss mehr

Das Ungesprochene bleiben,

Nachdem es lange verhüllt ist;

Denn Sterblichen geziemet die Schaam,

Und so zu reden die meiste Zeit

Ist weise auch von Göttern.

Wo aber überflüssiger, denn lautere Quellen   90

Das Gold und ernst geworden ist der Zorn an dem Himmel,

Muss zwischen Tag und Nacht

Einsmals ein Wahres erscheinen.

Dreifach umschreibe du es,

Doch ungesprochen auch, wie es da ist,

Unschuldige, muss es bleiben.

VII

O nenne Tochter du der heiligen Erd'!

Einmal die Mutter. Es rauschen die Wasser am Fels

Und Wetter im Wald und bei dem Nahmen derselben

Tönt auf aus alter Zeit Vergangengöttliches wieder.　　100

Wie anders ists! und rechthin glänzt und spricht

Zukünftiges auch erfreulich aus den Fernen.

Doch in der Mitte der Zeit

Lebt ruhig mit geweihter

Jungfräulicher Erde der Äther

Und gerne, zur Erinnerung, sind

Die unbedürftigen sie

Gastfreundlich bei den unbedürftgen

Bei deinen Feiertagen

Germania, wo du Priesterin bist　　110

Und wehrlos Rath giebst rings

Den Königen und den Völkern.

DER RHEIN

I

Im dunkeln Epheu sass ich, an der Pforte
Des Waldes, eben, da der goldene Mittag,
Den Quell besuchend, herunterkam
Von Treppen des Alpengebirgs,
Das mir die göttlichgebaute,
Die Burg der Himmlischen heisst
Nach alter Meinung, wo aber
Geheim noch manches entschieden
Zu Menschen gelanget; so
Vernahm ich ohne Vermuthen   10
Ein Schiksaal, denn noch kaum
War mir im warmen Schatten
Sich manches beredend, die Seele
Italia zu geschweift
Und fernhin an die Küsten Moreas.

II

Jezt aber, drin im Gebirg,
Tief unter den silbernen Gipfeln,
Und unter fröhlichem Grün,
Wo die Wälder schauernd zu ihm
Und der Felsen Häupter übereinander   20
Hinabschaun, taglang, dort
Im kältesten Abgrund hört'
Ich um Erlösung jammern
Den Jüngling, es hörten ihn, wie er tobt',
Und die Mutter Erd' anklagt',
Und den Donnerer, der ihn gezeuget,
Erbarmend die Eltern, doch
Die Sterblichen flohn von dem Ort,
Denn furchtbar war, da lichtlos er
In den Fesseln sich wälzte,   30
Das Rasen des Halbgotts.

III

Die Stimme wars des edelsten der Ströme,
Des freigeborenen Rheins,

Und anderes hoffte der, als droben von den Brüdern,

Dem Tessin und dem Rhodanus

Er schied und wandern wollt', und ungeduldig ihn

Nach Asia trieb die königliche Seele.

Doch unverständig ist

Das Wünschen vor dem Schiksaal.

Die Blindesten aber 40

Sind Göttersöhne. Denn es kennet der Mensch

Sein Haus und dem Thier ward, wo

Es bauen solle, doch jenen ist

Der Fehl, dass sie nicht wissen wohin

In die unerfahrne Seele gegeben.

IV

Ein Räthsel ist Reinentsprungenes. Auch

Der Gesang kaum darf es enthüllen. Denn

Wie du anfiengst, wirst du bleiben,

So viel auch wirket die Noth

Und die Zucht, das meiste nemlich 50

Vermag die Geburt,

Und der Lichtstral, der

Dem Neugebornen begegnet.

Wo aber ist einer,

Um frei zu bleiben

Sein Leben lang, und des Herzens Wunsch

Allein zu erfüllen, so

Aus günstigen Höhn, wie der Rhein.

Und so aus heiligem Schoose

Glüklich geboren, wie jener? 60

V

Drum ist ein Jauchzen sein Wort.

Nicht liebt er, wie andere Kinder,

In Wikelbanden zu weinen;

Denn wo die Ufer zuerst

An die Seit ihm schleichen, die krummen,

Und durstig umwindend ihn,

Den Unbedachten, zu ziehn

Und wohl zu behüten begehren

Im eigenen Zahne, lachend

Zerreisst er die Schlangen und stürzt 70

Mit der Beut und wenn in der Eil'

Ein Grösserer ihn nicht zähmt,

Ihn wachsen lässt, wie der Bliz, muss er

Die Erde spalten, und wie Bezauberte fliehn

Die Wälder ihm nach und zusammensinkend die Berge.

VI

Ein Gott will aber sparen den Söhnen
Das eilende Leben und lächelt,
Wenn unenthaltsam, aber gehemmt
Von heiligen Alpen, ihm
In der Tiefe, wie jener, zürnen die Ströme.   80
In solcher Esse wird dann
Auch alles Lautre geschmiedet,
Und schön ists, wie er drauf,
Nachdem er die Berge verlassen,
Stillwandelnd sich im deutschen Lande
Begnüget und das Sehnen stillt
Im guten Geschäffte, wenn er das Land baut,
Der Vater Rhein und liebe Kinder nährt
In Städten, die er gegründet.

VII

Doch nimmer, nimmer vergisst ers.   90
Denn eher muss die Wohnung vergehn,
Und die Sazung, und zum Unbild werden
Der Tag der Menschen, ehe vergessen

Ein solcher dürfte den Ursprung

Und die reine Stimme der Jugend.

Wer war es, der zuerst

Die Liebesbande verderbt

Und Strike von ihnen gemacht hat?

Dann haben des eigenen Rechts

Und gewiss des himmlischen Feuers 100

Gespottet die Trotzigen, dann erst

Die sterblichen Pfade verachtend

Verwegnes erwählt

Und den Göttern gleich zu werden getrachtet.

VIII

Es haben aber an eigner

Unsterblichkeit die Götter genug und bedürfen

Die Himmlischen eines Dings,

So sinds Heroën und Menschen

Und Sterbliche sonst. Denn weil

Die Seligsten nichts fühlen von selbst, 110

Muss wohl, wenn solches zu sagen

Erlaubt ist, in der Götter Nahmen

Theilnehmend fühlen ein Andrer,

Den brauchen sie; jedoch ihr Gericht

Ist, dass sein eigenes Haus
Zerbreche der und das Liebste
Wie den Feind schelt' und sich Vater und Kind
Begrabe unter den Trümmern,
Wenn einer, wie sie, seyn will und nicht
Ungleiches dulden, der Schwärmer.   120

IX

Drum wohl ihm, welcher fand
Ein wohlbeschiedenes Schiksaal,
Wo noch der Wanderungen
Und süss der Leiden Erinnerung
Aufrauscht am sichern Gestade,
Dass da und dorthin gern
Er sehn mag bis an die Grenzen
Die bei der Geburt ihm Gott
Zum Aufenthalte gezeichnet.
Dann ruht er, seeligbescheiden,   130
Denn alles, was er gewollt,
Das Himmlische, von selber umfängt
Es unbezwungen, lächelnd
Jezt, da er ruhet, den Kühnen.

X

Halbgötter denk' ich jezt
Und kennen muss ich die Theuern,
Weil oft ihr Leben so
Die sehnende Brust mir beweget.
Wem aber, wie, Rousseau, dir,
Unüberwindlich die Seele,   140
Die starkausdauernde ward,
Und sicherer Sinn
Und süsse Gaabe zu hören,
Zu reden so, dass er aus heiliger Fülle
Wie der Weingott, thörig göttlich
Und gesezlos sie die Sprache der Reinesten giebt
Verständlich den Guten, aber mit Recht
Die Achtungslosen mit Blindheit schlägt
Die entweihenden Knechte, wie nenn ich den Fremden?

XI

Die Söhne der Erde sind, wie die Mutter,   150
Alliebend, so empfangen sie auch
Mühlos, die Glüklichen, Alles.
Drum überraschet es auch

Und schrökt den sterblichen Mann,

Wenn er den Himmel, den

Er mit den liebenden Armen

Sich auf die Schultern gehäufft,

und die Last der Freude bedenket;

Dann scheint ihm oft das Beste

Fast ganz vergessen da, 160

Wo der Stral nicht brennt,

Im Schatten des Walds

Am Bielersee in frischer Grüne zu seyn,

Und sorglosarm an Tönen,

Anfängern gleich, bei Nachtigallen zu lernen.

XII

Und herrlich ists, aus heiligem Schlafe dann

Erstehen und aus Waldes Kühle

Erwachend, Abends nun

Dem milderen Licht entgegenzugehn,

Wenn, der die Berge gebaut 170

Und den Pfad der Ströme gezeichnet,

Nachdem er lächelnd auch

Der Menschen geschäfftiges Leben

Das othemarme, wie Seegel

Mit seinen Lüften gelenkt hat,
Auch ruht und zu der Schülerin jezt,
Der Bildner, gutes mehr
Denn böses findend,
Zur heutigen Erde der Tag sich neiget.

XIII

Dann feiern das Brautfest Menschen und Götter   180
Es feiern die Lebenden all,
Und ausgeglichen
Ist eine Weile das Schiksaal.
Und die Flüchtlinge suchen die Heerberg,
Und süssen Schlummer die Tapfern,
Die Liebenden aber
Sind, was sie waren; sie sind
Zu Hausse, wo die Blume sich freuet
Unschädlicher Gluth und die finsteren Bäume
Der Geist umsäuselt, aber die Unversöhnten   190
Sind umgewandelt und eilen
Die Hände sich ehe zu reichen,
Bevor das freundliche Licht
Hinuntergeht und die Nacht kommt.

XIV

Doch einigen eilt
Diss schnell vorüber, andere
Behalten es länger.
Die ewigen Götter sind
Voll Lebens allzeit; bis in den Tod
Kann aber ein Mensch auch   200
Im Gedächtniss doch das Beste behalten,
Und dann erlebt er das Höchste.
Nur hat ein jeder sein Maas.
Denn schwer ist zu tragen
das Unglük, aber schwerer das Glük.
Ein Weiser aber vermocht es
Vom Mittag bis in die Mitternacht
Und bis der Morgen erglänzte,
Beim Gastmahl helle zu bleiben.

XV

Dir mag auf heissem Pfade unter Tannen oder   210
Im Dunkel des Eichwalds gehüllt
In Stahl, mein Sinklair! Gott erscheinen oder
In Wolken, du kennst ihn, da du kennest, jugendlich,

Des Guten Kraft und nimmer ist dir

Verborgen das Lächeln des Herrschers

Bei Tage, wenn

Es fieberhaft und angekettet das

Lebendige scheinet oder auch

Bei Nacht, wenn alles gemischt

Ist ordnungslos und wiederkehrt 220

Uralte Verwirrung.

译　后　记

　　随着海德格尔著作的翻译和各种研究的出现,荷尔德林对海德格尔的重要性已然众所周知。在海德格尔思想的位阶中,荷尔德林占据着一个绝无仅有的独一位置。无论怎样描述这种绝无仅有都不过分。在海德格尔那里,一方面,荷尔德林是开启未来的诗人;另一方面,荷尔德林以诗歌的形式思考着诗人和诗歌的本质而被海德格尔称为"诗人之诗人"。

　　但是,海德格尔生前出版的有关荷尔德林的专著只有一本(《荷尔德林诗的阐释》,全集第 4 卷)。如要深入对海德格尔思想而言显得如此重要的荷尔德林解释,必须探究他所开设的有关荷尔德林的讲课。

　　海德格尔在其教学生涯中一共开设过三次有关荷尔德林的专题课程。分别是 1934/35 年冬季学期的《荷尔德林的颂歌〈日耳曼尼亚〉与〈莱茵河〉》(全集第 39 卷);1941/42 年冬季学期的《荷尔德林的颂歌〈追忆〉》(全集第 52 卷);1942 年夏季学期的《荷尔德林的颂歌〈伊斯特河〉》(全集第 53 卷)。

　　眼下被辑为全集第 39 卷的这次课程是海德格尔的第一次荷尔德林解释。第一次解释当然意义非凡。这个课程意味着海德格尔在校长退职后开始转向艺术,拉开架势阐释诗歌作品。这个课程因而昭示了海德格尔在政治失败后取道艺术的决心,记录了激荡在政治与艺术之间的哲学的身位及其取向。

但是转向艺术并不意味着海德格尔简单地将政治拱手相让。这个课程的政治性特别强。课程中反复出现"民族"、"国家"、"行动"、"祖国"等词汇。海德格尔甚至把祖国的存在、民族的历史性存在称为"真正的、独一无二的存在"(德文本第121页)。在纳粹政权的气氛中,这门课程的政治性有很强的现实针对性。海德格尔在和纳粹进行争辩,将政治从单纯的政党意识形态中解放出来,深入到政治的更深内涵。

不唯如此。在海德格尔看来,荷尔德林取得了与希腊诸神、基督教上帝以及未来的隐匿之神的特殊联系。在这方面荷尔德林确实非同一般。他总是直面神的威力,仿佛在和神直接说话。荷尔德林的诗因此显出一种罕见的神圣超拔的特征。在这个课程解释中,海德格尔径直将诗人称为传递神的消息的"半神"。半神使民族中的民众与超越性的神之领域相勾连,在"存在"之意义境域中,令一个"民族共同体"得以产生和维系。在艺术和政治之外,神学维度由此得到突显。这个讲课因此呈现出神学、艺术、哲学和政治的四维交织。这种交织在"民族共同体"的表达中得到最终凝聚,这也是为什么,海德格尔要将《日耳曼尼亚》一诗置于解释的首位。

在四维交织的视野中,这个讲课从内容上呈现为四个大的方面:1. 诗歌和语言的本质;2. 情绪的本质;3. 半神的位置;4. 存在所包含的对立斗争。这四个方面的讨论都将加深我们对海德格尔思想的理解,并将读者带入一种强而有力的世界经验中。

这个讲课不仅在海德格尔的荷尔德林解释历程中有其纵向的

时间价值,横向来看,它和同时期的其他文本也保持着紧密的地理联系。熟悉海德格尔思想的读者会发现,30年代中期的重要文本,如《艺术作品的本源》(1935年)、《哲学论稿》(1932—1936年)、《形而上学导论》(1935年)等都同这个讲课具有密切关联。这种关联集中展现在对暴力开启和斗争性的强调上。一种超出常规的世界整体的强力运动形诸海德格尔的文字。这种对暴力、强力、威力、斗争的强调同以"任让"(Gelassenheit)为代表的后期海德格尔的思想姿态形成鲜明反差。此外,1936年4月的罗马演讲《荷尔德林与诗的本质》(收于《荷尔德林诗的阐释》一书)更是直接脱胎于这个讲课的第4节和第7节。对本讲课的阅读将丰富这一思想时期的文本织网。而且,它将为《哲学论稿》的晦涩表达敞开一道理解之光。

关于翻译有几点需要作出说明。

首先,关于荷尔德林诗歌。

荷尔德林是一个只能默想而难以言明的诗人。他是金色的、神圣的,无限纯洁又无限哀伤。对诗歌的翻译本就难之又难,对荷尔德林诗歌的翻译更属不可能。没有好,只有尽可能不更加坏。虽然译者花了不少时间推敲诗句(特别是包括《在明媚的蓝色中……》在内的三首完整长诗),这里提供的译文仍然只是极为有限的参考。为了稍稍弥补这种缺陷,书后附上了两首德语长诗的原文,供识者查询。海德格尔在讲课中所援引的其他诗歌,由于篇幅原因,并未附出原文。

为了保持阅读和理解的流畅,本译文对荷尔德林诗的翻译受到海德格尔解释的反向规定,在某些字词的翻译上更是直接依从海德格尔的理解。这是无法避免的。但这并不意味着海德格尔的理解是唯一的,因而其他不同的理解并不会得到固执的排斥。考虑到这是一个哲学文本,译文在整体上尽量贴近字面,企图达到一种"基本面"的翻译,也就是说,并没有在文采辞藻上有太多追求。在翻译过程中,译者参考过孙周兴、林克和顾正祥诸先生的相关译文,对理解提供了较大帮助。

其次,关于海德格尔用词的译法,为了读者的阅读方便,本书译名从诗歌作品到海德格尔的基本用语在总体上保持与《荷尔德林诗的阐释》中译本(海德格尔:《荷尔德林诗的阐释》,孙周兴译,商务印书馆,2002年)相一致,个别调整处以及值得略作说明的地方如下:

1. Gundstimmung,一般译为"基本情调",为保持与 Grund(基础)的一致,调整为"基础情调"。

2. dichterisch,一般译为"诗意的",很容易导向浪漫化和流俗化,尤其是海德格尔所引的是否归于荷尔德林名下尚存争议的那句"诗意地栖居在大地上"。在海德格尔的思想理路中,诗并非是主体体验的浪漫表达。这是海德格尔首先力图澄清的误解。因此,对海德格尔和荷尔德林的浪漫化误读最需提防。本译文因此采取了"诗性的"译法。与此同时,"诗意的"这个译名留给 poetisch 一词。这更符合海德格尔的意思。海德格尔对 poetisch 的使用往往是在流俗的"诗意的"涵义上。

3. ausgesetzt sein/ die Ausgesetztheit,这个词曾考虑过"向外出离而被设置入"的译法,更加贴近字面。尤其是像 die Ausge-

setztheit in das Seiende 之类的表达，翻译为"向外出离而被设置入存在者之中"，要来得更加稳贴。但是这个译法在中文语境里十分拗口，译者最后选择了"绽出性地直临"，更为折中一些。

4. anwesen，"在场"已经是一个非常通行的译法。但是在海德格尔的行文中往往强调其中的动态性，而不是静态在场。权衡之下，译者在多数情况下沿用了"在场"的译名，个别地方为了突出动态性使用了"现身在场"的译法。同样，abwesen，多数情况下沿用"不在场"的译名，个别地方译为"离场"。

5. Seyn，这是 Sein 的一个较早期的写法，比如在德国古典哲学和荷尔德林那里。这个词在德语原文中与 Sein 的发音相同，只是书写形式有所区别。也就是说，如果我们只是听到语音而不是阅读文字，是区分不出这两个词的。Seyn 和 Sein 只通过视觉阅读才能有所区别。英译较为便利，使用了与 Being 发音相同的 Beyng，保持了与德语原文的一致。海德格尔选择这样一个旧体写法是为了区分于传统的、"形而上学"式的存在理解（为此他也尝试过给 Sein 打叉）。但在具体实践中，海德格尔很快放弃了这种生硬的做法，仍然随俗沿用 Sein。据本书编者在编者后记中所说，Sein 和 Seyn 在本书中实际上可以互换而不影响其涵义。确实不乏这样的例子。比如在德文本第 120 页上，海德格尔有这样两句："诗人指的是'父亲之国'，指的是我们，这片大地上作为历史性民族的民族，处于其历史性存在（Sein）中的民族。而这种存有（Seyn）在诗歌中得到创建，在思想中被构造起来、置入到认识之中，并且植根于大地上的国家奠基者的行动和历史性空间。"前一句的 Sein 和后一句的 Seyn 在这里显然是等同的。又如，在德文本第 174 页上，海德格尔说："凭借'命运'一词得到思考的乃是半神的存有（Seyn）——一种超出人类同时又亚于诸神的存有（Seyn）。而且，人之存在（Menschsein）与神之存在（Gottsein）恰恰各自以其方式应合着这种作为命运的存在（Sein），也就是说，各自拥有一种同存在（Sein）的特有关系。"这里前半部分的 Seyn 和后半部分的 Sein 也是等同的。可见，海德格尔对这两个词的区分和使用的确并不一致和严格。日译本对这两个词甚至都未加区分，全部翻译为"有"。然而，如果说海德格尔完全同等地使用这两个词也显得偏颇。若然，海德格尔就没有必要特意使用另外一种写法了。为了区分于 Sein，本译稿遵循了我的导师孙周兴先生的解决方案，将 Seyn 这个词处理为"存有"。需要注意的是，文稿中所引用的荷尔德林和黑格尔的文字，其中的系动词同样拼写为 Seyn，这是当时的德语拼写习惯，中译并未特别标示。

6. stiften，这个词在本书中沿用通译"创建"。"创建"这个译名看上去平淡无奇，但这个词本身值得特别注意。海德格尔用这个词来命名诗歌之于存在生成的作用，是对诗歌意义的核心揭示。需要补充的是，"创建"的译法突出的是诗歌的创造性一面。这植根于诗歌一词的希腊词源 ποίησις。但是 stiften 还有捐助之义，包含辅助、帮助的意思。因而这种创造不是凭空而来，而是对存在自身的发生与运作的一种援助。译者甚至尝试过"促成"的译法来丰富这个词的涵义，但在翻译过程中颇感不便，最终决定沿用既有译名。

本书翻译的主体部分是在 2015 年至 2016 年间的寒假，以及

2016年的暑假完成的。2016年8月6日完成初稿。在2016年至2017年的寒假期间修改、打磨。2017年2月最终定稿。译者在翻译过程中参考过William Mcneill与Julia Ireland在2014年出版的英译本(*Hölderlin's Hymns "Germania" and "The Rhine"*, Indiana University Press)。这是一个不错的本子,虽然偶有出入,但整体细致用心,为理解原文提供了很大的帮助。同时,译者还参考过由木下康光和Heinrich Treziak翻译的日文本(ヘルダーリンの讃歌『ゲルマーニエン』と『ライン』,創文社,1986;特别感谢友人朱烨提供的帮助),对其中的一些基本概念进行了查考。虽然译者本人不通日文,但仍然发现了一些颇有启发的译名,比如,die Not译为"困窮",das Geheimnis译为"奥義",die Grundstimmung译为"根本情調",stiften译为"建立"。记录于此,作为参考。

译文如有错漏,请读者不吝指正。

张振华

2016年10月草拟

2017年1月改定

图书在版编目（CIP）数据

海德格尔文集. 荷尔德林的颂歌《日耳曼尼亚》与《莱茵河》/（德）海德格尔著；张振华译.—北京：商务印书馆，2018（2025.10重印）
ISBN 978-7-100-15917-3

Ⅰ.①海… Ⅱ.①海… ②张… Ⅲ.①海德格尔（Heidegger, Martin 1889-1976）—文集②荷尔德林（Hoelderlin, Friedrich 1770-1843）—诗歌研究 Ⅳ.①B516.54-53②I516.072

中国版本图书馆CIP数据核字（2018）第044281号

权利保留，侵权必究。

海德格尔文集

荷尔德林的颂歌《日耳曼尼亚》与《莱茵河》
张振华　译

商 务 印 书 馆 出 版
（北京王府井大街36号　邮政编码100710）
商 务 印 书 馆 发 行
三河市春园印刷有限公司印刷
ISBN 978-7-100-15917-3

2018年5月第1版　　开本710×1000　1/16
2025年10月第3次印刷　印张25¼
定价：169.00元